Tristan Jones • Himmel, Sturm und Takelgarn

Tristan Jones

Himmel, Sturm und Takelgarn

Neue Abenteuer des eigensinnigen Seemanns

pietsch

First published 1991 by Sheridan House, Inc.,
145 Palisade St., Dobbs Ferry, New York 10522, USA
under the title: *Seagulls in my Soup.*

Deutsche Fassung: **Irina und Willi Zeiss**

Einbandgestaltung: Andreas Pflaum

Titelbild: Christopher Cunningham Photography

Redaktionelle Betreuung: Astrid Breuer-Greiff

ISBN 3-613-50370-9

1. Auflage 2001

Lektor: Oliver Schwarz
Innengestaltung: Satz & mehr, 74354 Besigheim
Druck: Rung-Druck, 73033 Göppingen
Bindung: Karl Dieringer, 70839 Gerlingen
Printed in Germany

Inhalt

Vorwort 7

1 Vor langer Zeit 10
2 Eine todernste Angelegenheit 26
3 Mochyn Du 41
4 High Barbaree 56
5 Gestrandete Künstler 73
6 Hanging Johnny 90
7 Das Schiff, das fast verging vor Scham 106
8 Kleine schwarze Schafe 122
9 On the Highway 139
10 Der tausendste Mann 156
11 Der segelnde Feuerwehrmann 178
12 Nach Seemannsart 195
13 What shall we do? 212
14 Wiegenlied 229
15 Das Geheimnis der Liebe 246
16 Der Sensenschlag 262
17 Zehntausend Meilen weit 277

Epilog 288

Für Nat und Katie Page
Für ihre Hilfe bei der Verwandlung von Seemannsgarn
in Geschichten

Vorwort

Eine Menge Leute, meistens Frauen, haben mir erzählt, wie sehr ihnen das Buch *Saga of a Wayward Sailor* (dt. Ausgabe: *Abenteuer eines eigensinnigen Seemanns*) gefallen hat. Also habe ich weitere Geschichten aus dem Mikrokosmos der Langzeitsegler in den späten sechziger Jahren hinzugefügt und hoffe, dass sie ebenso gefallen.

Das Leben der Yachties war damals weit einfacher – und viel härter. Es gab noch keine elektronischen Navigationshilfen, damals wurde noch „von Hand" navigiert, durch Mitkoppeln, mit Sextanten und Tafeln, groben Schätzungen und mit Gottes Hilfe. Es gab auch noch nicht diese Materialwunder, die heutzutage die Schiffe so pflegeleicht machen und die Segler so faul. Aber was es gab, war ein *esprit de corps*, eine Kameradschaft, ehrlichen und gesunden Humor, einen großen Respekt voreinander und für unsere gemeinsame Verwandte, die See.

Wenn das Buch *Abenteuer eines eigensinnigen Seemanns* meine Liebeserklärung an die Frauen der See war, dann ist das vorliegende Buch eine Lobeshymne auf die ungewöhnlichen und schrägen Typen, die sich in unserer Gemeinschaft einnisteten und sich offensichtlich wohlfühlten. Das Land hatte sie abgestoßen, wir beobachteten sie (welcher Seemann würde das nicht mit Vergnügen tun), wir akzeptierten sie und am Ende liebten wir sie. Welche „Fehler" sie auch immer hatten, es waren immer ungewöhnliche Leute, und eines waren sie ganz gewiss nicht: langweilig.

Dieses Buch wurde 1979 geschrieben, es ist „dem Leben nachempfunden", ein Stil, den man erst kürzlich entdeckt und seitdem sehr gelobt hat. Aber das menschliche Erinnerungsvermögen funktioniert einfach so, das Ausschmücken von Erinnerungen macht uns menschlich – Gott möge uns vor dem Tag bewahren, an dem das nicht mehr möglich sein wird. Aber eines möchte ich hier klar sagen: Der Kern der Geschichten selbst und die

Fakten sind reine Wahrheit, wenn auch hier und da mit ein wenig Seemannsgarn durchzogen.

Tristan Jones
Anchor House, Rawai, Thailand 1991

I'll sing ye a song of the Blackball Line,
Chorus: *To me way, hay, ho, hi ho!*
That's the line where ye can shine.
Chorus: *Oh a long time ago!*

In the Blackball Line I served me time,
That's the Line where I wasted me prime.

It's when a Blackballer hauls out of the dock,
To see them poor ,Westers,' how on deck they do flock.

There's tinkers an' tailors and fakirs an' all,
They've all shipped as A.B.s aboard the Blackball.

It's ,fore-tops'l halyards, the Mate he will roar,
It's 'lay along Paddy, ye son-o-a-whore!

(Ich sing' Dir ein Lied von der Blackball Line
Chor: Zu mir her, hay, ho, hi ho!
Die Linie in der Du es zeigen konntest
Chor: Vor langer, langer Zeit!

In der Blackball Line dien't ich meine Zeit,
In der Linie ging meine Jugend dahin.

Wenn ein Blackballer vom Dock ablegt,
kann man die ,Westers' auf Deck rennen seh'n.

Kesselflicker, Schneider und selbst Fakire,
sie alle fingen bei der Blackball an.

Jetzt die Schoten der Focks, so brüllt der Maat,
noch steifer, du Paddy, du Hurensohn!)

A Long Time Ago war ein Fallenshanty, zwischen 1880 und 1890 sehr populär auf britischen und amerikanischen Schiffen. Die Blackball Line verkehrte zwischen New York und Liverpool. Die Kapitäne und Maate dieser Schiffe waren für ihr hartes Antreiben und ihre Brutalität verrufen.

1 Vor langer Zeit

„Was sagt man dazu ... Tristan, mein Liebling! Juhuuuu.“ Ich räkelte mich unter meiner Decke und hörte einen Moment zu, wie der Regen über mir auf das Deck von *Cresswell* prasselte. Im westlichen Mittelmeer kann es nachts und am frühen Morgen für gewöhnliche Sterbliche empfindlich kalt werden, aber Celicia (Sissie) Saint John, die Schwester des Bischofs von Southchester, war stets putzmunter und von Tagesanbruch an auf den Beinen, völlig unabhängig vom Wetter.

Sie trompetete noch einmal: „Skipperrr ... Juhu, Liebling!“

Ich streckte ein behostes und ein seestiefelbewehrtes Bein aus meiner Koje. Nelson klopfte mit dem Schwanz auf den Kabinenboden, schielte mit einem verdrießlichen Blick auf Sissie und knurrte. Auch ich starrte zu ihr nach oben. Sie hatte ihren in Ölzeug eingezwängten Oberkörper durch das Luk des Niedergangs hinabgeschoben. Wie immer bei miesem Wetter hatte ihr Haar die Farbe abgestorbener Sonnenblumenblätter und schaute unter ihrem gelben Südwester hervor. Ihre angelsächsischen Blauaugen strahlten in dieser besonderen Art von wohlwollender Überspanntheit, wie man sie nur bei Engländern findet.

„Was is'n jetzt los?“ knurrte ich. Ich peilte die Schiffsuhr an. Sissie hatte das Messinggehäuse in der letzten Nacht frisch poliert, bevor sie sich zu ihrem üblichen Ritual mit Bibel und *Booth's London Dry Gin* in das von ihr bewohnte winzige, hundehüttenähnliche Vorschiff zurückgezogen hatte. „Mein Gott, halb sieben.“

Wenn das Schiff im Hafen liegt, will ich eigentlich nicht gestört werden, besonders nicht vor acht Uhr morgens, und speziell nicht wenn es regnet und man keine der üblichen Schiffsarbeiten machen kann und ganz speziell nicht, wenn die Arbeiten, die bei Regen gemacht werden können, von Sissie erledigt werden.

Sissie verzog ihre rosigen Pausbacken zu einem breiten Lächeln. „Da kommt ein Boot längsseits, Liebling!“ kündigte sie an. „Es ist ein, hm, Katamaran.“ Sie richtete sich über dem Niedergangsluk auf und spähte hinaus; Regenwasser floss über ihr Gesicht in das nasse Handtuch, das sie um den Hals gewickelt hatte. Ihre Augen waren gegen den Nieselregen zu schmalen Schlitzen geschlossen. Dann lächelte sie wieder. „Also wirklich“, sagte sie vor sich hin. „Was für ein wundervoller Name ... *Bellerophon of Bosham*... das ist einfach großartig.“ Nelson knurrte leise. „Und Liebling ... Tristan, Liebling ... es ist *englisch*!“

„Mit so einem Namen wird es wohl kaum verdammt französisch sein“, stellte ich gereizt fest. „Um diese Uhrzeit ist mir das fischtittenegal, und wenn es chinesisch ist.“

Sissie blickte zu mir herab. Ihr Gesicht zeigte vollstes Verständnis. „Oh ... mein armer Liebling“, stammelte sie. „So früh am Morgen, ich werde Tee machen ... nein, ich helfe lieber diesem guten alten Kahn, mit dem Heck zum Kai festzumachen.“ Sie drehte sich um und zeigte einen Schenkel mit dazugehörigen Speckfalten unter ihrer gelben Ölzeugjacke, über ihren britischen Armeesocken und irischen Kanalarbeiterstiefeln, während sie über *Cresswells* hochgezogenes Poopdeck kletterte. Hurtig sprang sie über die eineinhalb Meter Distanz zwischen Ruder und Betonkai. Nelson klopfte wieder mit dem Schwanz, diesmal sanft gegen den Fuß des Kabinentisches, froh dass seine Nebenbuhlerin um meine Zuneigung das Schiff wieder einmal verlassen hatte und ihm seinen Herrn ganz zur unendlichen hundeeigenen Fürsorge und Bewachung überließ.

Ich drehte mich auf die andere Seite, zog mir die Bettdecke über den Kopf und wollte noch eine Runde schlafen. Ich war immer noch am Auftauen und Nachholen von Schlaf seit meiner Arktisreise fünf Jahre zuvor.

Ich hörte die üblichen Rufe und das Geschrei, als die ankommende Schiffscrew die Leinen im endlosen Regen in Richtung Sissie warf. Sissies Stimme drang durch das Trommelgeräusch des Regens an Deck: „Ja, was soll ich sagen ... willkommen auf Ibiza!“

Eine männliche Stimme, fast genau so fürchterlich britisch wie Sissies, aber nicht ganz so, (es gab leichte surbitonische Untertöne), rief zurück: „Schönes Schiff habt ihr da! Wunderbares Wetter für die Enten, nicht wahr?“

„Ja", antwortete *Cresswells* Matrose mit einem mädchenhaften Kichern.

Es ist phänomenal, wie sich Schall über das Wasser ausbreitet und durch die Planken eines Holzbootes dringt. Als ich noch darüber nachdachte und auf das Schnurren des Außenborders des Katamarans hörte, bewegte sich *Cresswell* leicht, hob sich und stampfte mit der Vielzahl von Geräuschen, die ein Segelschiff beim Aufwachen von sich gibt. „Mein Gott", sagte ich zu mir selbst, stellte mich am Kabinentisch in die Höhe, wankte zur Kombüse, füllte den Wasserkessel mit Hilfe der Handpumpe, zündete vorsichtig den Petroleumkocher an, knallte den Kessel drauf und setzte mich wieder, um Nelsons Kopf zu kraulen und leise mit ihm zu konferieren, eine althergebrachte Zeremonie auf *Cresswell.*

Da gab es draußen plötzlich neue Aufregung. Zuerst ein Platsch, mit dem eine Leine ins Hafenwasser fiel, das aus schwarzem, schmierigen Öl, toten Fischen, Plastikbeuteln und weiteren Hindernissen für Hygiene und Schiffbarkeit bestand – dann das Geräusch einer männlichen Stimme, wieder vom ankommenden Schiff, mit einem herben Klang: „Oh Mist ... was für ein Saupech aber auch!"

„Ja, das stimmt", hörte ich Sissie antworten, „warten Sie einen Moment, ich hol' einen Bootshaken."

Dann kamen die Geräusche, mit denen Sissie ihre 80 Kilo wieder über den Abstand zwischen Kai und Ruder wuchtete und das Scharren nach dem Bootshaken, der am Handlauf unter *Cresswells* Besanmast festgezurrt war. Das alles, während das Schiff leicht auf und ab stampfte, als es zuerst Zuladung bekam und dann wieder von Sissies Speckfaltenschenkeln, Michelintaille, Boxerarmen, schwerem Ölzeug und Stiefeln befreit wurde.

Schnell zog ich meinen Shetlandpullover an und hängte meine schwarze Öljacke über die Schultern. Ich kletterte den Niedergang hinauf und starrte durch den Regen auf eines der hässlichsten Segelschiffe, das mir je unter die Augen gekommen war. Es war ein Katamaran, aber offensichtlich in Heimarbeit entstanden. Er hatte Schalbretter an den Seiten, aber viel zu hoch, und die Kabine ragte über den beiden Rümpfen auf wie eine kitschige Geschenkschachtel, mit großen Fenstern ringsum.

Das ganze Schiff war schwarz gestrichen, aber an vielen Stellen kam die ehemalige weiße Farbe in unzüchtigen Flecken durch. So erweckte der Kahn den Eindruck einer überdimensionierten Gottesanbeterin mit Hautproblemen.

Er war zirka zehn Meter lang und bestimmt fünfeinhalb Meter breit. Zwei Figuren standen breit und schwer in gelbem Ölzeug und gelben Seestiefeln, die Jackenkragen bis zum Hals zugeknöpft, im strömenden Regen auf dem Achterdeck und schauten verlegen und ein wenig verloren zu, wie sich ihr Schiff langsam durch das Gewicht der Ankerkette wieder vom Kai entfernte. Der Regen tat sein Bestes, um dieses stimmungsvolle Bild abzurunden.

Ich drehte mich um und schaute in Richtung Kai. Sissie lag in voller Länge auf dem schlammigen, mit Fischresten übersäten Stadtkai, lehnte weit hinaus über die schmutzige Hafenbrühe, mit dem Bootshaken nach dem verlorenen Festmacher fischend, der nun in der Mitte einer besonders ekligen Lache aus Schleim und Abfall schwamm. Sie hielt den Bootshaken am bitteren Ende und versuchte, die Leine zu erreichen. Es fehlten nicht mehr als fünf Zentimeter.

Ich wendete mich wieder dem Katamaran zu. Eine der Figuren starrte mich einen Moment lang mit Erstaunen an, bevor sie mich ansprach. „Guten Morgen, alter Freund“, rief der Mann mit einer rauen, männlichen Stimme. „Schönes Wetter heute, oder?“ Er hatte einen Gürtel aus Tauwerk, daran baumelte ein Seemannsmesser.

„Wirf mir eine Leine her“, antwortete ich, „zu mir ist es viel näher als zum Kai.“

„Verdammt prima Idee“, rief die andere Figur in weit weniger rauem Ton. Es klang wie ein Chorknabe kurz vor dem Stimmbruch. Er hatte eine Brille auf und angesichts des Regens stellte ich mir vor, wie sehr er bedauerte, dass diese keine Scheibenwischer hatte. Obwohl er direkt zu mir sprach, waren die Brillengläser auf einen Punkt etwa fünf Meter links von mir fixiert.

Inzwischen was „das Messer“ zur Seereeling des Katamarans gesprungen und grinste mich an. „Angenehm Sie kennen zu lernen, mein Name ist Billy Rankins, und das ist mein Bruder Tony.“

„Die Brille“ sprach nun zu einem Punkt einen Meter rechts von mir: „Hallo, was liegt an?“

„Wirf mir eine Leine rüber“, schimpfte ich, „dein Boot läuft über deine Ankerkette, und wenn du nicht bald eine Leine zu mir überbringst, musst du deinen Motor wieder anwerfen und das ganze Manöver noch einmal fahren ... außerdem liegt dein Anker bestimmt über meinem in der Hafenmitte.“

Tony die Brille kehrte um und schaute verzweifelt durch den strömenden Regen, während Billy das Messer sich langsam und methodisch bückte, eine Leine nahm, den aufgeschossenen Teil in der linken Hand festhielt und das freie Ende mit der rechten nach mir warf. Der mit einem Knoten versehene Tampen traf mich genau ins Auge; der Schmerz war so stark, dass ich ihn fast auf der Zunge spürte. Genau in diesem Moment gab es einen lauten Platsch aus Richtung Kai. Fluchend hob ich das Ende der Leine von *Cresswells* Deck auf, der stechende Schmerz in meinem Auge war fast unerträglich. In Richtung Kai sah ich Sissies Öljacke knapp unterhalb der öligen, schmierigen Oberfläche auftauchen, wild in dem mit Mist, Exkrementen und Hundekadavern angereicherten Hafenwasser von Ibiza rudernd. Endlich tauchte ihr Kopf auf, ihr whiskyfarbenes Haar war jetzt schwarz und glänzend von Ölprodukten, gesprenkelt mit den Fäkalienflecken von tausend Fischern, zehntausend Einheimischen, viertausend wohlgenährten Touristen und fünf oder sechs mittellosen Yachties, von denen jetzt zwei spontan zu Sissies Rettung eilten, ohne auf die frühe Stunde und die Rückwirkungen der durchgemachten letzten Nacht zu achten.

Schnell packten die beiden Yachties, ein Franzose, galant wie immer, der andere ein Finne, mit einem Kater wie immer, Sissie mit ihren schwieligen Händen und zogen sie langsam und wie ein ertrunkenes Schaf aus den dreckigen Fluten. Spuckend hielt sie mit der Hand gewissenhaft unseren einzigen Bootshaken fest.

Sobald ich sah, dass Sissies baldige Rettung sichergestellt war, drehte ich mich um und sicherte das widerspenstige Schiff längsseits an *Cresswell*. Der Wind briste auf und drehte mein Schiff und den Katamaran in beunruhigender Weise, es bestand Gefahr, dass wir zusammenstoßen würden.

Billy das Messer hielt immer noch das Ende der Leine, die er mir zugeworfen hatte, in den Händen, aber ich brauchte viel Lose, um die Leine zum Kai zu bringen und den Katamaran mit dem Heck zum Kai und mit Abstand zu *Cresswell* in Luv festzumachen.

„Gib mir Lose“, brüllte ich. Schnell wie ein Messer warf Billy die Leine los. Ich sprang so geschwind wie möglich nach achtern, die Leine festhaltend, als ginge es um mein Leben. Ich warf mich über die Kluft auf den Kai, sprang über die hebenden Rücken des Franzosen und des Finnen hinweg, rannte nach Luv und belegte den Festmacher. Dann zogen Billy das Messer und Tony die Brille, immer noch hilflos in den Regen starrend, das Heck des Katamarans von *Cresswell* weg, und bald war das Schiff sicher gegen den Wind vertäut.

Ich wollte wieder an Bord von *Cresswell*. Als ich an Sissie vorbeikam, die jetzt alle viere von sich streckend, Wasser, Öl und alle Arten unaussprechlicher Feststoffe und Flüssigkeiten ausscheidend mit dem Gesicht nach unten auf dem Pflaster des Kais lag, hob sie den Kopf. Tränen strömten aus ihren verklebten Augen; trotzdem versuchte sie zu lächeln. „Es tut mir furchtbar leid, Skipper", spuckte sie.

„Is' schon gut, Kumpel." Ich versuchte nicht, den Beschützer zu spielen, besonders nicht im Beisein von zwei Ausländern. „Besser du gehst an Bord und machst Dich sauber. Ich habe Teewasser aufgestellt und die Pütz ist leer ..."

„*Mais* ...", begann der Franzose, „aber sie kann kommen auf meine Schiff." Er war der Skipper eines Luxusdampfers, der einem reichen Bonzen gehörte. „Ich haben eine Bad."

„Prima Idee", sagte ich zu dem Franzosen.

Sissie schaute noch unglücklicher drein. „Oh, ich glaube, das kann ich doch wirklich nicht annehmen." Sie drehte sich zu mir. „Er ist nicht verheiratet, weißt du", flüsterte sie heiser. Sie machte sich auf den Weg zu *Cresswells* Heck, gerade als Billy das Messer auf den Kai kletterte.

„Saupech, gnädige Frau", sagte er respektvoll. „Kommen Sie doch an Bord von *Bellerophon*; wir haben eine Menge Wasser, und Sie können duschen." Billys Stimme klang wie ein Nebelhorn, als er das Gürteltau seines Messers hochzog wie ein Cowboy seinen Revolvergürtel.

Sissie drehte sich einen Moment um. „Ich danke Ihnen vielmals", sagte sie, „aber mein lieber, lieber Tristan ...", ihre Lippen kräuselten sich, und sie bot mir eine verschmierte Wange an, „hat wirklich alles bereit."

Billy sah mich an, zog wieder sein Gürteltau mit dem Messer hoch und sagte: „Okay, alter Freund, sicher stimmst du mir zu, dass wir Euch zumindest eine Einladung zum Mittagessen schulden, oder?"

Ich schaute auf Billy, dachte, dass ein Essen ein Essen ist und sagte: „Mittagessen? Natürlich, ja ... um welche Zeit?"

„Ein Uhr, alter Junge. Mein Bruder und ich, wir arbeiten immer am Vormittag und machen dann zwei Stunden Mittagspause, weißt du."

„Ich nehm' Dich beim Wort", sagte ich zu Billy. Dann drehte ich mich zu dem Franzosen und dem Finnen um, bedankte mich und machte mich auf den Weg zu der kleinen dunklen *bodega* Antonio am Ende des Kais, um mir bei einer winzigen Tasse sirupartigen schwarzen Kaffees die Zeit zu vertreiben, bis der Drachen von Devon seine Waschungen vollzogen hatte.

Als ich, ohne Frühstück im strömenden Regen auf dem Stadtkai entlang schlenderte, hörte ich achtern das Geräusch von Nelsons drei leisen, sanften Pfoten. Ich musste mich nicht umdrehen, ihm in die Augen schauen oder seinen alten Kopf hängen sehen, um zu wissen, dass seine Gefühle für Tugendhaftigkeit und Sittsamkeit, die ihm mein erster Segelskipper Tansy Lee (1866–1958) anerzogen hatte, durch die Tatsache, dass sich Sissie ihrer verdreckten Kleider entledigt hatte, bevor er eine Chance gehabt hatte, den Niedergang zu erreichen, zutiefst verletzt waren. Nelsons Hundeseele war eben zutiefst puritanisch und prüde.

Eine Stunde später hatte der Regen aufgehört. Ich schaute über die immer noch halbvolle Tasse Kaffee durch die niedrige Eingangstür der düsteren Bodega hinüber zu den Baskenmützen der üblichen Versammlung traurig blickender Fischer, zu alt, um mehr zu tun, als von früheren Fängen zu träumen, die die engen Hosen ihrer Nachkommen kritisierten, gleichzeitig aber kindisch und lüstern vernarrt waren in die Hintern in den engen Hosen, an denen sie Kritik übten. Über ihren Köpfen, die sich gegen die grellen Streifen des Sonnenlichts im bazillenbeladenen Morgennebel des Hafens als Silhouette abhoben, sah ich Sissies Gestalt am Kai entlang marschieren. Sie marschierte in die Bodega ein wie ein wachhabender Grenadier. Wie ich bemerkte, hatte sie ihre britischen Armeesocken und Stiefel gegen ein Paar schwarze halbhohe Seestiefel getauscht, ihr prachvoller Körper steckte im dunkelblauen Turndress einer Gymnastiklehrerin mit einem Röckchen bis zur Hälfte ihrer feisten Oberschenkel, die beim Gehen schwabbelten, als sie wohlwollend lächelnd durch die Versammlung von Siebzig- und Achtzigjährigen und Alterslosen hindurchbrach, die alle und ohne Ausnahme wollüstig auf ihr Heck starrten und die Luft anhielten, bis sie sich an den vollbesetzten Tischen vorbeigedrückt hatte.

Sissies Lippen zogen sich zusammen, bis sie aussahen wie Fahrradpedale. Ihre Augen glänzten mit der Zärtlichkeit hochglanzpolierter Bajonette. Sie ließ sich auf einen Stuhl mir gegenüber fallen. Für einen Moment herrschte absolute Stille, als die ibizanischen Fischer wieder gemeinsam Luft holten.

„Kaffee?“ fragte ich.

„Oh, Liebling Tristan,“ sprudelte sie, während sie eine schwielige Hand auf meinen sonnenverbrannten Arm legte, „oh weia, es ist fast Zeit zum Mittagessen ... aber du hast noch nicht einmal dein Frühstück gehabt.“

Ich zeigte mit dem Daumen auf einen runden Holzbottich, der auf dem Steinboden der Bodega stand. Er war ein Viertel voll mit getrocknetem Kabeljau, niedlich arrangiert, so dass die mahagonifarbenen Fischleiber überlappten und sich gegenseitig in die Augen schauen konnten. Sie sahen extrem traurig aus! „Wir könnten von der Gelben Gefahr hier probieren.“ Zu dieser Zeit war Stockfisch eines der billigsten Lebensmittel in Spanien, und eine dürre trockene Fischleiche kostete etwa 20 Pfennig, inklusive Gräten.

„Oh das wäre reizend“, sagte Sissie, als Antonio der uralte Besitzer, in Hemdsärmeln mit seiner schmierigen, weißen, bis zu den Knöcheln reichenden Schürze auf unseren Tisch zukam.

Ich bestellte unser Frühstück, und Antonio schlurfte in seinen unbeschreiblich vergammelten Stofflatschen davon. Ich schaute auf die Uhr. „Wenn wir diese Kleinigkeit gegessen haben, wird es Zeit, zur Post zu gehen, willst du nicht mitkommen?“

Wieder hatte sich Sissies Hand auf meinen Unterarm gelegt. „Oh Liebling, das wäre super. Oh prima, prima!“, säuselte sie. Dann, nach einem Moment Nachdenken, der dadurch gekennzeichnet war, dass sie in die Luft starrte, öffnete sie ihre Nordseeaugen, so weit sie konnte. „Was soll ich sagen, Skipper, was sind das für tolle Kerle auf diesem Katamaran. Sie haben mir gesagt, sie würden für einige Tage auf Ibiza bleiben ...“

„Warum bist du dann nicht zu ihnen gegangen zum Duschen und hast ihr verdammtes Frischwasser verbraucht statt unserem?“ fragte ich.

„Oh Liebling, ich konnte doch nicht so einfach auf ein Schiff gehen, allein mit zwei Kerlen ...“

„Na ja, ich denke, das kann ich natürlich verstehen“, brummte ich und dachte an den sinkenden Wasserpegel in den Tanks von *Cresswell.* 120 Liter Wasser würden wieder 30 Peseten kosten.

Als wir uns, Sissie marschierend, Nelson humpelnd und ich schlendernd, am Ufer von Ibiza entlang bewegten, brach die Sonne wieder durch die hochziehenden Wolken und tauchte die Kathedrale und die Burg auf dem steilen Hügel zu unserer Linken in Gold. Über dem Hafen gegenüber erinnerte mich ein frisch aufziehendes Gewitter an das elfte Gebot des Seemanns: „Du sollst nicht zu lange an Land herumhängen, wenn schlechtes Wetter im Anzug ist.“

Sissie schaute auf die goldumrandeten Wolken über uns. „Wie in einem hübschen Gemälde von Gainsborough!“, gurgelte sie, als sie mit schwerem Schritt durch die Berge von Hummerkörben, Fischernetzen, Kartoffelsäcken und Haufen von „Krempel“, wie sie die Lebensgrundlage von hundert hart arbeitenden Seelen nannte, wanderte.

„Hammerköpfe“, antwortete ich, auf die Wolken schauend, die schwarz, schwerbeladen und drohend über uns hingen. „Später wird es einen richtigen verdammten Sturm geben. Wir sollten besser nicht zu lange an Land bleiben. Wir müssen auf unseren Anker aufpassen – sonst knallen wir wieder mit dem Ruder an den Kai, und das haben wir gerade erst repariert nach dem, was uns letzte Woche erwischt hat.“

Die *correos* hatten zwei Briefe für Sissie, einen von ihrem Bruder dem Bischof (Liebling Willie) und einen vom lieben Tony, dem Ex-Major, der jetzt Vizemanager am Viktoria Bahnhof in London war.

Wir strebten zum Hotel Montesol im Zentrum von Ibiza. Wir saßen an einem der Tische im Freien, im strahlenden Sonnenschein, und tranken süßen Kaffee. Ich öffnete mein Telegramm.

„GUTER UEBERFUEHRUNGSJOB FUER DICH PLUS EINE HAND MALAGA STOP TRIFF MICH IM HOTEL LA PRINCESA DIENSTAG GEGEN FUENF UHR STOP SHINER.“

„Hoffentlich gute Nachrichten, Skipper?“ fragte Sissie und schaute gespannt zu mir herüber. Für einen Hauch von Dramatik war sie immer zu haben. Sie legte ihre Hand auf meinen Arm.

„Sieht ganz so aus. Vielleicht ein Überführungstörn ab Málaga. Es kommt von meinem alten Kumpel Shiner Wright. Er sagt nicht, für wie lange, aber ich denke es wird nur ein paar Tage dauern – um diese Jahreszeit ist es sicher nur ein feiner Pinkel, der seinen Luxusdampfer in Gibraltar haben will. Wie wär’s, wenn du für mich auf das Schiff und Nelson aufpassen würdest ... ?“ Als er seinen Namen hörte, schlug Nelson mit dem Schwanz unter dem Tisch gegen mein Bein. „,... und wir teilen die Kasse aus der Überführung fünfundzwanzig zu fünfundsiebzig Prozent, wenn ich zurückkomme.“

Urplötzlich presste Sissie meinen Arm so, wie ein Matrose einen Belegnagel anfasst. „Oh Liebling, das ist doch nicht nötig – du weißt doch, dass ich das auch so tun würde.“

Als sie dies sagte, sahen wir vor dem Hotel einen spanischen Kavallerieoffizier vorbeigehen, nur etwa zwei Meter von uns weg. Der Offizier führte einen prachtvollen Schimmel am Zügel. Sissie verdrehte schmachtend ihre Blauaugen, schürzte ihre Lippen und lächelte dem Pferd zu. Der Kavallerieoffizier schaute wollüstig auf Sissie. Am Ende des Platzes, nur zehn Meter entfernt, hielt ein weißbehelmter Polizist den Verkehr an. Das Pferd blieb stehen, und als der Offizier Sissies Lächeln immer noch mit jeder Menge Macho-Gehabe erwiderte, ließ das Pferd eine volle Ladung fallen, genau vor einer Gruppe fotografierender amerikanischer Touristen in Bermudashorts und Hawaiihemden, die nach einer Schrecksekunde anfingen, bekleckert auf und ab zu hüpfen, direkt um unseren Tisch herum.

Der Polizist, der Macho-Offizier und das Pferd setzten sich wieder in Bewegung, während die Amerikaner schrien: „Mehr Kleenex-Tücher her, verdammt noch mal!" Die Kellner, die kein Englisch verstanden, standen nur schweigend herum und grinsten höflich. Ich schob Sissies Hand sanft von meinem Arm. „Komm alter Kumpel, wir sollten lieber einkaufen gehen, bevor der Sturm losgeht."

Bis Mittag hatten wir alle unsere Dinge auf *Cresswell* erledigt, und um halb eins waren wir herausgeputzt und bereit für das Mittagessen an Bord des Katamarans. Das heißt, dass ich meine Arbeitsjeans gegen mein zweites Paar Hosen aus Kord ausgewechselt hatte, die noch verhältnismäßig sauber waren, und Sissie hatte die Seestiefel gegen ihre Kanalarbeiterstiefel getauscht, die nach der Bürsterei vom Vormittag wieder trocken waren.

Als wir den Katamaran ansteuerten, rief Sissie: „*Bellerophon* ahoi! Dürfen wir an Bord kommen?"

Zwei Stimmen antworteten von unten – die raue, tiefe Stimme und die hohe Chorknabenstimme. „Ja, bitte kommt, wir sind gleich fertig. Und zieht bitte Eure Schuhe aus!"

Sissie und ich kletterten über eines der Hecks des Katamarans und betraten die geräumige Kabine. Nach der etwa zwei Meter breiten Kabine von *Cresswell* war das etwa so, als würde man von Nr.10 Downing Street in das Weiße Haus kommen.

Die Inneneinrichtung der Kabine bot einen Anblick, den ich nie vergessen werde. An allen Fenstern waren Gardinen mit Blumenmustern, vornehmlich Rosen angebracht, und auf jeder horizontalen Fläche stand eine kleine Vase mit Plastikblumen, auch Rosen. Die Innenwände der Kabine waren mit Blumentapete, natürlich Rosen, dekoriert, während der Boden (oder besser das Deck) aus einem Teppich mit Rosenmuster bestand. Es war wie in einem Blumengewächshaus – überall waren Rosen.

Nachdem sich meine Sinne von dem optischen Schock erholt hatten, kam nun der akustische Schock. Billy, dessen Stimme ich natürlich gleich erkannt hatte, rief von der Kombüse die, niedriger als die Kabine, in einem der beiden Rümpfe untergebracht war: „Willkommen an Bord, alter Junge", hörte ich ihn rufen. Ich drehte mich nach ihm um und war auf einen großen, kräftigen Mann von etwa 35 gefasst. Statt dessen, zu meiner und Sissies kompletter Konfusion, kam eine sehr attraktive Frau von etwa 28 Jahren in einem Blumenkleid, vornehmlich Rosen, leichtfüßig die Stufen hoch, schnappte sich Sissie (die mir später sagte, dass sie vor Erstaunen bewegungslos war), küsste sie auf die Wange und gab ihr die Hand!

Billie hatte mittellanges dunkles Haar, wunderbare blaue Augen und war in jeder Hinsicht äußerst attraktiv. Dann kam Tony. Anstelle eines chorknabenähnlichen Jünglings von circa 15, den wir beide erwartet hatten, sahen wir uns einem schlanken Mann mit Halbglatze von Ende 40 gegenüber. Er trug eine Brille mit dickem Rahmen und war gebeugt vom Tragen der Verantwortung, die nur Kapitäne kennen; (entweder das, oder seine Koje war für seine Länge von zwei Meter um fünf Zentimeter zu kurz).

Nachdem wir Hände geschüttelt und Höflichkeiten ausgetauscht hatten, sah ich mich wieder in der Kabine von *Bellerophon* um und sah eines der unmöglichsten Dinge, die mir je auf einem kleinen Fahrtenschiff begegnet sind. Über den gesamten vorderen Bereich der Kabine war eine pedalbetriebene Kirchenorgel in voller Größe, mit Pfeifen, Blasebalg, Klappen, Tastatur und allem Drum und Dran eingebaut. Für volle zwei Minuten starrte ich auf die Orgel und schaute dann auf Tony, der gebückt unter der Kabinendecke stand und grinste. „Du magst Musik, he?" fragte er.

„Nun ... klassische Sachen ein wenig. Weißt du, Brahms, Beethoven und so", antwortete ich.

Blitzschnell setzte sich Tony der, wie ich jetzt bemerkte, irgendwie vogelhafte Bewegungen hatte, auf den Hocker vor die Orgel und begann, mit den Fußpedalen die Blasebälge aufzupumpen. Er grinste die ganze Zeit. „Das wird dir gefallen", sagte er, „ich beginne jeden Tag mit diesem hier." Er hielt einen Moment im Pumpen inne. „Rate mal, was es ist!"

Ich versuchte, unverfänglich dreinzuschauen und war trotzdem total verblüfft. Nicht wegen Tonys Frage, sondern wegen der ganzen verrückten Situation. Hier saß ein Riese von zwei Metern mit einer Chorknabenstimme und einer Schwester, die sich wie ein Regimentskommandant anhörte und wie ein Hollywoodstar aussah, vor einer Kirchenorgel an Bord eines der hässlichsten Schiffe, das ich je gesehen hatte. Ich schüttelte mich, um wieder zu mir zu kommen. „Keine Ahnung", sagte ich, „Händels Wassermusik vielleicht?"

Tony begann wieder, wie verrückt die Pedale zu treten. Dann warf er plötzlich den Kopf zurück und stieß seine Hände mit ausgestreckten Fingern und vor Erregung zitternd nach vorn. Wild zog er einige Klappen, streckte seine Arme wieder aus wie ein Magier, der zeigen will, dass er nichts im Ärmel versteckt hat, und bearbeitete die Tasten. Als die Noten aus der Orgel herausexplodierten, sangen beide mit der Musik mit, er in seinem hohen Diskant, seine Schwester Billie in vollem melodischem Bass ... *Rule Britannia*!

In der Mitte der ersten Strophe drehte ich mich zu Sissis um. Sie stand immer noch Hand in Hand mit Billie, die Haltung annahm, als sie die Worte herausschmetterte. Sissie schaute mit verschleiertem Blick zu ihr auf, voller Bewunderung. Kurz davor in hysterisches Gelächter auszubrechen, ging ich langsam zu einem der Kabinenfenster hinüber, schob den Vorhang beiseite und blickte über den Hafen von Ibiza. Es regnete wieder in Strömen, und ich überlegte warum zum Teufel manche von *mir* dachten, ich sei leicht verrückt.

Als die Orgel nach der Ouvertüre endlich zu pfeifen und zu wimmern aufhörte, stiegen Billie und Sissie hinunter in die Kombüse. Während Tony ein Potpourri aus der *Lustigen Witwe* spielte, machten sie ein vorzügliches Mittagessen aus Pâté, Schinken und Salat; dazu gab es spanischen Wein.

An diesem Tag hatten wir nichts mehr zu erledigen, weder auf *Bellerophon* noch auf *Cresswell*. Nachdem Billie und Sissie die Backschaft erledigt hatten und Tony die Brille wie wild an der Orgel pumpte, schnaufte und hämmerte, machte ich es mir mit den Damen in der geräumigen Kabine des Katamarans gemütlich. Zwischendurch holte ich immer wieder roten und weißen Wein aus der kühlen Bilge unter der Spüle hervor und stellte die leeren Flaschen in Reih und Glied draußen vor der Kabinentür auf.

Während des Nachmittags riefen wir all unseren Nachbarbooten zu, die am Stadtkai festgemacht waren. Einige Leute kamen dann an Bord von *Bellerophon*, vordergründig um der Musik zuzuhören, aber in Wirklichkeit um mitzuhelfen, das Schiff um fünfzig Flaschen Ballast an Wein zu erleichtern. Wir waren uns alle einig, dass das Boot nach dieser Maßnahme viel höher am Wind laufen würde.

Es war eine internationale Truppe, die sich da versammelte. Da war Willi der Deutsche, Rory O'Boggarty, der irische Schriftsteller, der aussah wie G.B. Shaw in seiner Jugend, zwei Italiener, die ihre Augen nicht von der reizenden Billie lassen konnten, ein türkischer Doktor, bei dessen Erzählungen von der alten Hittite-Zivilisation und über die Auswirkungen fortgeschrittener Frauenemanzipation Sissie bald „Oh" und „Ah" machte, eine große Frau aus Holland, die einmal die Geliebte von Gurdjieff gewesen war (behauptete sie – und sah auch so aus); ein kleiner, gütig aussehender älterer Herr der, wie ich später erfuhr, ein Stahlwerk in der Nähe von Johannesburg hatte, das Handschellen für die südafrikanische Regierung herstellte und ein international bekannter dänischer Popstar mit seiner hübschen, aber streng aussehenden Frau. (Ihr „dänischer" Akzent klang irgendwie nicht ganz echt. Später wurde mir gesagt, dass er in Wirklichkeit ein ehemaliges Mitglied der Hitlerjugend war und sie eine australische Nutte im Ruhestand. Aus Sydney, Surrey Hills!)

Um die Gesellschaft etwas aufzulockern, waren da außerdem noch der Franzose und der Finne, die Sissie am Morgen vor einem düsteren Schicksal bewahrt hatten. Aber während der Abend voranschritt und Sissie damit beschäftigt war, die Gläser für Neuankömmlinge auszuwaschen, waren die Ereignisse vom Vormittag schnell vergessen. Draußen heulte der Wind, Regen prasselte auf das Deck, und der Katamaran stampfte und schlingerte an der Ankerkette, während Tony immer noch mit wilder Entschlossenheit die Pedale der Orgel bearbeitete.

Die ganze Zeit, in der sich diese höllische Szene abspielte, dachte ich an den bevorstehenden Überführungsauftrag. Ich brauchte einen Matrosen, der mich begleitete. Die einzigen Männer, die vielleicht Geld brauchen konnten, waren der Finne und der Franzose. Ich sprach mit beiden unter vier Augen. Doch keiner wollte mitkommen; der Franzose war der Skipper einer großen italienischen Motoryacht, und der Finne war Dichter, „zu beschäftigt mit Schreiben".

Nach einer Stunde Nachdenken schmuggelte ich mich hinüber zu der Orgel und setzte mich an Tonys Seite. Er war immer noch am Pumpen und Pfeifen und Spielen. Über den Lärm hinweg fragte ich ihn: „Tony, wie lange segelst du schon?"

Er war zu sehr mit dem Ziehen und Drücken von Klappen beschäftigt, um mich anzusehen. Er spielte jetzt *Clair de Lune*. „Oh, nur acht Monate. Wir sind letztes Jahr in England aufgebrochen, haben in Frankreich überwintert und sind im Frühjahr dann in Sète gestartet."

„Bist du interessiert an einem kleinen Segeltörn von Malaga nach Gib?" schrie ich über das Gestöhne und Gebrumm der Basspfeifen.

Er drehte sich um und schaute mich mit seinen Eulenaugen an.

„Ich habe einen Überführungsjob. Ich muss nach Málaga nächste Woche. Ich lebe davon, weißt du ... und ich brauche eine Hand, niemand hier will mitkommen, und der nächste Kumpel, den ich habe, neben Sissie, ist Pete Kelly, und der liegt mit seinem Boot in Monaco ..."

Urplötzlich hörte Tony auf zu spielen. Es gab ein Aufatmen in der Kabine. „Sag' nichts mehr. Du hast uns aus der Patsche geholfen, ich werde dir aushelfen. Schreib' meinen Namen auf deine Crewliste, alter Knabe. Der Kat ist hier sicher."

„Und Sissie kann Billie helfen, wenn es sein muss, und Nelson ist ein guter Wachhund ...", warf ich ein.

„Ja, ich habe nichts gegen eine Spazierfahrt nebenbei, und ich liebe Gibraltar."

„Also, abgemacht? Ich teile die Kohle mit dir, 40 Prozent für Dich und 60 für mich, OK?"

Tony grapschte meine Hand und schüttelte sie vehement. „Abgemacht, alter Kumpel."

Genau so plötzlich drehte er sich wieder zur Orgel um, pumpte was es hergab und gab noch einmal *Rule Brittania* zum besten.

Ich wandte mich Sissie zu, die gerade rigoros die Handgreiflichkeiten des in der Zwischenzeit entflammten Türken abwehrte. Ich nickte mit dem Kopf und blinzelte ihr zu. Zuerst zog sie die Augenbrauen hoch, dann überzog ein Lächeln ihr Gesicht.

Inzwischen waren alle anwesenden Damen wunderschön, elegant und intelligent, alle Herren waren stattlich, liebenswürdig und scharfsinnig, und nur noch eine Flasche Wein war übrig. Schnell reihte sich auch diese in die Parade der Geleerten ein, sorgsam und präzise hingestellt von dem finnischen Dichter, der von Gurdjieffs Ex-Geliebten gestützt werden musste, die wiederum von Willi dem Deutschen und Rory O'Boggarty, dem verlorenen Sohn Erins gehalten wurde.

Am folgenden Dienstagmorgen nahmen Tony und ich das lärmende Flugzeug von Ibiza nach Valencia, dann eine alte Dakota zu der großen Hafenstadt Málaga und machten uns am späten Nachmittag auf den Weg zum Hotel La Princesa.

Hätte einer von uns geahnt, was vor uns lag, hätten wir beide das nächste Flugzeug zurück nach Ibiza genommen. Ich persönlich hätte gewarnt sein sollen, wegen der folgenden Episode die sich kurz von unserer Abreise abspielte ...

Death, be not proud, though some have calléd thee
Mighty and dreadful, for thou art not so:
For those whom thou think'st thou dost overthrow
Die not, poor Death: nor yet canst thou kill me.
From Rest and Sleep, which but thy picture be,
Much pleasure, then from thee much more must flow;
And soonest our best men with thou must go –
Rest of their bones and soul's delivery!
Thou'rt slave to fate, chance, kings and desperate men,
And dost with poison, war and sickness dwell;
and poppy or charms can make us sleep well
And better than thy stroke. Why swell'st thou then?
One short sleep past, we wake eternally,
And Death shall be no more: Death, thou shalt die!

(Tod, sei nicht stolz, obwohl Dich manche
mächtig und furchtbar nennen, Du bist nicht so:
Für jene die denken, Du könnt'st sie vernichten,
Stirb nicht, armer Tod, Du kannst mich nicht töten.
Rasten und Schlafen, wie immer das Bild,
viel Freude erzeugt, und von Dir kommt noch mehr;
Und bald müssen unsre Besten mit Dir gehen –
Ihre Knochen mögen ruhen, ihre Seele Trost finden,
Sklave des Schicksals und Zufalls, Könige und Verzweifelte,
mit Gift zersetzt, wo Krieg und Krankheit weilen;
und Mohn oder Liebe lassen uns heiter schlafen.
Und besser als Dein Angriff. Warum brüstest Du Dich?
Ein kurzer Schlaf nur, dann leben wir ewiglich!
Und dann ist kein Tod mehr: dann wirst Du selbst sterben!)

John Donne, *Tod*

2 Eine todernste Angelegenheit

Am Morgen nach der Party an Bord von *Bellerophon* ließen Sissie und ich Nelson als Bewachung auf *Cresswell* zurück und gingen an Land, um unsere täglichen Runden zu drehen, sie, um ihren üblichen Gang zur Post zu machen und ich, um ein Bier in Antonios Bodega, der kleinen Bar am Ende des Piers, zur Brust zu nehmen. Die Alhambra, mit der Ansammlung von kleinen Gaunern und schmierigen Krämern war sicher kein so guter Platz für einen Seemann mit Kater. Fischer dagegen, obwohl meist schweigsam und immer ernst dreinblickend, sind im Herzen sanft und großzügig und verstehen die Gedanken eines zur See Fahrenden. Bei ihnen würde es keine beleidigenden Blicke über meinen Zustand, keine Abschätzung meines Geldbeutels, keine Abwägung meines Vermögens und keine Beurteilung meiner Neigungen geben. Bei Antonio würde ich ein Seemann unter Seeleuten sein, und das war alles, was ich an diesem Oktobermorgen brauchte – Ruhe, Frieden und allein gelassen zu werden – und eine Flasche San Miguel Bier, um mich wieder aufzurichten.

Als ich mich der weißgetünchten, niedrigen kleinen Bodega näherte und die übliche Versammlung von uralten Fischern davor musterte, die leise und ruhig die Aktivitäten im Hafen begutachteten und überwachten, winkte Sissie mir zu und schenkte mir, Gott schütze sie, ein aufmunterndes Lächeln. Sie hatte ihre Einkaufstasche aus Sisal um die Schulter geschlungen und rauschte den Kai entlang. Wie üblich hinterließ sie in ihrem Kielwasser eine Reihe von Kindern, Hühnern und die lüsternen Blicke einiger männlicher Nichtstuer. Vor Sissies Auftritt hatten die Männer am Kai herumgelungert, doch als ihr grell-gelb-braunes Haar und ihre nackten Schenkel vorbeizischten, waren fast alle in Hab-Acht-Stellung. Sissie steuerte durch sie hindurch wie die königliche Yacht durch die Reihen unbedeutender Tender bei einer Flottenparade.

Antonio, der immer aussah, als wäre er nie im Leben im Bett oder Bad gewesen, nickte mit dem Kopf, als ich meinen einzog, um unter dem niedrigen Türrahmen hindurchzukommen. *„Café, Señor?"*

„No, por el amor de Dios – CERVEZA, Antonio! Ein Bier um Gotteswillen", antwortete ich, sah mich in dem düsteren Raum um und tastete mich zu einem der winzigen Tische hin.

„Morjen, Käpt'n Jones!"

Die Stimme war flach, blechern, irisch und klang, als käme sie von weit her über's Telefon. Ich wusste sofort, dass es Rory O'Boggarty war, der Sofaliterat, der Poet aller Poeten, der mittellose Knirps, der Bernard Shaw des kleinen Mannes. Man traf ihn normalerweise bei Antonio recht früh, um die Mittagszeit und dann wieder sehr spät am Abend, mit einem jungfräulichen Notizbuch vor sich und einem Bier. Rory war der Leidende im Dschungel der schreibenden Zunft – auf der Suche nach Einsamkeit und Trost, Gesellschaft und Unterhaltung, Abgeschiedenheit und Beute – alles zur gleichen Zeit. Seine Stimme telefonierte weiter: „... und wie geht es den Seepocken und dem Kompass heute?"

Ich starrte ihn an und dachte: „... und wie geht es unserem verdammten Schleimscheißer heute?" Er war ungefähr neunundzwanzig und sah aus wie ein heruntergekommener Faun mit seinen roten Haaren und boshaften Augen, die in einem schwabbelnden Puddinggesicht saßen – oder was man davon in der Mitte eines langen roten Bartes sehen konnte, der bis zum obersten Knopf seines gelben Hemdes gereicht hätte, wenn das Hemd einen Knopf gehabt hätte. Rory war so klein und armselig, dass man, wäre Antonio eine Tänzerin anstelle eines Leichenbestatters in der eigenen Bar, denken könnte, er wäre Toulouse-Loutrec im Moulin Rouge.

„Einen wundervollen guten Morgen wünsch' ich dir!" Rory war der einzige echte Ire, den ich jemals traf, und der so etwas sagte.

„Hallo Rory", seufzte ich. Ich setzte mich ihm gegenüber mit dem Rücken zum Eingang der Bodega. Hinter Rory hing ein schmieriges Gemälde von Jesus mit einem Heiligenschein, in seinen Händen ein bluttropfendes Herz. Christus schaute seitlich nach oben. Ich seufzte wieder.

Mit einem verschlagenen Blick in seinen blau-grünen Knopfaugen nahm Rory einen Schluck Bier.

„Wie zum Teufel kannst du so früh am Morgen dieses Zeug trinken?", spottete ich.

„Käpt'n Jones", antwortete er gereizt, „hör sofort auf, du nimmst es mit der Uhrzeit viel zu genau. Du solltest in einer Bank arbeiten, das solltest du!"

Traurig stellte Antonio mein Bier vor mich hin, als wäre es mein Todesurteil.

„Jawohl, ich schluck' das Ganze runter und lass' es auch wieder raus, schneller als du furzen kannst ..."

„Das würdest du tun, und doch wieder nicht, selbst wenn ich es selbst bin, der sagt, dass ich glaube, du würdest es tun!" sagte Rory. „Ich sehe, du hast an diesem schönen Tag den schwarzen Hund, und ohnehin, mein Freund, wie steht es um dein keltisches Antlitz und um dein gälisches Herz, mein Sohn?"

„O'Boggarty", sagte ich, auf seinen Sarkasmus antwortend, „heute morgen ist mein Antlitz Scheiße, und mein Herz ist wie das Herz eines Marineadmirals, schwarz wie die Hölle und hart wie Portlandzement."

„Ach je", antwortete Rory, „du trauerst also deiner Zeit in der Marine nach, alter Freund?"

Während ich zuhörte, halb amüsiert, halb ärgerlich, begann O'Boggarty mit seiner flachen, aber lieblich klingenden westirischen Stimme, leise und klangvoll Joyce zu rezitieren: „Das ist sie also, unsere glorreiche Britische Navy, sagen die Zivilisten, die die Welt beherrscht. Die Männer, die nie Sklaven sein werden, die wahren Erben von Gottes Erdboden. Und ihr Land ist in den Händen von einem Dutzend Spielern und Baumwollbaronen. Das große Reich das sich mit Knechtschaft und ausgepeitschten Sklaven brüstet ..."

„Ach hör' auf O'Boggarty" unterbrach ich ihn, „das ist vorüber und vorbei, das liegt zwanzig ... dreißig Jahre zurück."

Rorys Stimme wurde lauter, und seine Worte – Joyces Worte – dröhnten durch die Bodega, von den schmutzigen Wänden reflektiert: „Sie glauben an die Rute", donnerte er, während er am Ende jeden Satzes mit seiner schwabbeligen Faust auf den Tisch schlug, „die allmächtigen Rächer, die Entfessler der Hölle auf Erden, und an die Seeleute, die Himmelhunde, besessen von ruchlosem Geist, geboren durch die kämpfende Marine zu dutzenden, als Steißgeburt, geopfert, ausgepeitscht und weichgekocht ..." O'Boggartys Augen glänzten jetzt mit niederträchtigem Vergnügen, als er mich zusammenzucken sah ..." Zeter und Mordio brüllend. Am dritten Tag erhob er sich wieder von seinem Lager, steuerte in den Himmel und sitzt seitdem auf seinem Achterteil und wartet auf weitere Befehle herabzukommen, um seine Knechtschaft anzutreten und seinen Lohn zu empfangen."

O'Boggartys Zitat war, wie er wusste, Wort für Wort absolut exakt. Ich runzelte die Stirn, als ich selbst anfing: „Aber, sagt Bloom, ist die Disziplin nicht überall die gleiche? Ich meine, wäre sie nicht auch hier die gleiche, wenn du gegen einen Feind kämpfen müsstest?"

„Ha", schrie O'Boggarty mit sichtlichem Vergnügen. „Aha!" Er setzte seine Bierflasche ab und rieb sich mit dem Handrücken über die Lippen, während er melodramatisch in leisem Ton fortfuhr: „Habe ich es dir nicht gesagt? So wahr wie ich dieses Starkbier trinke, wenn er im letzten Atemzug liegt, versucht er dir noch weiszumachen, dass Sterben Leben bedeutet."

Rory hatte ein halb-boshaftes Grinsen im Gesicht und ein Leuchten in seinen Koboldaugen, während er mich von der Seite anschaute. Dann, einen Moment oder zwei später, schaute er weg, sein Grinsen verschwand, er sackte tiefer in seinen Stuhl und starrte auf seine fast leere Bierflasche, die seinen Blick trübsinnig erwiderte so, als ob sie den Verlust ihres Inhalts zutiefst bedauerte.

„Wie geht's dir Rory?", murmelte ich.

Der kleine Ire schnellte hoch und strahlte mich voll an. „Allerbestens, jawoll!" Er griff in seine Tasche. Er förderte einen großen, zerknitterten Briefumschlag zutage. Er öffnete ihn mit seinen weichen Puddingfingern. Er blätterte durch einen Pack englischer Banknoten, etwa zweieinhalb Zentimeter dick, alles Fünfer, wie ich sehen konnte. Er grinste von Ohr zu Ohr. „Genug für sechs Monate zu trinken", sagte er und blinzelte mit einem Koboldauge. „Sechshundert vom Feinsten!"

„Also hast du endlich deinen Vorschuss bekommen?" Ich wusste, dass er besorgt auf eine Anzahlung des Verlegers für einen „großen Roman" (für den noch kein Wort geschrieben war) gewartet hatte.

„Ja, Frank der Dünne hat es aus London mitgebracht, genau wie ich es ihm aufgetragen hatte. Man kann ja der spanischen Post nicht trauen ..." O'Boggarty steckte das Geld wieder weg, während er mit den Augen die ganze Zeit bei mir nach Anzeichen von Neid suchte. Sissies Rente war fällig, und das würde zur Überbrückung reichen, bis zu meinem nächsten Überführungsjob, der schon geplant war. Ich schaute mich in der Bodega um. Antonio, mit traurigen Spanielaugen, O'Boggarty glücklich wie ein Schneekönig und ich, wir waren die einzigen Leute in der Bar.

„Nicht viele Leute hier, heute“, sagte ich, um die Stille zu unterbrechen, „und die, die hier sind, schauen aus, als würden sie zu einer verdammten Palasteinweihung gehen.“

„Oder zur Hinrichtung“, kommentierte O'Boggarty.

„Was ist denn los, Rory?“

Der kleine Kobold gab mir einen finsteren Blick. Er sah aus wie eine ärgerliche Babypuppe mit Bart. Ich sagte nichts und blickte ihn nur an. „Weißt du denn nicht, was für ein Tag heute ist?“ fragte er. Wie üblich im Hafen (auf See niemals) hatte ich leichte Probleme, mich an das Datum zu erinnern.

„Natürlich ist heute Totensonntag“, fuhr er fort, „das ist der Tag an dem wir ... alle guten Christen zumindest ... an unsere lieben Verstorbenen denken ...“ (Er schaute so ernst drein wie ein Richter bei der Urteilsverkündung.) Seine Augen nahmen einen träumenden Glanz an und ich wusste, dass ein neues Zitat kommen würde ...“über den Fluss, von dem kein Reisender zurückkehrt.“

„Du meinst die, die den Löffel weggeworfen haben?“

Rory O'Boggarty lehnte seinen haarigen Kopf zurück. „Ach je!“, intonierte er, „Gott behüte uns vor den seemännischen Raubeinen und den Schelmereien der Welschen, auch wenn sie keltische Blutsbrüder sind. Maria im Himmel, hilf uns armen irischen Seelen!“

Ich grinste seinen Koboldskopf an, als er diesen auf seine Brust sinken ließ, seufzte und die Augen schloss. Dann öffnete er sie wieder und starrte mich an, ein bösartiger Gnom. „Käpt'n Jones“, sprach er ernst, „das zeigt, dass du keinen großen Respekt hast vor den Lieben, die Dich verlassen haben.“

„Hah!“ (es machte mir jetzt Spaß, es ihm ein wenig heimzahlen zu können.) „Das ist ein Haufen Unsinn, O'Boggarty. Das hat gar nichts mit Respekt vor den Toten zu tun. Alles was es ist, es ist ... Mitleid für die Lebenden, das ist alles!“

O'Boggartys Gesicht wurde düster.

Ich fuhr fort ... „Selbstmitleid hauptsächlich, das ist es. Oh, ich Armer, schau mich Armen an, so ganz alleine.“

Ich zeigte Antonio zwei Finger, um zwei Bier zu bestellen. „Die beste Art, den Toten Respekt zu zollen ist, so viel als möglich aus deinem eigenen Leben zu machen – um Himmelswillen, zeige mehr Respekt vor den Lebenden!“

Rorys Koboldaugen tanzten vor Aufregung über diese Herausforderung. Ich hatte den bloßliegenden Nerv eines Mannes getroffen, der in seiner Kindheit zutiefst unterdrückt, und um seine Qualen fortzusetzen, von den Jesuiten groß gezogen worden war.

Ich zog die Daumenschrauben noch ein wenig an. „Die beste Art, Respekt für die Toten zu zeigen ist, alles dranzusetzen, ihren Glauben an das Leben zu teilen, aber das musst du in deinem Leben tun, und dadurch, dass du dein Leben über ihren Tod stellst. Ich denke, ein einziges lebendes Kind oder ein springender Delfin bedeutet mehr als alle Toten, die je gelebt haben!“

„Dann bist du ein Heuchler“, schrie O'Boggarty mit irischem Akzent, „du hast mir erzählt, dass du dir ein Leben ohne die Werke der großen Schriftsteller der Vergangenheit, Plato und Homer und Shakespeare und Blake nicht vorstellen könntest ...“

„Vergiss nicht Joyce“, spottete ich.

„Sie bedeuten dir gar nichts, wenn du keinen Respekt vor den Toten hast ...“ Er nahm einen Schluck aus der neuen Bierflasche. „Ich hatte den Verdacht, sicher, vom ersten Moment an als ich Dich sah und hörte Käpt'n Jones, du bist ein verdammter Druide, ein brabbelnder Druide bist du, ein nichtstuender Götzenanbeter ...“

„Besser als ein schwatzender Totenlistenschreiber!“

O'Boggarty sank noch mehr auf dem klapprigen Stuhl zusammen. Er schloss wieder die Augen. Er fragte in leisem Ton: „Dann glaubst du nicht an ein Leben im Jenseits?“

„Ich weiß es nicht, aber wenn es ein Danach gibt, dann kann es sicher nicht anders sein als dieses Leben, und wenn es nicht so ist wie dieses Leben, wo bleibt dann all das Glücklichsein, das Vergnügen und der Spaß? Wo soll dann all das *Leben* stecken? Wenn es keine Freude, keinen Spaß, kein Vergnügen gibt ... und ja, auch keinen Schmerz, Elend und Leid, wie zum Teufel kann es dann ein *Leben* sein? Und wenn es kein Leben gibt, wieso heißt es dann *Leben nach dem Tod*?“

Während ich das sagte, bewegte O'Boggarty seinen Rotschopf von Seite zu Seite, so aufmerksam, als wäre er in der Sonntagsschule. Er hörte zu wie ein Lehrer, den ein neugieriges Kind fragt, wer Gott erschaffen hat, und warum und wann, und wie viele es *davon* gibt.

Für eine volle Minute war er still, dann plötzlich schien sich die ganze Bodega mit Leuten zu füllen. Er öffnete die Augen mit einem Ruck, er starrte in der Düsternis eine Sekunde oder zwei auf die Eindringlinge, dann fing sein Gesicht an zu strahlen wie das eines Jungen, dessen Papierdrache das erste Mal fliegt.

„Josélito", schrie er, *„Cómo estás, amigo?"*

Schnell stand Rory auf, mit all seinen 150 und ein paar Zentimetern, und streckte seine befremdend kleine Kinderhand aus. Kastilisch, gesprochen mit irischem Limerick-Akzent, ist ein Wunder für die Ohren, zumindest für meine. Aber der Neuankömmling, der jetzt vehement die Hand des Sprösslings der grünen Insel schüttelte, verstand ihn anscheinend perfekt. Ich lehnte mich vor, um den in Augenschein zu nehmen, der meine Rache an O'Boggarty unterbrochen hatte. Dabei wurde meine Aufmerksamkeit auf zwei andere Figuren gelenkt, die die ohnehin dunkle Bodega noch mehr verdunkelten und sie plötzlich überfüllt erscheinen ließen.

Da war eine Frau – klein, rundlich und komplett schwarz gekleidet – ihr Haar glänzte unter einem schwarzen Kopftuch. Sie hatte einen Arm immer noch in der Tür, als sie sich unbeholfen umdrehte und scheu in Richtung O'Boggarty lächelte. Mit ihrer einen Hand schaukelte sie liebevoll einen Kinderwagen, auf dem obendrauf, in meinen Augen gefährlich schwankend, ein großer weidengeflochtener Korb stand. Oben auf dem Korb saß ein kleines Mädchen von etwa drei Jahren, und hinter dem Korb schaute das rosige Gesicht eines gutgenährten, fetten Babys hervor, das mit aller Kraft eine Rassel schüttelte. Es war, als ob das Baby wusste dass wir beide, O'Boggarty und, ich einen Kater hatten, der einen Regentag nach dem Pferderennen in Ballinasloe mit gebrauchten Wettabschnitten, die im Wind herumwirbelten, und Händeschütteln mit jedem Mann im Umkreis von 30 Kilometern, erscheinen ließ wie eine Mitternachtsmette in der St. Patricks Kathedrale.

Ich krümmte mich, stöhnte und zuckte, als ich auf das fette Baby starrte. Jedes Mal, wenn es die Rassel schüttelte, brabbelte es und lachte mich an. Innerhalb der Tür standen zwei kleine, gut angezogene Jungen, die sich am Rock der Frau festhielten, ihr bestes Benehmen zeigten und unsagbar gelangweilt aussahen. Und das sollten sie auch sein, dachte ich. Immerhin war es der Tag der Toten, an dem selbst kleine Jungen nicht kleine Jungen sein dürfen, es würde die Geister der Unterwelt stören, und was sollte dann aus uns werden?

Ich drehte mich zu dem Mann um, der Rory die Hand schüttelte. Für einen Moment, in dem ich den schwarzen Anzug, den schwarzen Filzhut und die schwarze Armbinde musterte, erkannte ich ihn nicht. Dann drehte er sich zu mir um, schaute mich lächelnd an, streckte mir eine harte, schwielige Hand entgegen und blitzte mich mit seinen blauen Augen an. Mit Erschrecken stellte ich fest, dass es José war, einer der Fischer, die mir, in ihren blauen Arbeitsjeans, Jacken und Strohsandalen an den Füssen, draußen in der Bucht freundlich zuwinkten und mir in der Bodega öfters auf den Rücken klopften, *holá* riefen, mich mit *Cómo está?* begrüßten und immerzu lachten und Witze machten. An gewöhnlichen Tagen des Lebens hatten José und ich einige Gemeinsamkeiten – wir hatten beide in der Kriegsmarine unserer Länder gedient. Aus diesem Grund war Josés Kastilisch gut und verständlich.

„Wie geht es Ihnen, *Señor* Jones?" fragte er. Er sprach meinen Namen wie „Honays" aus.

„Wie ich sehe, bist du voll herausgeputzt" bemerkte ich dummerweise, „gehst du heute in die Kirche?"

„*Si, Todos los Santos* ... Totensonntag." José schenkte mir und O'Boggarty ein schwaches, trauriges Grinsen, und der Ire gab mir einen warnenden Blick.

José sah O'Boggarty an. „Du bist Ire", sagte er.

Rory nickte mit dem Kopf, und seine weit offenen, unschuldigen Augen waren todernst.

„Katholisch?", fragte José.

„Ja natürlich!" sagte O'Boggarty, als wenn er nie im Leben auch nur eine Stunde bei seinen Jesuitenlehrern in Dublin verbracht hätte.

José wendete sich zu mir. „Englisch", stellte er fest.

„Nein, Walisisch", sagte ich, die Frage gar nicht erst abwartend, „aber wir haben unsere eigene Kirche – sie ist so ähnlich wie die katholische, nur haben wir keine Päpste, wir haben Poeten."

Das ging komplett über Josés Horizont. O'Boggarty blickte mich unter seinen Augenbrauen finster an und zahlte für Josés Glas Wein, Wein so rot, dass er von dem Bild mit dem blutenden Herz an der Wand hätte kommen können.

José verbeugte sich vor mir. „Also gut, deine Angehörigen sind nicht hier – deine Familie ist lange tot – warum kommst du nicht mit uns? Die Kirche wird nicht lange dauern, und dann gehen wir auf den Friedhof zum Mittagessen."

Er fragte gar nicht erst die *Señora José*, ob das so in Ordnung wäre; stattdessen griff er hinüber zum ältesten seiner zwei schweigsamen kleinen

Jungen, er war vielleicht acht, und zog ihn mit festem Griff an seine Seite. „Wir haben ein ganzes Spanferkel, geröstet. Manuelito hat es letzte Nacht auf dem Küchentisch geschlachtet.“ Stolz drückte er die Schulter seines ältesten Sohnes. „Hat ihm die Kehle durchgeschnitten. Die kleine Sau brauchte über eine halbe, Stunde um zu verbluten und zu sterben ... und der Krach, *señores*, ihr hättet das hören sollen! Ja, Manuelito hat das gut gemacht. Wir sind stolz auf ihn, sehr stolz sogar. Er wird einmal ein großer, starker Mann, genau wie sein Vater, he?“ José warf seiner Frau einen Blick zu, die unruhig wurde und pflichtbewusst auf ihren Ältesten schaute.

Strahlend vor Stolz wendete sich José wieder O'Boggarty und mir zu. Sein Gesicht nahm einen schlauen Ausdruck an. Er schaute, als wüsste er etwas, das uns endgültig überzeugen würde. „Wein natürlich – ich habe vier volle Karaffen! Und Hühnchen und Shrimps und geröstete Kartoffeln und Fisch ... Sie kocht Fisch *muy bien*, der beste auf Ibiza!“

Rory O'Boggarty lachte. „Natürlich!“, rief er in seinem besten Limerick-Kastilisch, als er die Hand des kleinen Schweineschlächters ergriff und schüttelte. „Natürlich Josélito, Capitán Honays und ich kommen sehr gerne mit euch.“

Ich machte einen Abstecher zu *Cresswell* und hinterließ eine Nachricht für Sissis: „Bin in der Unterwelt – zurück gegen vier.“ Dann musste ich den halben Weg rennen, um den rundlichen, kleinen Fischer, seine rundliche, kleine Frau, den spanferkelschlachtenden Jungen, den unschuldigen, weil jüngeren Bruder, ihre schweigsame damenhafte Tochter, das bösartige rasselschwingende Baby und den irischen Gnomen einzuholen, die auf dem Weg zum Friedhof waren.

Die Messe wurde von einem Priester in überreichlicher und prunkvoller Aufmachung gelesen, der überraschend jung aussah. Sein Latein war gut, wenn er auch die Worte ausrief, als wären sie Bestandteil einer Schiffsurkunde. Die Menge – und es war eine Menge – füllte die Kirche, sang die Antworten und machte, ziemlich teilnahmslos wie es mir schien, die vorgeschriebenen Bewegungen zum ungefähr richtigen Zeitpunkt. Am Höhepunkt der Messe aber, als der Priester die Hostie in die Höhe hob, wurde meine Aufmerksamkeit durch einen kleinen Vogel abgelenkt, der irgendwie in die Kirche geraten war und der nun den Anziehungspunkt für alle Personen unter vierzehn Jahren bildete. Das freute mich riesig. Als die Messe vorüber war, strebte ich munter ins Freie und dachte über den kleinen Vogel nach. Es war, als hätte uns Gott eine leichtfüßige Erinnerung geschickt, dass Er immer noch da war und wohlauf, und dass Er an uns dachte – zumindest an die Kinder.

Nach einer Wanderung von etwa zwei Kilometern erreichten wir den Dorffriedhof, halb so alt wie die Zeit und doppelt so alt wie das All. Rory O'Boggarty, der aus der Kirche herausgekommen war, als wenn sein Buch auf die Bestsellerliste gesetzt worden wäre, war so etwas wie eine Autorität in der Geschichte Ibizas. „Sicher, dieser Friedhof war ehemals eine heidnische Begräbnisstätte – bevor die Phönizier hier landeten und einen Tempel errichteten, der ihrer weiblichen Gottheit geweiht war. Ihr Name war Tannit."

„Hört sich an wie der Name einer Sonnenschutzlotion", sagte ich und hatte die Absicht, die Party eher leichtherzig anzugehen, so wie ich selbst mich fühlte, als ich den Vogel in der düsteren Kirche flattern sah.

„Ach je, du bist ein schrecklicher Mensch mit deinen Kommentaren", sagte der Gnom und warf mir einen düsteren, aber gutgemeinten Blick zu.

Die gesamte ibizanische Familie lächelte ihn an, mit Ausnahme des fetten Babys, das seine Rassel nach ihm warf und schmollend die Stirn runzelte. Ich beschloss spontan, sobald wie möglich dem Baby eine richtige Rassel zu kaufen, eine richtige Männerrassel – so eine, wie sie bei internationalen Fußballspielen zur Anwendung kommt. Ich setzte das Kind an die Spitze meiner Weihnachtsgeschenkliste.

Mit würdevoller Geschwindigkeit und unter O'Boggartys Kommentaren zu jedem Klumpen Erde, an dem wir vorbeikamen, wanderten wir alle den kleinen Grashügel hinauf, der mit Gräbern übersät war. Im Gegensatz zu unseren alltäglichen, flachen kalvinistischen Marmorplatten, die so definitiv und permanent aussehen, also ob der, der darunter liegt, niemals und unter keinen Umständen mehr herauskommen wird, waren dies kleine Hütten, mit Ornamenten von Engeln verziert (einige der Engel sahen dem fetten Baby verblüffend ähnlich). Ich änderte meine Meinung und beschloss, dem Baby eine Trompete anstelle der Rassel zu kaufen. Einige der Familiengräber sahen aus wie kleine Paläste, als wenn die vernarrten Eltern verkleinerte Modelle von Versailles für ihre verwöhnten Gören bestellt hätten. Ich bemerkte, dass die Leute, die sich recht ernst um diese versteinerten Hochzeitstorten herum versammelten, meist eine gewisse Wohlhabenheit ausstrahlten.

Andere Gräber waren viel einfacher. Sie hatten abgerundete Dächer, die so ähnlich wie Bienenstöcke aussahen. Die meisten waren im Laufe der

Zeit durch die Feuchtigkeit farblos geworden, und grünes Moos wuchs auf den Steindächern. Diese Gräber erschienen mir wie grün angestrichene Totenschädel, mit den Zähnen im Boden vergraben, als würden sie in die Erde beißen.

Bald kamen wir zu einer kleinen Version dieser Bienenstockgräber. An der breitesten Stelle, am Boden, war es etwa fünf Meter im Durchmesser. Es war fast völlig mit Moos bedeckt, und eine Art Efeu wuchs über das niedrige schwarze Eingangstor. Das Tor war oben abgerundet und bildete einen Bogen, der mich an die Augenhöhle eines Totenschädels erinnerte.

Während *la señora* das damenhafte Kind aus dem Kinderwagen auslud, den Picknickkorb sowie das jetzt grinsende Baby, und sich alle ziemlich unzeremoniell ins Gras setzten, übernahmen wir *Männer*, einschließlich des spanferkelschlachtenden ältesten Sohnes, die Initiative und befreiten den Eingang von überhängendem Bewuchs. Die Zweige waren trocken und knackten wie zerrissene Sehnen, als wir sie entfernten.

An der Tür war ein Bilderrahmen. Hinter dem Glas kamen, nachdem José dies mit Hilfe eines von mir geliehenen Taschentuches (eines sauberen, dank Sissie), freigelegt hatte, ein Dutzend Fotografien hervor, von den Jahren stark vergilbt. Sie zeigten alle den gleichen kleinen, dunklen Mann, wie es mir schien, und die gleiche kleine, dunkle Frau. Aber stolz erklärte José, wer was war. Wir stellten fest, dass wir in Wirklichkeit auf seine Mutter und seinen Vater sahen, den Vater seines Vaters, die Mutter seines Vaters und den Vater ... und so weiter, bis hin zu der Zeit als Disraeli (illegal und ohne Genehmigung) den Suezkanal für die Witwe von Windsor kaufte.

José trat danach respektvoll zurück, kramte in den Taschen seiner schwarzen Hose und brachte einen eisernen Schlüssel hervor, so groß, dass er wie der Schlüssel zur Bastille aussah. Tiefernst steckte er den Schlüssel in das Schloss der winzigen Eisentür und brauchte einige Kraft, um ihn zu drehen. Das Schloss quietschte und sprang dann mit einem Klack auf. Ich beobachtete O'Boggarty, als José mit Sissies Taschentuch auf der Schulter seiner schwarzen Jacke und mit erhitztem Gesicht die Tür aufstemmte.

O'Boggarty stand mit aufgerissenen blau-grünen Augen da, sein rotes Haar sah aus, als würde es zu Berge stehen, atemlos. Er sah aus wie ein Kind bei der Vorführung einer Zaubernummer; sicherlich erwartete er, dass ein weißes Kaninchen aus Josés Ärmel springen würde.

Die Eisentür quietschte, knarrte und fluchte in ihren Scharnieren, während José stemmte und ruckte, bis sie weit offen stand. Auf seine Aufforderung hin folgten wir José ins Innere, ich direkt auf den Fersen des Fischers, vor Neugier fast zerberstend. Ich fühlte mich wie Howard Carter sich gefühlt haben muss, als er die letzte Tür vor dem Grab Tut-Anch-Amons erreichte, und O'Boggarty, still, bis auf sein schweres Atmen, war dicht hinter mir, und dann kam der älteste Sohn.

Im Schein der Gaslampe, die José vor sich hoch hielt, stiegen wir etwa zwei Meter hinab, über eine Steintreppe, die wie es schien, direkt in den Fels gehauen war. Am Fuß der Treppe war ein Raum von etwa vier mal vier Metern mit einem Boden aus Stein. An jeder Wand des Raumes waren verblichene, schwere rote Samtvorhänge.

Als wir uns noch stumm umsahen, langte José hinter einen der Vorhänge und brachte einen großen Campingtisch hervor, den er in der Mitte des Raumes aufklappte. Beim nächsten Mal zog er fünf Klappstühle heraus, die er um den Tisch herum aufstellte. Dann sagte er schnell zu dem Ferkelabstecher, seinem ganzen Stolz, er solle das Essen für die Männer holen. Mir wurde klar, dass die Frauen, der noch nicht geprüfte Sohn und das fette Baby draußen bleiben mussten. Das hier war eine reine Männerangelegenheit.

Bald war die wunderschön gestickte Tischdecke, in weiß, grün und gold, aufgelegt. Das Essen hätte ausgereicht, die ganze Familienhierarchie zu versorgen, sogar einen König. Das Spanferkel sah saftig aus (genau wie das Gesicht des ältesten Sohnes, der stolz sein Handwerk betrachtete). Das Hühnchen war von der *Señora* bereits zerlegt worden, die aus dem Sonnenlicht draußen mit ihrem Mann einen laufenden Dialog durch den Grabeingang hindurch in Gang hielt.

O'Boggarty, der ein guter Esser war, hatte jetzt vollkommen vergessen, dass er sich in einem Grab befand. Seine Augen wanderten über die gebratenen Hühnchen, die Schüssel mit frischem grünem Salat, hin zu den Weinflaschen, langhalsig und leicht verkrustet. Offenbar ein bemerkenswerter Jahrgang.

José rief durch den Grabeingang nach oben. Etwas kam die Treppe heruntergeklappert. José bückte sich und hob es pfeifend auf; es war der Korkenzieher. José öffnete nacheinander alle vier Flaschen. Langsam und vorsichtig schenkte er die dunkelrote Flüssigkeit, die ein Eigenleben zu haben schien, in die *zweiundzwanzig* Kristallgläser ein, die der Spanferkelschlächter vorher in einer Reihe auf den Tisch gestellt hatte.

Als dies vollendet war, trat José vom Tisch zurück, seine Augen leuchteten im Schein der Gaslampe. Es herrschte Totenstille, es gab kein Geräusch, noch nicht einmal aus dem sonnigen Reich der Lebenden draußen. O'Boggarty und ich waren fasziniert, während wir José beobachteten, der uns anlächelte. Der Schweineschlächter warf sich in die Brust; er war stolz, zu den Männern gezählt zu werden. Plötzlich kam von irgendwoher ein Wimmern. O'Baggerty erbleichte. Dann wurde ihm klar, dass das fette Baby beschlossen hatte, sich bemerkbar zu machen. Seine Anspannung ging zurück, und er lächelte matt.

José, der den heiligen Moment auskostete, blieb noch ein paar Sekunden stehen, dann drehte er so plötzlich, wie das fette Baby geschrien hatte, auf dem Absatz um und zog den Vorhang hinter sich zur Seite. Als wir zu starren anfingen, der Spanferkelschlächter fasziniert, ich neugierig und O'Boggarty voller Entsetzen, zog José auch noch die anderen drei Vorhänge zur Seite. In ein paar Sekunden waren wir von Glassärgen umgeben; in jedem von ihnen lag ein verwester Körper mit einem grinsenden Schädel und braunen lederartigen Überresten, die von den Knochen hingen.

José schnappte sich ein Glas Wein und brachte lauthals einen Toast aus: „*A los muertos!* Auf die Toten!"

Bevor ich es wusste, hatte ich ebenfalls ein Glas in der Hand. „Auf die Lebenden", salutierte ich in Englisch. José würde es ohnehin nicht verstehen.

Gerade als der älteste Sohn sein Glas hob, gab es einen Rums. O'Boggarty war einfach ohnmächtig geworden und lag flach ausgestreckt auf dem Boden. José warf mir einen fragenden Blick zu.

„Er hat gestern Nacht ein wenig zu viel getrunken", erklärte ich.

„Aha", sagte José.

Zu der Zeit, als O'Boggarty wieder zu sich kam, hatten José, der älteste Sohn und ich (und mutmaßlich auch die Untauglichen und Frauen draußen) das beste Picknick, das sich südlich der französischen Grenze finden lässt, verspeist. Wir, die Männer, privilegiert mit den Toten drunten zu speisen, hatten allein die vier Flaschen des ausgezeichneten Weines konsumiert. Er hatte ein herrliches Bouquet und einen nussartigen Abgang (sehr geeignet und passend für die Gelegenheit).

O'Boggarty regte sich und stöhnte. Ich gab ihm ein Glas Wein. Er öffnete die Augen und sah mich an. Er starrte den Spanferkelschlächter an. Er blickte wild in Richtung José. Er schaute verwirrt um sich und sah die Verblichenen. Er riss die Augen auf, als wäre er in höchster Panik. Plötzlich schoss er vom Boden hoch und stand auf. Er jammerte und stöhnte. Er riss sich von mir los und stolperte die Treppe hinauf ins Helle. José sah ihm erstaunt nach. Ich ging, so kerzengerade wie es mir möglich war, die Treppe hinauf und blinzelte in das starke Sonnenlicht.

Da saß *la Señora* und suchte die Reste der Mahlzeit zusammen, über die O'Boggarty bei seiner wilden Flucht gestolpert war. Da war das fette Baby und schrie aus voller Kraft. Da war das kleine damenhafte Mädchen, still wie immer. Da war der noch-kindliche Sohn. Und da, unten am Hügel, war der irische Terrier, der Schrecken von Bloomsbury, der mit einer Geschwindigkeit wie bei der Hasenjagd über den Friedhof sauste, sein gelbes Hemd war ein rasender Streifen auf dem grünem Grund der Göttin der Phönizier. Und da war José, etwas verwirrt, an meiner Seite.

„Was ist passiert?", fragte er.

„Ihm ist übel, weißt du, der Magen, alle Fremden, die Touristen, bekommen das ..."

„*Ah, si, estómago malo*", murmelte José, „wie schade."

Es war nach Einbruch der Dunkelheit, als ich endlich, eskortiert von Josés kompletter Familie, *Cresswell* ansteuerte. Zurück zu Sissies Dienstbarkeiten und zu Nelson, der mich mit Schwanzwedeln begrüßte.

Run our David to Lluyncelyn,
Fetch out Mati to the piggie,
But our Mati told us quickly,
That the black pig was dying.

Chorus: *Oh, our hearts are very sore,*
Oh, our hearts are very sore,
Oh, our hearts are very heavy,
And we bury the black pig.

(Bring' uns'ren David nach Lluyncelyn,
Wirf unsren Mati vor die Schweine,
Aber unser Mati der sagte schnell,
das schwarze Schwein würde sterben.

Chor: Oh, uns're Herzen sind sehr wund,
Oh, uns're Herzen sind sehr wund,
Oh, uns're Herzen sind sehr schwer,
Und wir begraben das schwarze Schwein.)

Mochyn Du war ein Capstan- und Ankerwindenshanty, sehr populär bei den Kap Hornern mit walisischer Mannschaft. „Das schwarze Schwein begraben“ bedeutete, Schulden zurückzahlen oder einen Kater abwettern.

3 Mochyn Du

„Feiner Laden“, raunte ich Tony der Brille zu, als wir die breite Aufgangstreppe zum Hotel La Princesa in Málaga hinaufstiegen. Mit einer bemerkenswerten Bewegung seines rechten Ellenbogens gelang es dem makellosen Türsteher, gleichzeitig zu salutieren und die Hand aufzuhalten. Er führte die Bewegung so schnell und heftig aus, dass einer der beiden weißen Handschuhe aus seiner Brusttasche fiel. Während er sich etwas verlegen bückte, um ihn aufzuheben, zischten Tony und ich an ihm vorbei, ohne einen Obolus zu entrichten.

Es war immer noch recht warm in Málaga, und Tony hatte seinen Tropenanzug an, auf den wir beide stolz waren. Er war hellgrau, mit ein paar Verzierungen aus Seide. Er hatte ein blassrosa Hemd mit offenem Kragen an und einen Strohhut auf dem Kopf, etwas zurückgeschoben wegen seines gebeugten Rückens. An den Füßen trug er ein paar Zuhälterschuhe, zumindest sahen sie für mich so aus. Sie waren aus weißem Rindsleder, mit strohfarbener Geflechtsstruktur an der Innenseite, und sie waren so neu, dass sie bei jedem Schritt quietschten. Ich hatte meine besten Tücher gesetzt, das gehört sich ja so, wenn man sich um einen bezahlten Auftrag bewirbt. Ich hatte meine Nr. 1 Kordhosen an, mit weniger als drei Farbspritzern drauf, mein ziegelfarbiges bretonisches Fischerhemd, ein T-Shirt und meine besten Bootsschuhe.

„Ja“, sagte Tony, als er sich in der Hotelhalle umschaute, mit all dem Marmor und den Goldverzierungen. „Ja, alter Freund, ein wenig wie der Gritti Palast in Venedig.“

„Ehrlich?“

Shiner Wright entstammte einer der bemerkenswertesten Rassen – er war ein australisches Schlitzohr. Ich hatte ihn vor einigen Monaten getroffen, als ich eine 30-Fuß-Sloop von Genua, wo sie gebaut worden war, zur Insel Menorca überführte, wo Shiner im Immobiliengeschäft tätig war.

Seitdem hatte er ein paar Überführungsjobs für mich arrangiert, und ich mochte und respektierte ihn, obwohl er sehr hinter dem Geld her war. Mich hatte er jedoch immer fair und korrekt behandelt.

Bevor er sich im Mittelmeer niederließ, so hatte mir Shiner erzählt, hatte er mehrere Jahre mit der Vermietung von Wohnungen in London zu tun gehabt und, im Alter von sechsunddreißig Jahren, seine erste Million Pfund verdient. Er war der Typ, den die meisten Leute instinktiv mochten. An den Bildern auf manchen Cornflakes-Packungen gemessen, sah er nicht einmal besonders gut aus, dafür war er zu untersetzt gebaut, und sein kastanienbraunes Haar passte nicht ganz zu seinen braunen Augen. Aber er strahlte eine Selbstsicherheit aus, die den Anschein vermittelte, er gehöre einfach dahin, wo er gerade war, und das bewirkte eine augenblickliche Vertrautheit, insbesondere bei jüngeren Leuten.

Ich glaube nicht, dass seine Selbstsicherheit nur von dem vielen Geld kam, das er machte. Er stammte aus einer sehr armen Familie, die in den Slums von Sydney zuhause war. Ich denke, seine Selbstsicherheit kam von der Tatsache, dass er glaubte, nichts wäre unmöglich, wenn man nur genügend Mut und den Willen aufbringt, es anzupacken.

Wir waren uns ziemlich ähnlich, Shiner und ich, obwohl es immer und immer wieder meine keltische Seele empörte, Miete einzukassieren – und noch mehr, sie zu bezahlen. Shiner war einer der positivsten Männer, die ich je traf, aber auch einer der umfassendsten. Wie die jungen Amerikaner sagen würden: Er wusste verdammt genau, was er wollte.

Tony und ich erkundigten uns an der Rezeption. Es gab eine kleine Überraschung, denn es war ein Zettel für uns da. Darauf stand, wir sollten sofort zur „Königssuite“ kommen. Das war ein in sich abgeschlossenes Penthouse Appartement auf dem Dach des Hotels, komplett mit speziellem Service, Bar und Küche.

Schnell wie der Wind brachte uns ein kleiner, dunkler Hausbursche mit dem Lift nach oben. Er starrte angemessen auf Tony die Brille (der mehr wie ein Wirtschaftsprofessor als ein Matrose für einen Überführungstörn aussah). Meine Anwesenheit konnte er sich nicht erklären, so wenig, dass er mir hinter Tonys Rücken ein Zeichen gab, als er die Chromstangen der Doppeltüren zur Suite anfasste. Die Türen glitten zur Seite, und ich sah Shiner, gut angezogen und wohlhabend aussehend wie immer.

Shiner saß, oder besser lag, auf einem tiefgepolsterten Ledersofa. Er trug einen hellblauen Anzug, und die Nadel auf seinem hellbraunen Schlips hatte eine Perle, größer als ein Markstück und fast so groß wie Shiners plötzliches Lächeln, als sich die Türen wieder leise hinter uns geschlossen hatten. Er hob die Hand hoch, in der er einen Geldschein hielt. „Hallo, Tristan, mein alter Freund, komm her, alter Kumpel", sagte er in seinem australischen Akzent. „Setzt Euch, du und dein Beiboot, es dauert nur einen Moment."

Ich setzte mich und schaute wieder auf den Geldschein in seiner Hand. Es war eine 10.000-Peseten-Banknote. Zu dieser Zeit gab es fünfzig Pesetas für einen Dollar, also war das Papier, das er in der Hand hielt, 200 Dollar wert. In der Stille der Königssuite, in der man die Uhren ticken hörte, blickte Shiner alle paar Sekunden auf die Person, die ihm gegenüber, mit dem Rücken zu uns, in einem tiefen Sessel saß.

„Ich habe fünf Neuner", sagte Shiner mit leiser Stimme. Er hob eine Augenbraue und grinste zu mir herüber.

„Ich glaube Ihnen das nicht, Herr Wright, das müssen Sie zeigen", sagte eine melodische Stimme aus dem Sessel, mit leichtem französischen Akzent. Es dauerte einem Moment, bis ich begriff, dass Shiner und sein melodischer Gast „Lügenmax" spielten, eine Variation des Würfelspiels mit den Ziffern auf den Banknoten. Shiner grinste noch mehr, eine Hand streckte sich gelangweilt aus dem Sessel heraus. Die französische Stimme murmelte: *„Merde ... Vous avez de la chance ... pute alors!"* Die Hand ließ den Geldschein auf den dicken Teppichboden flattern, wo er sich auf einem Haufen anderer 10.000-Peseten-Scheine niederließ. Ich beugte mich vorsichtig zur Seite, um den Haufen besser sehen zu können. Es mussten mindestens 150 Scheine sein, alle im Wert von 10.000 Peseten. Ich führte eine Kopfrechnung durch, es waren ungefähr 30.000 Dollar die da zwischen Sofa und Sessel verstreut waren!

Shiner stand auf und strich sein maßgeschneidertes Jackett glatt. Er kam zu mir herüber und schüttelte mir kräftig die Hand. „Schön, dich wiederzusehen, mein Sohn", sagte er, obwohl er fünf Jahre jünger war als ich. Er begrüßte Tony und hatte ihn so schnell durchschaut, wie eine Schnake zusticht. Dann nahm er uns bei den Ellenbogen und brachte uns hinüber zu dem großen Ledersessel. Darin, immer noch tief in den Luxuspolstern vergraben, saß einer der nach klassischem Maßstab bestaussehendsten Männer, die ich je gesehen hatte.

„Pierre Reynaud", stellte Shiner ihn vor, als sich dessen Hand, die einen Moment zuvor gelangweilt ein Vermögen hatte fallen lassen, nach meiner ausstreckte.

Reynaud war ungefähr fünfunddreißig, schätzte ich. Sein mittellanges Haar war dunkelblond gelockt und schien die Stirn seines wohlgeformten Kopfes zu umschmeicheln. Er hatte ein wenig Sonnenbrand, ein glatter, wohlhabender Sonnenbrand, wie er hauptsächlich vom Sitzen unter einem Cinzano-Sonnenschirm auf den Verandas und Balkonen teurer Hotels entsteht. Er trug eine goldene Rolex. Seine Nase war absolut gerade und passte exakt zu seinen anderen Proportionen. Seine Augen – ein tiefes Graugrün waren ... wunderschön. Mit den dunklen Wimpern rundeten sie die Gesamterscheinung ab, mehr noch, sie würzten sie. Er stand auf mit der Bewegung eines Mannes, der schon überall gewesen ist, alles gemacht hat und jeden von Bedeutung kennt.

Er war etwa so groß wie ich, einmeterachtundsiebzig, aber seine Geschmeidigkeit ließ ihn etwas größer erscheinen. Er erinnerte mich an eine Statue, die ich in dem einen oder anderen Museum gesehen hatte – Adonis. Sein Mund war sinnlich. Sein makelloser schwarzer Anzug, die schwarze Krawatte, die schwarzen Schuhe und die Art, wie er zu Tony hinüberging, erinnerten an einen listigen Kater. Mein zweiter Eindruck kam der Wahrheit schon näher. „Lackaffe", sagte ich zu mir, als ich die Bewegungen seines Körpers unter dem schwarzen Anzug beobachtete. Dieser Körper war nicht einfach nur bekleidet – er war dekoriert.

Der einzige Makel in Reynauds äußerer Perfektion, wie ich leicht schockiert feststellte, als er mir die Hand gab, waren die zwei fehlenden Finger an seiner rechten Hand. Es war, als wenn man eine exotische Vogelkralle anfassen würde und sich nach Bewundern des Gefieders Gedanken über das Gehirn machte. Ich fühlte mich irgendwie unwohl, geradezu bedrängt, angesichts dieser Perfektion.

Doch dann entschloss ich mich dafür, die Dinge leicht zu nehmen und den Vogel zu erschrecken. Und genau dafür entschied ich mich spontan an diesem Tag in der Königssuite des La Princesa Hotels, umgeben von dunklen spanischen Möbeln, mit einem Blick auf die tausend Glasfacetten des Kronleuchters die weiß, blau und golden über mir hingen. Ich fühlte die weiche Dekadenz des dicken türkischen Teppichs unter meinen vergammelten Bootsschuhen. „Also los, da haben wir ja den Richtigen gefunden", dachte ich.

Eine Bewegung in Reynauds grün-grauen Augen sagte mir im Bruchteil einer Millisekunde, das er meine Musterung bemerkt hatte.

„Monsieur Reynaud hat ein Schiff ...", sagte Shiner.

„Oh, nenn' mich Pierre ... wir sind alle Freunde", säuselte Reynaud.

Shiner lächelte. „Pierre hat ein Schiff, das er von Algier nach Marseilles überführt haben möchte."

Das war zwar eine Überraschung, kam aber nicht ganz unerwartet. Tonys Mund öffnete sich leicht, aber er sagte nichts.

„Eine Zweiundsiebzig-Fuß-Motoryacht", fuhr Shiner fort. In einer fließenden Bewegung zündete er sich eine Sobranie mit seinem goldenen Feuerzeug an, während wir Seeleute stumm dastanden und Reynaud uns und unsere Gesichter studierte. „*Aries*", sagte der Australier.

„Ist das der Name?", fragte ich dumm.

„Richtig, Kumpel."

„*Aries*?"

„Genau."

„Oh." Da Aries das Sternzeichen Widder bedeutet, tauchte das Bild eines Hammels in meinen Gedanken auf. „Algier?"

„Algier", wiederholte Reynaud ohne Betonung.

Ich wendete mich an ihn. „Kein Problem – ich meine Papiere und das alles? Es gab eine ganze Menge Feuerwerk da drüben in der letzten Zeit ..."

Reynaud sah mich etwas verwirrt an.

Tony sprang ein: „Tristan meint politischen Ärger."

Reynaud lächelte und schüttelte den Kopf. „Das wird alles erledigt." Dann sah er Tony an. „Wo liegen Ihre Schiffe im Moment, Herr Rankins?"

Schnell wie der Blitz fuhr Shiner dazwischen. „Wie ich bereits erwähnte, sind sie in Gibraltar."

Tonys Gesicht wurde leicht rot.

„Ah ja, Gibraltar, der berühmte Felsen", kommentierte er, „ein guter und sicherer Platz."

„Ja", log ich, „wir sind jetzt schon ein paar Wochen da, aber Tony will rauf nach Lissabon segeln ... um dort zu überwintern."

Tony nickte, kräuselte die Lippen, und sein Gesicht wurde noch röter, während er auf den türkischen Teppich starrte.

Shiner sagte: „Gut, abgemacht, was möchten die Herren trinken – Tee oder 'was Hartes?"

Tony und Reynaud sagten beide „Tee", ich bat um einen Aufsteller.

„Scotch und Soda, richtig?"

„Black Label bitte, aber vorher möchte ich noch die Einzelheiten der Überführung abklären.“ Ich schaute Reynaud direkt in die Augen. „Vor allen Dingen, wann reisen wir nach Algier?“

„Morgen früh um zehn. Es gibt einen Flug nach Oran – nur ungefähr eine Stunde oder so. Dann nehmen wir einen Zug nach Algier. Wir können eine Nacht in einem Hotel bleiben und dann morgens an Bord von *Aries* gehen, um die Abreise vorzubereiten ...“

„Also kommen Sie mit?“

„Natürlich.“

Ich sah Shiner an. Er grinste und hob seinen Scotch und Soda hoch, der inzwischen von einem lautlosen Kellner serviert worden war. „Wir trinken auf *Aries* und eine glückliche Reise“, prostete er mir zu.

„Ich stoße mit dir an, sobald wir uns auf die Heuer geeinigt haben“, sagte ich ruhig.

„Wollen wir heute Abend zusammen essen, Pierre?“, fragte Shiner.

„Ich treffe mich mit ein paar Geschäftskollegen“, sagte Reynaud.

„Tristan?“

„Lehne nie eine gute Mahlzeit ab“, sagte ich.

„Gut, Tony?“

„Mit Vergnügen“, sagte Tony und starrte auf die auf dem Fußboden liegenden Geldscheine.

Reynaud beobachtete und studierte mich noch immer.

„Was ist jetzt mit der Heuer?“ fragte ich ihn.

„ Ach ja, lassen Sie mich ’mal sehen ...“, er gestikulierte mit der Dreifingerhand.

„Fünfzig Peseten für einen Dollar, richtig?“

„Ungefähr.“

„Fünfzigtausend Peseten, ist das genug?“

Ohne die Miene zu verziehen, antwortete ich: „Ja, ich denke, das ist ein fairer Preis. In Ordnung, Tony?“

„Sicher“, antwortete mein gekrümmter, bebrillter Matrose.

Ich dachte nach: „Fünfzigtausend Peseten – guter Gott – für die Hälfte davon würde ich selbst den verdammten Franco um die Insel Wright herum segeln – sofort. Eintausend Dollar – das bringt uns durch den Winter!“

„Also gut, das wär’s dann“, sagte Reynaud. Seine Kleider spielten mit seinem Körper, als wären die beiden Tanzpartner. „Wir treffen uns dann um neun morgen früh ... (kleine Pause) ... meine Herren.“ Er verabschiedete sich, schritt über die am Boden verstreuten Geldscheine und glitt durch die Doppeltür der Königssuite.

Es trat einen Moment lang Stille ein, bis mir Shiner auf die Schulter klopfte. „Also, Kumpels, was haltet ihr von diesem Fleckchen hier?“, sagte er. Er ging hinüber zu dem Fenster, das die ganze Wand einnahm und zeigte mit dem Arm über die Stadt Málaga, die da unten wie auf einer Landkarte ausgebreitet lag.

„Kostet dich sicher eine Stange Geld, Shiner“, bemerkte ich.

„Zweihundert Dollar am Tag“, sagte er, „aber das ist es wert. Wenn man mit den Franzmännern und den Einheimischen Geschäfte machen will, zahlt es sich aus, ein gut ausstaffiertes Nest zu haben, alter Junge.“

Er nahm mich und Tony an den Armen und geleitete uns über die Geldscheine hinweg durch die Doppeltür zur Hotelhalle.

Ich wendete mich an Shiner. „Was ist mit all dem Zaster ... all dem Geld auf dem Boden?“

„Ach, die Kerle im Hotel – und die Damen dazu – die sind so ehrlich, wie der Tag lang ist. Die würden das nie anrühren.“

„Glaubst du nicht, dass das ein bisschen großkotzig ist?“, fragte Tony nörgelnd, als wir zum Lift gingen.

„Nun, ich könnte es in den Schreibtisch legen, aber wenn sie es dort finden, denken sie, ich würde ihnen nicht vertrauen ... und du weißt, wie die Spanier sind.“ Shiner redete mit uns wie mit Schulbuben.

Tony und ich verdauten das schweigsam, während uns der Lift vom Olymp der Königssuite hinab in die Niederungen der gewöhnlichen Sterblichen beförderte.

Shiner verwöhnte uns in dieser Nacht. Zuerst zeigte er uns unsere Zimmer, so dass wir unsere Seesäcke verstauen konnten. Beide Zimmer hatten Doppelbetten. „Falls Euch irgendwelche Mädchen über den Weg laufen ...“, bemerkte er, „das ist doch nur natürlich, oder?“ Dann lud er uns zu einem opulenten Mahl ein – winzige Aale, Steak, Ofenkartoffeln und frischen Weißfisch – und alles wurde mit dem besten Amontillado runtergespült. Anschließend, als wir auf der Terrasse des Restaurants Cognac schlürften und auf die Lichter der Stadt hinabsahen, unter einem Himmel mit hunderttausend Sternen, grinste ich zu Shiner hinüber. „Dieser französische Typ ... wie war noch sein Name ... Pierre ... scheint ganz in Ordnung zu sein?“

„Oh ja“, antwortete Shiner. „Ich bin aber froh, dass Ihr auf meinen Hinweis mit Gibraltar eingegangen seid.“ Er schaute über sein Cognacglas zu mir herüber. „Je weniger der Kerl über eure Besitzverhältnisse und euren Standort weiß, um so besser, oder?“

„Ja“, antwortete ich, während Tony uns beobachtete.

„Egal, wie bist du mit der finanziellen Situation zufrieden, Tris?“

„Großartig. Sieht so aus, als würden Tony und ich mitsamt unseren Crews gut durch den Winter kommen.“

„Gut, sobald Pierre mir gegenüber sein Problem ansprach ... er ist der Bekannte eines Freundes von mir ... dachte ich an dich und wie du es anstellst, dich über Wasser zu halten und deinen Lebensunterhalt zu verdienen. Da habe ich halt ein gutes Wort für dich eingelegt.“

„Danke Kumpel. Ich werde mich daran erinnern, wenn ich wieder einmal einen schönen und billig zu habenden Strand sehe, irgendwo in einem aufstrebenden Ferienparadies“, bot ich an.

Shiner grinste: „Ich hoffe, nicht irgendwo auf Grönland!“

Tony die Brille lachte lauthals über diesen Witz. Dann gingen wir zu dritt in die Bar, um noch ein oder zwei Stunden lang Seemannsgarn zu spinnen.

Beim Einschlafen in dieser Nacht nahm ich mir vor, Reynaud morgen nach 50 Prozent Anzahlung auf die Heuer zu fragen, von der ich etwas an *Cresswell* für Sissie und Nelson schicken wollte, um sie aufzumuntern.

Als Tony und ich am Morgen Reynaud im Hotel trafen, war er weit weniger fein angezogen, aber immer noch in Schwarz. Er trug eine schwarze Lederjacke über schwarzem Hemd und Hosen und knöchelhohe, schwarze Lederstiefel. Als wir ihm entgegenkamen, begrüßte er uns so freundlich, dass ich Angst bekam, er würde uns umarmen und nach französischer Manier auf beide Wangen küssen. Er schüttelte uns aber bloß die Hände, schob uns eilig auf die Straße hinaus und in ein Taxi. In schnellem fließenden Spanisch gab er dem Fahrer das Ziel an, den Flughafen: „*A toda velocidad* – so schnell wie möglich“, eine Redewendung, die ich nie mehr vergessen kann. Seither, wenn ich selbst, bewusst oder dummerweise anderen folgend, auf eine Gefahr zusteuere, kommen mir diese Worte in den Sinn: *A toda velocidad*. Macht schnell, ihr Narren ...

Im Flughafen von Algier waren wir schnell durch den Zoll hindurch, dank eines freundlichen Polizeibeamten, der Reynaud wie einen alten Freund begrüßte. Als wir draußen und auf dem Weg zum Bahnhof waren, konnte sich Reynaud nur schwerlich seiner anti-arabischen Abneigung enthalten, so boshaft, dass sie von den Hauswänden und dem Pflaster um ihn herum zu reflektieren schien. Den ganzen Weg zum Bahnhof, durch die Schalterhalle hindurch und auf dem Bahnsteig faselte und fluchte er flüsternd, in fließendem Englisch und hauptsächlich an mich gerichtet über „heidnische Barbaren", „dreckige Algerier" und „stinkende Huren".

Wie in allen überfüllten Bahnhöfen der großen Städte, so gab es auch hier Bettler und schäbig aussehende Leute. Natürlich waren da die Typen, denen niemand, der bei Sinnen ist, auch nur annähernd getraut hätte, aber soweit ich es beurteilen konnte, unterschieden sich die Leute im Bahnhof hier wenig von anderen Leuten irgendwo – eine Mischung aus Gaunern und verhinderten Engeln. Wenn man Reynaud zuhörte, hätte man meinen können, man wäre im Vorhof der Hölle gelandet, aber so grinste ich nur und beachtete ihn nicht weiter.

Im Zug schmierte Reynaud den Schaffner mit Geld, so dass wir ein abgeschlossenes Abteil erhielten, augenscheinlich erster Klasse. Ich dachte an all die guten Araber, die ich kannte – all die anständigen, die vielen aufrichtig-herzlichen und sogar die wenigen liebevollen, die mein Leben bereichert hatten, und auch an die gewöhnlichen Leute, die tagtäglichen Araber, die ich überall im Mittleren Osten getroffen hatte, aber ich sagte Reynaud nichts von diesen Gedanken. Allmählich hörte er auf mit seinem Geschwätz und seinen dumpfen Beschimpfungen (immer in Englisch). Außerdem war ich zu gefesselt davon, den anderen Passagieren zuzusehen, wie sie ein- und ausstiegen, und machte mir Gedanken darüber, wie sie wohl lebten. Dann half ich Tony, das Kreuzworträtsel in einer Überseeausgabe der Times zu lösen, die er im Flughafen von Málaga aufgelesen hatte.

Ich war überrascht, dass es praktisch an jeder Bahnstation immer wieder die übliche Schar von Bettlern und Straßenjungs gab. Gerade die jüngeren darunter schienen sich ungeachtet ihrer Lumpen des Lebens zu freuen, sie lachten, riefen und winkten den Leuten im Zug zu. Es machte mich ein wenig traurig, dass die Jungens unser Abteil mieden, denn trotz meines halbvergessenen Vorrats an Arabisch, war es immer und überall spaßig gewesen, sich mit ihnen auf die üblichen Scherze einzulassen. Ein paar Jahre später, als ich mit dem Zug nach London fuhr, betrachtete ich die uninteressierten Gesichter der jungen Engländer, als der Zug an ihnen vorbei fuhr, die wahrscheinlich viel lieber vor der heißgeliebten Glotze gesessen hätten, und erinnerte mich wieder an die Gesichter der Kinder des Riffs. Die freuten sich noch am Leben. Die *lebten* ihr Leben und waren noch nicht verdorben durch die Gewöhnung an frenetische Mittelmäßigkeit.

Es war gegen acht Uhr, als der Zug endlich langsam in den Bahnhof von Algier einfuhr. Wir drängten uns durch die Menge und schafften es über das Zwischengeschoss, das von paarweise hin- und hergehenden bewaffneten Soldaten nur so wimmelte, bis hin zum Ausgang. Dort schaute Reynaud erwartungsvoll herum und seufzte leise vor Erleichterung, als ein grauer Lieferwagen vorfuhr. Der Fahrer war ein dicker Algerier mittleren Alters; er sprach während der ganzen Zeit, die er mit uns zusammen war, kein einziges Wort. Das einzige Geräusch das er machte, war ein Grunzen, als Reynaud ihm am Ende der Fahrt etwas Geld zusteckte.

Schweigend fuhren wir durch die Straßen der Stadt, direkt zum Hafen. Am Tor wurden wir von einem Soldaten angehalten. Reynaud übergab dem Sergeanten einen Briefumschlag und sprach schnell zu ihm in Maghreb-Arabisch – viel zu schnell für mich, um etwas zu verstehen. Dann winkte uns der Sergeant durch.

Der Lieferwagen fuhr an den Lagerhallen vorbei, unter die hell erleuchteten Kräne, die alle lautlos und schweigend dastanden. „Ich dachte, wir gehen in ein Hotel", sagte ich zu Reynaud.

„Es ist besser, wir gehen gleich an Bord", sagte er leise, „das Wetter ist sehr gut zum Auslaufen, heute Nacht."

Tony meldete sich: „Aber was ist mit Treibstoff und Proviant?"

Reynaud grunzte: „Alles schon erledigt."

„Denkst du, das ist fair?" fragte ich.

Reynaud grinste. „Für mich schon, mein Freund. Wir sollten jetzt weitermachen. Hinschmeißen könnt ihr ... die Sache jetzt nicht mehr. Wenn die Behörden herausfinden, dass ihr zum Arbeiten hierher gekommen seid und keine Arbeitserlaubnis habt ... dann ... *pouf*."

In diesem Moment hielt der Lieferwagen an und wir stiegen alle aus. Ich wendete mich an Reynaud. „Herzlichen Dank. Das hättest du uns auch vorher in Málaga sagen können."

Reynaud faßte mich am Arm. „Sehen Sie, Herr Jones", flüsterte er, „ich habe Ihnen gesagt, dass alles in Ordnung ist. Das Boot ist auslaufbereit. Ich habe gute Freunde hier drüben. Alles, was wir tun müssen, ist rausfahren."

„Und wenn wir nach Frankreich kommen, ohne Ausreisepapiere von Algier?“ fragte Tony gespannt. „Du weißt genau, wie pingelig die französischen Zöllner sind.“

„*Pas de problème*, Herr Rankins“, sagte Reynaud, „Ich habe viele Freunde an hoher Stelle. Die geben Ihnen vielleicht sogar einen Orden!“

„Mein Gott“, rief ich. Dann sah ich draußen in der Mitte des großen Hafenbeckens, im Mondschein der windstillen Nacht, die niedrigen Silhouetten einer ganzen Flotte von Schiffen, die alle miteinander vertäut waren.

Für einen Moment zögerte ich, dann schaute ich Tony an. „Was denkst du, alter Kumpel? Was er sagt, stimmt. Wenn wir zu den Hafenbehörden gehen und nach einer Ausreisegenehmigung fragen ...“

Im fahlen Licht sah ich Tonys besorgtes Gesicht. Der Lieferwagen war weggefahren. Unterhalb der Stelle, an der wir standen, dümpelte eine kleines Motorboot gegen die Leiter des Piers. „Ich weiß einfach nicht, Tris ... Ich mache, was immer du für richtig hältst.“

„Verdammte Scheiße, also mitgefangen ...“, ich hob meinen Seesack hoch, „... mitgehangen!“ Ich warf meinen Seesack in die Barkasse.

Bald waren wir längsseits von *Aries*, die an der Außenseite eines Päckchens von etwa dreißig Yachten aller Formen, Größen und Stadien der Seetüchtigkeit festgemacht war. Da gab es kleine 18-Fuß-Motorboote, 40-Fuss-Yawls, ausgemusterte 90-Fuss-Kanonenboote ... es sah ein wenig so aus, wie die Rettungsflotte von Dünkirchen.

Aries kam mir riesig vor. Als ich meinen Blick über das Oberdeck schweifen ließ, sah ich, dass sie mit Radarwarngerät, Kurzwellenantenne und Suchscheinwerfern reichlich ausgestattet war. Alle Beschläge waren erster Klasse. Sie war vorne und achtern an kleinen Bojen festgemacht und außerdem am Nachbarschiff, das fast genau so groß war.

Reynaud kletterte zuerst an Bord. Als ich auf Tony wartete, der die Bordleiter hochkam, sah ich einen jungen algerischen Soldaten mit einer Maschinenpistole über der Schulter, der leise mit Reynaud sprach. Der Soldat grinste und salutierte. Dann, als ich meinen Seesack auf das Deck geworfen hatte, verschwand er in dem Motorboot und entfernte sich in Richtung Hauptkai.

„*Vite, vite!* ... schnell! Wir haben nicht viel Zeit. Werft eure Sachen ins Ruderhaus. Tony, du kommst mit mir ...“

„Wo wollt ihr hin?“ fragte ich. Mir war klar, dass Reynaud wusste, dass ich gesehen hatte, dass der Soldat seine Maschinenpistole nicht mitgenommen hatte, obwohl ich sie im Moment nirgendwo sah. Mein Gehirn lief jetzt auf Hochtouren, irgendwie musste es einen Weg geben, Tony und mich aus dieser Situation herauszubringen. Reynauds Gesichtsausdruck ließ keinen Zweifel daran, dass er es ernst meinte. Ein Mann, der vor nichts zurückschrecken würde, noch nicht einmal vor Mord, um seine eigenen Ziele durchzusetzen. Die einzige kleine Hoffnung bestand darin mitzumachen; sicherlich so lange, bis wir auf unserem eigenen Territorium waren – draußen auf See. Dann würden wir sehen, was passierte.

„Wir werden die Maschinen überprüfen – Ölstand und Treibstoffvorräte“, antwortete Reynaud. „Ich warne euch davor, zu versuchen, an Land zu gehen. Die Wachen wissen, was sie zu tun haben.“

„Ich habe nicht die Absicht“, sagte ich, „ich will mich nur im Ruderhaus umschauen und die Karten ansehen – und dann nichts wie weg hier!“

„Gut, natürlich.“ Reynaud verschwand mit Tony im Schlepptau in Richtung Achterschiff.

Schnell kramte ich in den Sachen auf dem Navigationstisch und bemerkte, dass die Karten für das westliche Mittelmeer und für den Golf de Lyon oben auf einem Stapel anderer Karten lagen. Ich steckte einen direkten Kurs nach Marseille ab. Die Insel Menorca lag nur wenige Seemeilen querab von der Kurslinie. Dann studierte ich das Hafenblatt von Algier, das auf dem Kartentisch lag, und bemerkte, dass die Position von *Aries* markiert war. Es war noch eine Linie eingezeichnet. Diese markierte die Kette, mit der das Hafenbecken für die Kleinschifffahrt jede Nacht abgesperrt wurde, um das Ein- und Auslaufen zu verhindern. Das alles tat ich im Licht einer winzigen Taschenlampe, die auf dem Navigationstisch gelegen hatte.

Bald waren Reynaud und Tony zurück im Ruderhaus. Tony sah ziemlich unzufrieden aus. „Wie sieht's aus?“, fragte ich leise.

„Okay. Das Beste, was wir tun können ist, die Vor- und Achterleine wegzunehmen, das Schiff von dem verdammten Nachbarschiff wegzudrücken und dann los. Hoffentlich laufen die Maschinen ...“

Reynaud lächelte. „Kein Problem“, sagte er.

„... Und wir haben genügend Treibstoff, um uns bestimmt bis nach Menorca zu bringen?“

„Es reicht bis nach Paris, wenn es sein muss“, antwortete er.

„Also gut, los geht's. Ich weiß, wo die Absperrkette liegt. Leinen los!"

Bald waren wir klar von den anderen Schiffen und trieben im blassen Mondlicht frei im Hafenbecken. Es war absolut ruhig und windstill. Reynaud kam ins Ruderhaus. Ich beobachtete gleichzeitig ihn und die Richtung des Bugs, als er die Anlasserknöpfe drückte. Von unten kam ein dumpfes Brummen, das von gezähmter Kraft zeugte.

„Zieht den Helm auf", sagte ich, „jetzt geht die Post ab!"

Ich schob den Vorwärtsgang ein und, als das Boot anfing sich zu bewegen, legte ich die Gashebel auf den Tisch: *Full speed!* Das Dröhnen der Maschinen war ohrenbetäubend. Das Heck sackte plötzlich weg, und der Bug kam hoch. Blitzschnell machten wir zwanzig Knoten, direkt auf die Absperrkette zu. Wir waren noch etwa zehn Meter davon entfernt, ich konnte sie als Linie bereits sehen, als die Maschinengewehre loslegten.

There were two lofty ships from old England came,

Chorus: *Blow high, blow low, and so sailed we!*
One was the Prince of Luther and the other Prince of Wales,

Chorus: *All a cruising down the coast of High Barbaree!*

Aloft there, aloft, our bully bosun cried,
Look ahead, look astern, look to weather and a-lee!

There's naught upon the stern, sir, and naught upon our lee,
But there's a lofty ship to windward and she's sailing fast and free.

O hail her, O hail her! our gallant captain cried,
Are you a man o' war or privateer? cried he.

O, no I'm not a man o' war, nor privateer, cried he,
Bur I'm a salt-sea pirate, all a-looking for my fee!

For broadside, for broadside, a long time we lay,
Till at last the Prince of Luther shot the pirates' mast away.

O quarter, O quarter! those pirates they did cry,
but the quarter that we gave 'em was to sink 'em in the sea.

(Zwei stolze Schiffe, sie kamen aus England,

Chor: Blow high, blow low, so segeln wir!
Die *Prince of Luther* und die *Prince of Wales*

Chor: Entlang der Küste von High Barbaree!

Entert auf, hinauf, so schrie unser Maat,
haltet Ausschau nach vorne, nach achtern, nach Luv und Lee!

Es ist nichts vor dem Bug, Sir, und nichts in Lee,
doch ein Schiff läuft in Luv, es segelt schnell es segelt frei.

Ruft es an, ruft es an, so brüllte der Käp'ten,
Bist Du ein Kriegsschiff oder Freibeuter gar?

O, bin kein Kriegsschiff, ein Freibeuter nicht,
nur ein Salzseepirat und ich will meine Beute!

Breitseite an Breitseite, so lagen wir lange,
bis die *Prince of Luther* den Mast des Piraten traf.

Nur weg hier, nur weg hier, so rief der Pirat,
Ja, wir jagten sie weg, hinab in die Tiefe!)

High Barbaree ist ein Capstan- oder Fallenshanty. Es ist sehr alt, wahrscheinlich stammt es aus dem frühen sechzehnten Jahrhundert. High Barbaree ist der alte Name für die Riffküste, besonders den Teil, der heute zu Algerien gehört.

4 High Barbaree

Ich weiß bis heute noch nicht, ob *Aries* es durch oder über die Kette schaffte. In dem minutenlangen Chaos, das dem Zischen und Prasseln der ersten Kugeln gegen *Aries'* Stahlaufbauten folgte, schien alles gleichzeitig abzulaufen. Die erste Salve zersplitterte die Windschutzscheibe auf der Steuerbordseite, und es gab einen Regen von tausend Plexiglassplittern. In diesem Moment hatten wir alle drei bereits unsere Köpfe unten. Tony und Reynaud lagen flach auf dem Boden des Ruderhauses, und ich versuchte in hockender Haltung, das Ruder stabil zu halten. Ich erinnere mich noch, dass ich die Augen schloss, bevor es mir durch den Kopf zuckte, dass das keinesfalls eine Versicherung dagegen war, erschossen zu werden. Also öffnete ich sie wieder und starrte wie gebannt auf die Speichen des Ruders vor mir, als das Schiff mit einem angsteinjagenden Ruck langsamer wurde. Für eine scheinbare Ewigkeit gab es ein Scheuern und Schlingern, die Maschinen heulten auf vor Protest, und die Schrauben drehten sich mit einem hellen Pfeifen. Es schien, als ob das Schiff an einem langen Kabel hinge. Plötzlich beschleunigte es vorwärts, so vehement, dass ich mit dem Kopf am Rad anschlug. Dieser Schlag hämmerte mir den Gedanken ein, dass ich wieder hoch musste, um über die Unterkante der Windschutzscheibe zu sehen. Das einzige Licht im Ruderhaus war das dunkelrote Glühen der Kompassbeleuchtung.

Alles, was ich sehen konnte war, dass man anscheinend aus allen Richtungen auf uns schoss, mit Ausnahme der breiten dunklen Lücke der Hafeneinfahrt. Mit Hilfe des Kompasses versuchte ich, das Schiff auf Kurs zu halten und versicherte mich, dass die Gashebel bereits am Anschlag waren. Wir donnerten auf die Hafenausfahrt zu, und nach einer Zeit, die weniger als zwei Minuten lang gewesen sein musste, mir aber wie die Dauer einer Beerdigung erschien, rasten wir wie der Blitz aus dem Hafen hinaus.

Jetzt kam Spritzwasser über den Bug, die Windschutzscheibe wurde undurchsichtig, und ich wusste nicht, wo der Schalter für die Scheibenwischer war. Ich hatte keine Sicht mehr und steuerte nur nach dem Kompass. Als wir durch die Molenköpfe donnerten, begannen von beiden Seiten Maschinengewehre auf uns zu feuern. Alle Fenster der Aufbauten zersplitterten, und ein paar Kugeln drangen durch die fünfundzwanzig Millimeter dicke Bordwand aus Stahl und durch die Aufbauten. Das Pfeifen der Kugeln und Querschläger in der Kabine und im Ruderhaus war fürchterlich und übertönte die Maschinen- und Schraubengeräusche. Es war ein nervenzerreißender Höllenlärm, fast lähmend, und ich denke, das Einzige, das mich dazu brachte das Rad festzuhalten, war die Erkenntnis, dass dieser Saukerl von Reynaud uns hereingelegt hatte, er war ein total Verrückter, ein Psychopath, und dass er wahrscheinlich Tony und mich beseitigen würde, bevor wir Marseille erreichten. Ich konnte doch diese Welt nicht verlassen, ohne sicherzustellen, dass es *Cresswell* gut ging – und erst Nelson!

So gut ich konnte, starrte ich durch die Gischt und das zerschossene Plexiglas der Windschutzscheiben. Voraus schien alles klar zu sein. Verstreut gab es Flecken von blassem Mondlicht, und leichte Wolken hoben sich gegen die dünne Sichel des Neumondes ab.

Als das Feuer nachließ, rief ich Tony zu: „Hol' den Handkompass – der ist im Schapp unter dem Navigationstisch. Leg' ihn aufs Deck zwischen meine Füße."

Er tat dies ganz schnell, während er sich bemühte, den Kopf unten zu halten. Als er bei mir war, bemerkte ich, dass er heftig schnaufte, halb vor Anstrengung, halb vor Angst. Ich bemerkte ebenfalls, dass Reynaud zur Steuerbordseite des Ruderhauses hinüberrannte und durch die Tür nach achtern spähte, um zu sehen, ob wir verfolgt wurden.

„Was willst du denn damit?", schnaufte Tony als er den Kompass unter mich legte.

„Wenn die Schweine wieder feuern – damit ich meinen Kopf unten halten kann." Ich beugte mich zu ihm hinunter. „Dieser Typ ist gefährlich", sagte ich.

Tony drehte seine Brille in meine Richtung und versuchte ein trauriges Grinsen. „Die Untertreibung des Jahres, Kumpel."

„Da ist ein Ende zum Festzurren des Ruders im zweiten Schapp des Navigationstisches. Nimm es so leise, wie du kannst heraus und verstau' es in deiner Tasche. Sobald er in irgendein Abteil geht, mach's zu ... aber warte auf mein Kommando."

„Hab' verstanden." Tony bewegte sich direkt zum Schapp und nahm eine dünne Leine mit einem Auge an einer Seite heraus, während er die ganze Zeit Reynaud beobachtete, der immer noch nach achtern in die dunkle Nacht und auf die Mündungsfeuer blickte.

Ich richtete mich auf. Er war einige Minuten her, dass die letzte Kugel an uns vorbeigezischt war. (Tony erzählte mir später, dass die Schießerei von den Hafenmolen erst aufhörte, als *Aries* bereits zwei Seemeilen weit draußen war.)

Das Schiff pflügte jetzt durch die flache, sanfte Dünung in die Dunkelheit hinein, das Heck ging tief, und der Bug warf Gischt auf, die nach achtern flog, wie aus einem Feuerwehrschlauch. Das Geräusch des Seewassers, das gegen das Schott des Ruderhauses trommelte, übertönte den Lärm der Maschinen.

Plötzlich kam Reynaud zu mir. „Ich denke, wir werden verfolgt." Ich sah einen dunklen Schatten vor der Befeuerung der Hafeneinfahrt vorbeiziehen.

„Verdammt, großartig", sagte ich und versuchte, die Gashebel noch weiter nach vorne zu schieben. Reynauds Gesicht war ernst, als er wieder zu seinem Ausguck auf der Steuerbordseite ging. Kurz darauf kam Tony und sprach ebenfalls von Verfolgern.

„Der Dreckskerl hat eine Maschinenpistole an Bord", sagte ich leise.

„Ich weiß", sagte Tony.

„Weißt du, wo er sie hat?"

„Nein, weißt du's?"

„Nein."

„Scheiße", brummte er.

„Ja!"

„Was?"

„Ja, oh Scheiße. Du weißt, was das zu bedeuten hat, richtig?"

„Du glaubst doch etwa nicht, dass ..."

„Doch, bestimmt!"

„Oh, Scheiße!"

„Ich traue diesem Saukerl nicht weiter, als ich sehen kann."

„Was sollen wir machen?", fragte Tony mit seiner hohen Vogelstimme.

„Ich lege für diesen Kahn einen Kurs an nach ...“ Weiter kam ich nicht. Mit von der Gischt nassem Rücken kam Reynaud an meine Seite. Tony ging zurück auf seinen Posten an der Backbordtür. Im Gegensatz zu Tony und mir war Reynaud die Ruhe selbst, wie ich bemerkte. Man hätte annehmen können, er wäre auf einem *bateau mouche* und mache auf der Seine eine Rundfahrt durch Paris.

„Alles in Ordnung?“, fragte er, fast geistesabwesend.

„Bist du sicher, dass wir genug Treibstoff haben?“, fragte ich und dachte, mein Gott, was für ein Moment für eine solche Frage. Meine Hände zitterten, als ich versuchte, das Rad ruhig zu halten.

„Die Tanks sind voll“, antwortete er. „Ich habe dir doch gesagt, alles war vorbereitet.“ Er schaute auf die Kompassrose. „Sind wir auf dem richtigen Kurs?“

„Wir sind auf einem Kurs nach Marseille – Nordnordost – aber ich denke, das ist ein Fehler. Diese Typen da hinten wissen, wo du hin willst. Sie laufen den selben Kurs bis Tagesanbruch, und dann sind wir dran.“

„Was schlägst du vor, was sollen wir tun?“, fragte Reynaud.

„Nun, wir sollten von der Kurslinie für Marseille wegsteuern. Wir sollten Kurs Nord anlegen. Das bringt uns nach ...“

Eine Sekunde oder zwei dachte ich nach und stellte mir die Karte vor, die ich studiert hatte, bevor die Hölle losbrach. „... Cabrera, an der Südspitze von Mallorca. Wenn wir volle Geschwindigkeit halten, sind wir bei Tagesanbruch in Sichtweite des Cabrera Leuchtfeuers. Bis dahin wissen wir, ob wir immer noch verfolgt werden und wenn, dann können wir in die spanischen Hoheitsgewässer einlaufen, vielleicht sogar direkt nach Palma. Dahin können sie uns nicht folgen.“

Reynaud schaute mich mit seinen grünen Augen an. Sein Gesichtsausdruck war irgendwie verändert, er zeigte Anzeichen von Respekt, nicht viel, aber man konnte es sehen. Er ging hinüber zum Kartentisch und schaute auf die Karte für das westliche Mittelmeer, die ich aufgelegt hatte. Er bückte sich über die Karte und benutzte die kleine Taschenlampe. Er studierte die Karte. Nach ein oder zwei Minuten war er zurück. „Ich sehe, was du meinst“, sagte er und versuchte, mit seiner Stimme das Geräusch der Maschinen und das Trommeln der Gischt zu übertönen.

„Die Tragweite des Cabrera Feuers – das ist eine kleine Insel – beträgt fünfundzwanzig Seemeilen. Das bedeutet, dass wir es ausmachen können, wenn wir hundertdreißig Seemeilen von Algiers aus ... mal sehen ... Wenn wir die ganze Nacht weiterhin mit zwanzig Knoten laufen, dann sollten wir das Feuer morgen gegen sechs Uhr ausmachen. Glaubst du, die Maschinen halten das aus?"

„Sie sind in bester Verfassung – wie du sagen würdest: Lloyds A1-Zertifikat."

„Ich wünschte, ich wäre im Augenblick bei Lloyds", sagte ich leise zu mir selbst; laut sagte ich: „Wir müssen jede Stunde den Ölstand überprüfen."

„Natürlich."

„Und den Kühlkreislauf ebenfalls. Wir wollen keine Scheiße auf unserem kleinen Törn, oder?"

Reynaud nickte mit grimmigem Gesicht.

„Du und Tony, ihr solltet jede Stunde die Maschinen kontrollieren", fuhr ich fort. „Ihr könnt euch abwechseln und in der Zwischenzeit ausruhen."

„Was ist mit dir ... wirst du nicht müde?"

„Oh, mir geht's gut, ich bin lange Stunden am Ruder gewöhnt, und schlafen könnte ich ohnehin nicht."

„Nun, das klingt plausibel. Wirst du mit Tony reden?"

„Ja – und deine Kontrolle ist um eins, um drei und um fünf – okay?"

„Okay."

„Pierre ... was machen wir, wenn sie uns einholen?"

„Überlass' das mir", antwortete Reynaud dunkel, „halte du das Schiff auf Kurs!"

„Jawoll."

Die ganze windstille Nacht lang, und ohne Navigationslichter, donnerten wir durch die leichte Dünung. Um zwei Uhr morgens während der Hundewache, als der Mond hinter den Wolken hervorkam, empfahl ich Reynaud, einen Moment beizudrehen, um das Maschinengeräusch zu vermindern und zu versuchen zu hören, ob wir verfolgt wurden. Er stimmte zu, und als *Aries* in der Dünung schlingerte, standen wir alle drei am Bug und beobachteten den südlichen Horizont; wir lauschten angestrengt in die Halbstille der Nacht. Zur Freude Reynauds sahen wir nichts – aber ich bemerkte, dass er stets darauf bedacht war, weder mir noch Tony seinen Rücken zuzudrehen und sich bemühte, uns nicht zu nahe zu kommen, während wir auf Deck waren.

Ich ging hinüber zur Backbordseite und blickte angestrengt nach Südosten, wo eine große dunkle Masse den Horizont bedeckte. Es war ein

Regenschauer, und eine leichte Brise aus Richtung dieser Wolken kam auf.

„Wir warten besser, bis dieser Schauer vorüber ist", rief ich Tony und Reynaud zu.

Der Franzose kam schnell an meine Seite, dann trat er außerhalb der Reichweite meiner Arme.

„Wo?", fragte er.

Ich deutete in Richtung der Masse, die noch dunkler war als die Dunkelheit.

„Da", sagte ich. Meine Augen waren jetzt komplett an die Dunkelheit gewöhnt; ich vergaß das bedrohende Böse so nahe an meiner Seite, vergaß alle Gedanken daran, wie wir Reynaud überwältigen könnten und beobachtete, wie die Schönheit dieser unbeseelten Dinge – Wasser und Wind – zum Leben erwachte. Bald war *Aries* umgeben vom Pfeifen des aufbrisenden Windes, wie in Reichweite einer riesigen Kreatur, die einen noch riesigeren Atemzug macht, ein gleichermaßen beunruhigendes und überraschendes Geräusch. *Aries* fing an zu rollen, als die Wellentäler tiefer wurden, und ich suchte mit einer Hand nach etwas, an dem ich mich festhalten konnte. Das Rauschen kam auf uns zu, über die sternenlose Distanz zwischen dem Regen und *Aries*, dann war es direkt über uns, blieb einen Moment lang stehen und war vorbei, so plötzlich wie es gekommen war. Als wenn die See unter uns vor Bewunderung ebenfalls tief Atem geholt hätte, verschwand die lange Dünung, und das Wasser unter uns erwachte zum Leben.

Sehr schnell ließ die See ein Mini-Chaos auf ihrer Oberfläche entstehen. Es schien, als spränge es aus der Dunkelheit zwischen Wasser und Himmel heraus, auf die Rücken der sich langsam hebenden Wogen. Dann wurde es hochgehoben und explodierte auf den Schaumkronen in einer lebenden Masse aus Gischt, so als würde es eine Menge bleicher Geister vor sich hertreiben, und dann war der Schauer über *Aries*, wie ein spuckender, gurgelnder Reiter aus Regen und Gischt.

Aries schoss einen Moment kerzengerade empor, wie eine Prinzessin, die von einem Knappen mit einer Nadel in den Hintern gestochen wird. Dann legte sie sich plötzlich auf die Seite, weg vom harten Stoß des Schauers. Danach wünschte ich, ich wäre auf einem Segelschiff, denn ein Segler mit ordentlich gerefften Tüchern hätte sich in den Wind gelegt und wäre abgezischt wie ein Autoskooter. Aber alles, was *Aries* tat war, dass sie stampfte und von den Antennen bis zum Kiel zitterte, wie ein erschossener Saurier, wie ein großer, dummer Ochse, wie ein gestrandetes Seeungeheuer.

Jetzt waren wir alle durchnässt von Gischt und Regen, aber während sich Tony ins Ruderhaus zurückzog, blieben Reynaud und ich an Deck – möglicherweise vor Ehrfurcht angesichts der Heiligkeit des Geschehens. Ich schluckte einiges an kaltem Wasser, das der Wind in mein Gesicht wehte. Überall auf *Aries* entstanden kleine Wasserfälle; speiend und zerzaust wurden sie nach Lee weggeblasen. Es war, als wäre der halbe Himmel auf uns herabgefallen und die halbe See wolle sich von unten her mit ihm treffen.

Die Sintflut schien ewig zu dauern. Dann, als es gerade nicht mehr auszuhalten war und ich mich an der Reling entlang in Richtung Ruderhaus hangelte, hörte es auf. Es hörte urplötzlich auf. Es war vollkommen ruhig, man hörte nur noch die Maschinen im Leerlauf rumpeln. Von einer Sekunde auf die andere schien es, als hätte es den Schauer nie gegeben, mit Ausnahme der abklingenden Aufregung in Form der mondbeschienenen weißen Kappen auf den Wellen.

Für einen Moment hatten uns die Naturgewalten der Erde zu verstehen gegeben, wie klein und unscheinbar wir Menschen sind. Nun war uns die Offenbarung der Erhabenheit, die Erlösung vom Denken, die Unbesorgtheit ewiger Schönheit wieder geraubt, wir waren zurückgeworfen in die Tiefen unserer eigenen menschlichen Nöte.

Für einen Moment lang waren wir, alle drei, unerbittlich miteinander verbunden. Es schien, als wenn wir eins wären in der gleichen, unaussprechlichen, nicht auszudrückenden Weise. Es war, als wenn das Universum über uns gerichtet hätte und wir seine Erwartungen nicht erfüllt hätten.

Auf dem halben Weg zur Tür des Ruderhauses hielt ich inne und starrte auf die schwarze Decke des Nachthimmels. Ich sah drei Lichter über dem Horizont auftauchen. Mein Herz setzte einen Schlag aus, und ich konzentrierte mich intensiv auf die Lichter, bis ich dahinter kam, dass es sich in Wirklichkeit um drei tiefstehende Sterne handelte, die über den Brechern auf- und abtanzten. Ich drehte mich wieder um und sagte zu Reynaud, der immer noch durchnässt nach Süden starrte: „Ich kann mich irren, aber ich glaube, da ist etwas.“ Ich dachte, es wäre besser, wenn er sich Sorgen machte.

Er erschrak und war überrascht; er lehnte sich hinaus und starrte noch intensiver. „Sicher? *Vous êtes sûr*?"

„Nein, das bin ich nicht, aber ich denke, ich habe gerade etwas gesehen, knapp über dem Horizont, mehr nach Südosten. Es kann sein, dass sie auf unserem alten Kurs Richtung Marseille nach uns suchen ... aber du bist total durchgeweicht ... warum gehst du nicht in den Maschinenraum und machst dich trocken?"

Reynaud grunzte nur als Antwort auf diesen Vorschlag und sagte dann: „Los, weiter!"

„Okay, aber du solltest zumindest ins Ruderhaus kommen, damit du nicht im Fahrtwind austrocknest."

Ich ging ins Ruderhaus. Tony stand am Kartentisch. Ich zwinkerte ihm zu – ein kleines Blinzeln des Augenlids. Keine Antwort. Ich war nicht sicher, dass er mich im blassroten Licht der Kompassbeleuchtung gesehen hatte, aber ich dachte, ich hätte eine kleine Bewegung seines Körpers wahrgenommen.

Mit Reynaud, der mich beobachtete, dicht hinter mir, ging ich wieder ans Ruder und schob die Getriebehebel nach vorne. Das Schiff setzte sich langsam in Bewegung, dann, als ich mehr Gas gab, zunehmend schneller. Das Heck senkte sich, und der Bug kam hoch, *Aries* sprang wieder in die Dunkelheit der Nacht hinaus, wie ein verfolgter Hase. Nachdem der Schauer die See unruhig gemacht hatte, knallte und hämmerte der Bug, er donnerte über die Kämme der aufgewachten Wellen.

Der Rumpf erzeugte ein dumpfes, rumpelndes Geräusch als Begleitung für die wimmernden Maschinen. Ab und zu spritzte ein großer Klumpen grünes Wasser spuckend und gischtend über den Bug. Wir waren jetzt in voller Fahrt, und zwischen den Duschen, die ich abbekam, starrte ich durch die Windschutzscheibe, oder besser das, was davon übrig geblieben war. Die See sah jetzt so aus, als hätte sie ihre Sachen gepackt und wäre auf der Reise zu den sternenglitzernden Enden der Welt. Sogar die Sterne selbst – die, die niedrig am Horizont standen, schienen mit *Aries* mitzulaufen – versuchten ein Rennen mit ihr zu unserem Ziel – oder unserem Untergang.

Die ganze Nacht hindurch liefen wir volle Fahrt. Durch plötzlich auftauchende Flecken aus blassem Mondlicht hindurch, zurückgeworfen von der Oberfläche der mürrischen See, krachten und hämmerten wir auf den Polarstern zu.

Gegen halb vier machte ich den Schein des Leuchtfeuers Cabrera aus. Ich bat Reynaud, mich am Ruder abzulösen und überprüfte unsere Position mit Hilfe des Handkompasses. Ich trug die Position in die Karte ein. Dann, als ich mich wieder in Richtung Ruder umdrehte, schaute ich Tony an und nickte in Richtung Karte. Er nickte zurück und schlenderte zum Kartentisch. Dort hatte ich hingekritzelt: 5 Uhr.

Um halb fünf konnten wir das Feuer selbst klar ausmachen. Minuten später ging Reynaud nach unten, um die Maschinen zu kontrollieren. Sie waren in einem geschlossenen Maschinenraum achtern unter dem Ruderhaus untergebracht, erreichbar durch zwei Luken. Sobald Reynaud drinnen war, rief ich zu Tony: „Jetzt!"

Er raste, besser fiel, die kurze Leiter am Ende des Ruderhauses hinunter, und ich stolperte ihm nach. Wir packten beide die Lukendeckel und warfen sie zu. Tony lag ausgestreckt über den beiden Luken.

„Das Ende", schrie ich ihn an. Er fummelte in seiner Tasche und gab mir die Leine. „Dreh' Dich um", brüllte ich. Ich zog die Leine mehrmals durch die Griffe der Lukendeckel und verknotete sie sorgfältig. „Aus dem Weg", rief ich, „er hat vielleicht die verdammte Kanone da unten."

Tony robbte auf dem Bauch liegend vorwärts, weg von den Luken. Ich raste zum Ruder und schaltete die Maschinen auf Leerlauf. Dann rannte ich zu der winzigen Werkstatt am Ende des Aufbaus und suchte nach einer geeigneten Metallstange. Ich fand ein Eisen zum Spleißen von Drähten, etwa einen Meter lang. Ich sprang zurück zum Niedergang mittschiffs, wo Tony stand und zitterte. Wir konnten hören, wie Reynaud von unten gegen die Luken hämmerte und die Deckel aufzustoßen versuchte.

„Ich glaube nicht, dass die Kanone da unten ist, alter Kumpel", sagte Tony mit hoher Fistelstimme und starrte traurig auf die Lukendeckel.

„Halt' das Luk hier dicht, Kumpel, wir wollen sicher gehen, dass der Saukerl ..." Ich stand auf einer Seite der Luke. Mit dem Eisen hob ich die Griffringe hoch und schob es durch, während Reynaud von unten brüllte. „Hol' mir etwas Schweres, um das hineinzutreiben", rief ich.

Tony kam schnell mit einem kleinen Draggen zurück, und mit dessen Hilfe verkeilte ich das Eisen voll und ganz in den Messingringen.

Wir traten zurück und schauten uns eine Minute lang belämmert an, dann fing Tony an zu grinsen. „Was jetzt?", lachte er.

„Jetzt suchen wir die verdammte Kanone, Kumpel ... bevor wir etwas anderes machen, und wenn wir dazu diesen ganzen verfluchten Kahn auseinanderreißen müssen."

Während ich noch redete, blieben plötzlich die Maschinen stehen. Eine Minute lang war Stille, dann rief Reynaud: „Wenn Ihr mich hier rauslasst, zahle ich Euch zehntausend Dollar!"

„Wo ist die Maschinenpistole?", rief ich zurück.

„Ich weiß nicht, von was du redest", antwortete er in Französisch.

„Ich weiß ganz genau, dass du die Waffe behalten hast, die der Soldat dir gegeben hat. Du kommst da nicht raus, bevor du uns sagst, wo sie ist."

„Ich hab' sie hier unten", antwortete er, „und wenn ihr mich nicht rauslasst, schieße ich mich frei."

„Du bist ein Lügner, du Saukerl!"

„Der hätte sich schon längst freigeschossen", murmelte Tony, während er sich am Handlauf festhielt, weil das Schiff rollte.

„Du bleibst hier!" Ich gab Tony einen großen Feuerlöscher in die Hand, der in einer Halterung im Durchgang gesteckt hatte. „Wenn der Sauhund versucht, die Luken aufzubrechen, schäume ihn ein. Ich suche die verdammte Kanone."

Ich brauchte volle zwanzig Minuten um herauszufinden, wo Reynaud die Maschinenpistole versteckt hatte: unter der Matratze in der Eignerkabine. Als ich sie gefunden hatte, waren die Kajüten und die Schapps auf *Aries* ziemlich ramponiert. Triumphierend ging ich zu Tony zurück.

„Wie funktioniert so ein Ding?", fragte ich Tony und gab ihm die Waffe.

„Lass' mal sehen – ich hab' bei der Luftwaffe einen Lehrgang gemacht, als ich ..."

„Find' es heraus", zischte ich, dann sagte ich laut: „Wenn Reynaud die Maschinen nicht in Ordnung bringt, erschießen wir den Dreckskerl."

Ich rief Reynaud durch das verrammelte Luk hindurch zu: „Du hättest die Waffe besser verstecken sollen. Jetzt hab' ich sie, und wenn du die Maschinen in fünf Minuten nicht laufen hast, dann komm' ich runter und bring' Dich für den Rest deines Lebens ins Krankenhaus."

„Merde", war die dumpfe Antwort.

Ich rannte wieder nach achtern in die kleine Werkstatt und sah mir den Außenborder an, der dort verstaut war. Es war ein fünfundzwanzig PS Evinrude, scheinbar ganz neu. Die zwei Benzintanks unter der Werkbank waren fast voll. Auf meinem Weg zurück zum Ruderhaus hörte ich Reynaud mit dumpfer Stimme krächzen, dass wir die Maschinen wieder anlassen könnten.

Aries war zu dieser Zeit etwa zehn Meilen von der Insel Cabrera entfernt. Tony hatte den Außenborder am Heck des Beibootes montiert. Wir warfen unsere Seesäcke in das dümpelnde Boot.

„Wir können ihn nicht einfach so da unten lassen“, sagte Tony. „Das Schiff wird vielleicht an Land ... auf die Klippen ... getrieben.“

„Er bleibt nicht da unten. Siehst du das andere Beiboot auf der Backbordseite?“

Tony starrte in diese Richtung.

„Hol’ einen Meißel und einen Hammer und mach’ ein großes Loch hinein“, sagte ich.

Während Tony in die Werkstatt rannte, kletterte ich auf das Dach des Ruderhauses, wo die selbstaufblasende Rettungsinsel in ihrem Fiberglasgehäuse befestigt war. Ich zog an der Reißleine. Das abgerundete Gehäuse sprang sofort auf, und automatisch füllte sich die Rettungsinsel mit Pressluft. Ich nahm mein Klappmesser und schnitt durch alle vier Luftkammern. Pressluft zischte in den frühen Morgen. Ich blickte in Richtung Cabrera; die Insel hob sich dunkel gegen die blaugraue Kette der Berge auf Mallorca ab.

Ich kletterte wieder hinunter. „Reynaud!“

Seine dumpfe Stimme kam von unterhalb der Luke: *„Quoi?“*

„Ich mache jetzt die Luke auf. Wenn du nicht zehn Minuten wartest, bevor du an Deck kommst, wirst du erschossen! Danach kannst du machen, was du willst.“

Ich konnte den Hass, der durch die geschlossene Luke drang, förmlich spüren. Es kam keine Antwort.

„Hast du mich gehört?“, fragte ich nach.

„Oui“, kam ein Krächzen.

Ich rief Tony zu, den Außenborder zu starten. Er verschwand über das Heck. Ich löste die Leine über den Lukenösen und zog, während ich die Maschinenpistole in Richtung der Luken hielt, das Spleißeisen heraus. Dann fiel mir plötzlich ein, dass mir Tony nicht gezeigt hatte, wie man die Maschinenpistole benutzte.

Auf dem Weg durchs Ruderhaus schnappte ich mir die zwei Feuerlöscher, löste sie aus und warf sie hinunter. Es gab ein plötzliches Zischen, und dumpfes Geschrei ertönte unter Deck. Ich wartete nicht auf Reynaud; ich hielt krampfhaft die Maschinenpistole fest und rannte nach achtern. Ich gab Tony die Waffe und sprang in das Beiboot. Schnell und ohne ein Wort machten wir das Beiboot von den Davits los und nahmen Kurs auf Cabrera.

Als sich die Entfernung zwischen der dümpelnden *Aries* und ihrem rasenden Beiboot auf fünfzig ... achtzig ... hundert Meter vergrößerte, brüllte Tony: „Bist du sicher, dass er uns nicht überrennen kann?“

„Keine Chance“, brüllte ich zurück, „es dauert mindestens eine Stunde, bis das Tetrachlorid von den Feuerlöschern aus dem Maschinenraum abgezogen ist, und vorher geben die Gasdetektoren die Anlasser nicht frei.“

Ich drehte mich nach achtern um und schaute auf *Aries*. Sie dümpelte vor sich hin, Reynaud war an Deck, stand an der Reling und schaute zu uns hinüber. Plötzlich rannte er zu dem zerstörten Beiboot auf der Backbordseite. Als ich in seine Richtung schaute und unser Beiboot gerade auf dem Rücken einer Welle war, sah ich einen niedrigen grauen Schatten, weit weg am südlichen Horizont. Er hatte Kurs auf die *Aries* genommen.

Dicht unter Land umrundeten wir das südöstliche Kap der Insel Cabrera, so dass wir jederzeit an Land hätten gehen können, wenn *Aries* uns verfolgt hätte. Ich sah das niedrige Kanonenboot – das war es nämlich – beigedreht in der Nähe von *Aries*. Ich nahm das Gas für einen Moment zurück und beobachtete, wie das Kanonenboot ein Beiboot aussetzte, das Kurs auf *Aries* nahm. Weil Tony nicht gut sehen konnte, erklärte ich ihm fortlaufend, was passierte.

„Was immer das für ein Kanonenboot ist, das war’s“, sagte ich zu Tony, während ich wieder Gas gab und den Hafen von Palma ansteuerte, zwanzig Meilen oder so entfernt.

„Was sollen wir in Palma erzählen?“ fragte Tony.

„Scheiß drauf“, sagte ich und warf die Maschinenpistole in die See. „Wenn jemand fragt, dann waren wir einfach zum Fischen draußen und haben unser Angelzeug verloren.“

Am Nachmittag erreichten wir den Hafen und brummten zum Palma Yacht Club, wo wir das Beiboot festmachten. Unsere Seesäcke auf den Schultern, schlenderten wir in das Clubgebäude, als wären wir von Kindesbeinen an Mitglieder. Wir duschten, und auf Tonys Kosten genehmigten wir uns auf der kleinen Restaurantterrasse außerhalb der Clubeinfahrt ein Mittagessen mit schmackhaftem Fisch. Wir machten einen Abstecher in verschiedene Bars, und am Abend waren wir sicher an Bord der Fähre nach Ibiza, wo wir gesund und wohlbehalten am nächsten Morgen ankamen.

Im frühen Sonnenlicht waren wir bald auf dem Stadtkai, und da lag meine liebe *Cresswell*, schön wie ein Gemälde neben der hässlichen Ente *Bellerophon.*

Als wir auf *Cresswell* zugingen, musste Nelson meine Stimme erkannt haben, obwohl Tony und ich in leisem, verschworenen Ton miteinander redeten. Nelson war den Niedergang hinaufgehumpelt; er stand auf dem Poopdeck, wedelte mit seinem alten Schwanz und bellte dunkel. Gerade, als ich nach dem Oberteil des Ruders griff, um an Bord zu klettern, tauchten Sissies Kraushaar und ihre roten Apfelbäckchen im Niedergang auf.

„Juhuuu, Liebling! Ich hab' dein Frühstück gleich fertig. Hey, du siehst aus, als hättest du eine wirklich super Zeit gehabt!"

„Ich hab' gerade die einfachsten fünfzig Dollar verdient, die ich je kassiert habe", sagte ich und warf den Seesack auf meine Koje.

„Wie wunderbar!"

Tony und ich hatten abgemacht, nicht über die Dinge zu reden, die so glücklich für uns geendet hatten. Ich erzählte Sissie die Geschichte so, wie wir es verabredet hatten – dass *Aries* nach Marseille überführt werden sollte und wir es arrangiert hätten, in Mallorca auszusteigen, weil wir mit dem Eigner nicht zurecht kamen.

„Ach, mein Lieber", sagte sie und stellte einen Teller mit gebratenem Speck vor mich hin, „nimm's nicht tragisch, wir haben ja immer noch diese super Nachbarn auf *Bellerophon* ... sie bleiben noch ein paar Tage hier."

„Das ist eine andere Sache, Sissie", murmelte ich mit dem Mund voll Speck, „weißt du, in der griechischen Mythologie stellte Zeus, der Chef, dem Bellerophon eine schier unlösbare Aufgabe – die Tötung der Chimära ..."

„Chimära? Was soll ich sagen, wie unheimlich aufregend", rief Sissie und stellte eine dampfende Tasse Tee vor mich. „Was um Himmelswillen war denn das?"

„Es war so eine Art Biest – ein Drittel Löwe, ein Drittel Ziege und ein Drittel Drache."

Sissie saß mir gegenüber auf der Steuerbordkoje. „Und dann, wie hat er es gemacht?"

„Er besorgte sich Pegasus, das fliegende Pferd, als Hilfe, und zusammen haben sie die alte Chimära abgemurkst. Sie haben das Monster irgendwie langsam fertiggemacht. Aber dann wurde der alte Bellerophon eingebildet und hochnäsig. Er versuchte, Pegasus zum Thron der Götter vom Olymp zu reiten. Der Oberboss, Zeus, war verärgert und brachte Pegasus dazu, den Bellerophon abzuwerfen. Seitdem muss Bellerophon allein herumwandern, verkrüppelt, blind und verbittert."

Ich zündete eine Zigarette an, während Sissie mich mit Verwirrung ansah und sich fragte, ob mein walisisches Hirn versuchte, ihr einen Bären aufzubinden. „Also los Mädchen, nach dem Frühstück machen wir klar Schiff für den Törn nach Formentera."

„Was ... und diese supernetten Leute sollen wir hier zurücklassen?"

„Lass Bellerophon zurück!", antwortete ich.

„Was glaubst du, wer du bist, Pegasus?"

„Nein, ich bin die Schimäre. Ein Drittel Löwe – das war ich in der Marine, ein Drittel Ziege – das bin ich selbst, und ein Drittel Drache – das ist für Wales ... der alte *draig a goch*. Verstehst du nicht? Ich bin das Biest, das von Bellerophon langsam fertiggemacht wird, bis es stirbt. Jetzt lass' uns endlich von Bellerophon wegsegeln, damit der nicht alleine herumwandern muss, verkrüppelt, blind und verbittert."

Um zwei Uhr mittags war *Cresswell* klar zum Auslaufen, und wir verabschiedeten uns von Tony der Brille und seiner charmanten Schwester Billie.

„Wiederseh'n Sissie! Wiederseh'n Tristan – und danke nochmals für den kleinen Abstecher", rief Tony, als wir vom Kai ablegten, „hab' mich selten so amüsiert in all den Jahren!"

„Ja", rief ich zurück, „das müssen wir irgendwann noch mal machen!"

Am Abend war *Cresswell* in dem kleinen schnuckligen Hafen an der Nordseite der Insel Formentera festgemacht. Ich wusste, dass *Bellerophon* in ein paar Tagen nach Malta segeln wollte, und sollten Reynauds Freunde nach ihr suchen, so wäre sie nicht in der Nähe von *Cresswell*. So fühlte ich mich besser.

Über den Verlauf der nächsten Jahre, an Orten so weit weg wie New York und Kapstadt, durch Erzählungen von so verschiedenen Leuten wie Fischer, Künstler, Reporter, Segler und Barmixer, setzte ich ein Puzzle aus den Ereignissen zusammen, die sich nach der Episode in diesem Kapitel zugetragen haben.

Das Kanonenboot, das auf *Aries* zusteuerte, war algerisch. Reynaud wurde festgenommen und zurück nach Algier geschafft. Das Schiff wurde beschlagnahmt. Es ist nicht ganz klar, was in den nächsten zwei Jahren mit

Reynaud passierte. Keiner, den ich traf, schien das zu wissen. Aber es gibt Gerüchte, dass er 1967 einer der Männer war, die an der Entführung von Moshe Tschombe, dem im Exil lebenden ehemaligen Präsidenten des Kongo, beteiligt waren. Tschombes Flugzeug wurde damals kurz nach dem Start in Spanien nach Algerien entführt.

Mir wurde ebenfalls erzählt, dass Reynaud nicht sein richtiger Name war, und dass er spätestens bis zu unserem Treffen Mitglied der O.A.S., der französischen anti-algerischen Geheimorganisation gewesen sein soll. Ich bekam nie heraus, warum er die Seiten gewechselt hatte, was er offensichtlich getan hatte, wenn er wirklich in die Tschombe-Affäre verwickelt war.

Tschombe wurde erst inhaftiert und dann bis zu seinem Tod im Jahre 1969 zum Stillschweigen gezwungen. Er lebte ohnehin von geborgter Zeit, da er in seinem Heimatland bereits zum Tode verurteilt worden war – in Abwesenheit.

„Was ist mit *Aries*", fragte Sissie an diesem Abend.

„Der Name kommt von einem Widder", antwortete ich.

„Was hat *Aries* gemacht?"

„Ihm wurde das Fell über die Ohren gezogen", sagte ich, während ich einen kurzen Brief an Shiner Wright schrieb. Es war der Anfang eines Briefwechsels von überall und nach überall auf dem Globus, der bis heute noch andauert.

But I, Ulysses,
Sitting on the warm steps,
Looking over the valley,
All day long, have seen,
Without pain, without labour,
Sometimes a wild-hair'd Maenad;
Sometimes a Faun with torches;
And sometimes, for a moment,
Passing through the dark stems,
Flowing rob'd - the belov'd,
The desir'd, the divine,
Beloved Iacchus.

Ah, cool night-wind, tremulous stars!
Ah, glimmering water-
Fitful earth-murmur-
Dreaming woods!
Ah, golden hair'd strangely smiling Goddess,
And thou, prov'd, much enduring,
Wave-toss'd wanderer!
Who can stand still?
Ye fade, ye swim, ye waver before me.
The cup again!

Faster, faster,
O Circe, Goddess,
Let the wild, thronging train,
The bright procession,
Of eddying forms,
Sweep through my soul!

(Aber ich, Odysseus,
Sitze auf den warmen Stufen,
Schaue über das Tal hinweg,
Den ganzen Tag habe ich gesehen,
Ohne Schmerz, ohne Mühe,
Manchmal eine wildbemähnte Mänade,
Manchmal einen Faun mit Fackeln,
Und manchmal, für einen Moment,

Durch die dunklen Stämme huschend,
Mit fliegendem Umhang – die Geliebte,
Die Begehrte, die Geheiligte,
Die geliebte Iacchus.

Ah, kühler Nachtwind, flimmernde Sterne!
Ah, schimmerndes Wasser –
Launenhaftes Erdgemurmel –
Träumende Gehölze!
Ah, goldhaarige, fremdartig lächelnde Göttin,
Du prüfst mich lange,
Mich wogenumbrausten Wanderer!
Wer könnte stillstehen?
Du vergehst, verschwimmst, du schimmerst vor mir,
Wieder den Becher!

Schneller, schneller,
Oh Circe, oh Göttin,
Lass' den wilden peitschenden Zug,
Die helle Prozession
Der wirbelnden Formen
Durch meine Seele zieh'n.)

Matthew Arnold, *The Strayed Reveller to Ulysses*

5 Gestrandete Künstler

Außer ein paar winzigen offenen Fischerbooten und der Fähre, die dreimal am Tag von Ibiza herüber kam, war *Cresswell* das einzige Schiff im Hafen von Formentera. Neben den Arbeiten, die am Schiff zu machen waren, dem Anhören von Sissies Reden, dem Schreiben von lange überfälligen Briefen und dem Einkaufen im kleinen, dunklen Laden des Dörfchens am Hafen, war nicht viel zu unternehmen. Nur rumsitzen und die Umgebung betrachten.

Der Hafen von Formentera hat zwei ziemlich kurze niedrige Molen. An Bord des Schiffes, wenn man über das Cockpitsüll sah, fühlte man sich fast wie auf See in einer Flaute. Das Wasser hier war so klar und sauber, dass wir kleine Engelhaie und Schulen von Meeräschen über dem steinigen Grund beobachten konnten. Obwohl dazwischen acht Meter kristallklares Seewasser waren, konnten wir deutlich unseren Anker sehen, der seitwärts ausgebracht war, um das Schiff bei Westwind vom Kai abzuhalten.

Die erste Morgenfähre kam kurz nach Tagesanbruch an. Ihr Gerumpel, wenn die Schrauben das Hafenwasser aufwühlten, die aufgeregten Stimmen der Passagiere, der Begrüßenden und der Crew ließen Sissie und mich aufwachen. Aber die Geräusche klangen gutgelaunt, und wir waren das auch. Der Hafen von Formentera war so weit abseits und ruhig, dass uns das An- und Ablegen der Fähre, dreimal am Tag, und die kleinen Menschenansammlungen nie störten und wir sie im Gegenteil geradezu genossen. Einmal wach, machte Sissie Tee und servierte Speck und Eier auf einem vorgewärmten Teller, während ich üblicherweise an Deck war, um den schwarz gekleideten Frauen, ihren todernsten, höflichen Gatten und den Scharen von Kindern zuzuschauen, alle wie aus dem Ei gepellt, mit Körben und Kisten, Kartons und Säcken, Bündeln und Eimern, die ganze Zeit kichernd und lachend und palavernd in ihrem besonderen Dialekt der katalanischen Sprache.

Die Leute von Formentera gehören zu den gesündesten Menschen, die mir je begegnet sind. Es ist eine Tatsache, dass es am Südende der Insel, nahe dem Kap Berberia, ein Dorf gibt, wo von den etwa 200 Einwohnern mehr als dreißig über hundert Jahre alt sind. Es war keine Seltenheit, einem so alten Mann zu begegnen, der ganz in Schwarz gekleidet, die einhundertachtzig Meter hohen Klippen des Kaps hinaufstieg, mit sicherem Tritt und leichtfüßig wie eine Ziege, und das mit einer Schildkröte von fünfzig Kilo oder mehr über der Schulter.

Ich habe mehrere solcher Orte gesehen, wo die Leute lange leben und glücklich sterben. Ich habe oft darüber nachgedacht, warum das so ist. Ist es das Essen? Hat es etwas mit dem Wasser zu tun? Ist es etwas Vererbtes? Nachdem ich diese Leute in so weit auseinanderliegenden Ländern wie der Türkei und Bolivien beobachtet habe, komme ich zu dem Schluss, dass es ein paar Eigenheiten gibt, die diese Uralten gemeinsam haben: sie leben ohne Hast. Sie haben gerade genug zum Leben, und mehr wollen sie nicht. Sie sind sparsam und um ihren Besitz besorgt, aber nicht habsüchtig. Sie scheinen es nicht zu bedauern, alt zu werden. Im Allgemeinen akzeptieren sie diesen Prozess einfach, aber ohne Trauer, denn eine weitere Gemeinsamkeit dieser langlebigen, einfachen Menschen liegt in einem starken Glauben an ein Leben nach dem Tode. Ich weiß, dass es auch Atheisten gibt, die uralt werden, aber ich habe den Verdacht, dass sie deshalb so lange leben, weil sie sich natürlicherweise vor dem Grab fürchten. Außerdem muss man als Atheist reich sein. Demonstratives Vorzeigen, dass es am rechten Glauben fehlt, ruft üblicherweise ungeheuere Schuldgefühle wegen nicht erarbeiteter und trotzdem eingetretener Segnungen hervor.

Als die Bauernfamilien und die zwei oder drei perlengeschmückten Hippies mit ihren Rucksäcken weg waren und Sissie abmarschiert war, um ein paar Eier zu kaufen und am nahen Strand zu schwimmen, war der Hafen von Formentera ein Hort des Friedens. Über den nördlichen Horizont, von Ost nach West, sah man die Hügel und Berge von Ibiza, ein ganzes Panorama von sich laufend ändernden Grau- und Grüntönen über dem Türkis und Blau der See.

Die Morgendämmerung machte Platz für grelle rote Strahlen, über einer silbernen, bleiernen See. Dann nahmen die grauen Schleier im Norden die Form von nach Osten golden gefärbten Hügeln an. Wenn die Sonne ihre Pracht entfaltete und sich auf Gottes Bahn erhob, blieben die Schatten auf der Westseite den schwindenden Sternen überlassen. Am Mittag verschmolzen die Farben der Hügel über dem Horizont zu verschiedenen Farbtönen von golden über lila bis scharlachrot, als würde ein himmlischer Maler Ibiza als Palette benutzen. Wenn der Nachmittag fortschritt, änderte sich die Farbe des hügeligen Hochlandes von grünem Smaragd zu Cyanblau, zu Aquamarin, zu Türkis und Lapislazuli; und wenn dann die Sonne in der diamantfarbenen See im Westen versank, wurde die Insel zu einer Linie aus indigoblauen Höckern, dekoriert mit blinkenden Diademen aus Lichtern. Der schroffe 350 Meter hohe Felsen Es Vedra, fünfzehn Meilen entfernt am westlichen Ende von Ibiza, veränderte seine Farbe von Schwarz zu Braun, zu Beige und zu Gold, bis die Sonne sich verabschiedete, um auf ihrem weiteren Weg Städte voller Smog und auch Koralleninseln zu begrüßen. Dann, als wenn ein Vorhang gefallen wäre, verschwand Es Vedra und ließ nur noch den schimmernden Schein seines Leuchtfeuers zurück.

Die ganze Zeit, in der *Cresswell* auf Formentera lag, war Nelson auf dem Kai zu finden; entweder humpelte er hin und her, oder er lag im Schatten auf einem Fischernetz. Er kam nur an Bord, wenn er sah, dass Sissie an Land ging. Dann schnüffelte er herum und überzeugte sich, dass sie ihre Pflichten gut und richtig erfüllt hatte, aber nur bis zu dem Moment, bis sie zurückkehrte, dann machte er sich wieder aus dem Staub. Ansonsten bestanden seine weiteren Aktivitäten ausschließlich darin, mich zu der kleinen dunklen Bar des winzigen Hotels in Nähe des Hafens auf ein Bier mit den kleinen, dunklen Fischern zu begleiten. Wann immer Sissie und ich gemeinsam an Land gingen, (was sehr selten war) blieb Nelson an Bord, um das Schiff zu bewachen. Er war sehr eifersüchtig auf dieses Privileg – mehr noch als er auf Sissie eifersüchtig war.

In den ersten drei Tagen auf Formentera war ich mit dem Ausbessern der Farbe am Aufbau und dem Reinigen des Motorraums, das erste Mal seit zwei Jahren, beschäftigt. Diese Unterlassung war weniger eine Frage der Faulheit, sondern dem Umstand zuzuschreiben, dass ich seit dem Zeitpunkt, als die Maschine eingebaut worden war, ständig unterwegs war, entweder mit *Cresswell* oder auf den Schiffen anderer Leute, die ich überführte – oder dass das Wetter einfach zu heiß war, um in dem kleinen Motorraum zu arbeiten. Aber nun, im November, war es angenehm kühl, ideal, um im Schiff zu sein. Als ich fertig war, hatte ich die Bilge mit zwei Lagen weißer Farbe gestrichen. Alles sah so sauber aus, dass ich am liebsten die Luken offen gelassen hätte, um anzugeben, falls jemand an Bord kommen würde. Aber das Problem beim Putzen und Streichen eines Teils des Schiffes ist, dass der Rest danach schäbig wirkt. Demzufolge steuerte ich Sissies Aktivitäten am Nachmittag weg vom Strand und hin zum Salon. Ich überredete sie dazu, zwei Lagen weißer Farbe aufzutragen. Obwohl *Cresswell* sicher nicht als Ausstellungsboot infrage kam, sahen wir nach zwei Wochen Formentera ganz passabel aus. Zu meiner Zufriedenheit und Sissies absolutem Abscheu, wurden auch die letzten zwei Stücke Seehundspeck aus der Arktis, die unterhalb des Kochers in der Kombüse verstaut waren, zu den Engelhaien befördert. Nelson schaute zu und wedelte mit dem Schwanz.

Um *Cresswells* Renovierung gebührend zu feiern, lud ich Sissie ein, mich auf einer Wanderung nach San Francisco Javier, dem Hauptdorf der Insel im Zentrum des windigen Hochplateaus, zu begleiten. Das gefiel Sissie, sie liebte das Wandern. „Einfach ergötzlich“, muhte sie. Wir ließen Nelson einen Napf mit Burgoo zurück und gingen los, Sissie in ihrer Wanderkleidung bestehend aus halblangen Khakishorts, Lederstiefeln, langen schwarzen Strümpfen, einem abgetragenen braunen Regenmantel mit herunterhängendem Gürtel und einer Art Safarihut auf ihren elektrisch aufgeladenen Locken. Sissie sang aus voller Kehle; ich versuchte etwas Abstand zu halten, als wir durch das kleine Dörfchen kamen und hoffte, dass die Fischer nicht dachten, wir gehörten irgendwie zusammen.

Etwa fünf Meilen lang nahmen wir den schmalen Weg über die gewellten steinigen Hügel und genossen die Luft und die Freiheit ohne Sorgen. Wir kamen an winzigen, mit Steinmauern umgebenen Feldern und einem Dutzend grauer verwitterter Windmühlen aus Stein vorbei. Ein paar verkümmerte, vom Wind gebeugte Bäume lehnten sich wie betrunken an den Horizont. Wir brauchten ungefähr zwei Stunden, um das Hauptdorf zu erreichen, nicht etwa weil Sissie ein langsamer Wanderer war – ganz im Gegenteil – sondern weil sie immer wieder stehen blieb und über den Ausblick schnatterte. „Wunderbar“, und „super ... schau mal Liebling, dort drüben.“ Sie kletterte über niedrige Steinmauern und rannte fünfzig Meter weit in ein Feld hinein, nur um an einer Blume zu riechen oder um eine kleine Ziege zu streicheln.

„Wenn du Ziegendreck an deinen Füßen hast, bring ihn nicht an Bord“, ermahnte ich sie, als sie sich an meiner alten Seglerweste festhielt, „für diese Woche haben wir genug geputzt.“

„Sie sind sooo niedlich und sooo putzig!“

„Wir sollten auf dem Rückweg eine verschwinden lassen und dann grillen."

Sissie klopfte mich leicht auf den Arm, und ihre Blauaugen richteten sich auf mich wie Kanonenrohre. „Ach Liebling, das würdest du nicht machen, sie sind so schrecklich lieb."

„Nein, natürlich nicht, aber nicht, weil sie so lieb sind, sondern weil der Bursche, dem das Feld gehört, vielleicht noch weniger hat als ich."

Endlich erreichten wir San Francisco Javier und die einzige Hotelbar, „Fonda Alonzo". Außer der Fonda bestand das Dörfchen aus nur etwa zwanzig kleinen Häusern, die nach balearischer Art weiß getüncht waren.

Sissie tat etwas scheu, und ich war durstig, als wir hinüber zur Bar schlenderten. Wir fanden Alonzo in die Luft starrend hinter dem Tresen. Wäre er nicht Analphabet gewesen, hätte er gelesen, aber so wie es war, schwelgte er wohl in Erinnerungen; wahrscheinlich ist dies fast genau so lohnend und außerdem noch viel billiger.

Alonzo stand auf. Er war ein kräftiger Mann von etwa fünfundvierzig Jahren mit tiefschwarzem Haar und dem rötlichen, aber klaren Gesichtsausdruck, der typisch für die Inseln ist. Er trug eine offene schwarze Weste über einem ehemals weißen Hemd ohne Kragen und schwarze, weite Hosen. An den Füßen hatte er Strohsandalen. Die meisten Einwohner der Inseln trugen Kleider, die von den einheimischen Frauen genäht worden waren, und die von Alonzo waren ohne Zweifel von seiner braven Frau gemacht, eine der am härtesten arbeitenden und am schlechtesten behandelten Personen, die ich je traf.

Alonzo war Halbmillionär – in Dollar – weil er mehrere ererbte Grundstücke an ausländische Immobilienhändler verkauft hatte. Diese Grundstücke waren steinig und mit wenig Erde bedeckt, nur für Olivenbäume und Ziegen geeignet. Es gab keine Brunnen auf der Insel, nur Regen- und Seewasser, aber die Schönheit der Aussicht hatte die Käufer in ihren Bann gezogen, so sehr, dass sie ganz verrückt danach waren, ihre Deutsche Mark, Pfund, Francs, Kronen, Gulden, Dollar und Lire auf den Tisch zu blättern. Alonzo hatte dieses Vermögen in Tontöpfen im Keller der Bar untergebracht. Außer seinem undeutlichen, qualvoll klingenden formenterisch-katalanischen Dialekt, den kein Fremder erlernen konnte, sprach er nichts, und so gab es auch niemand, der Alonzo wegen seiner dummen Geldverschwendung kritisierte. Die modischen Stadtmenschen kamen in dieses abgeschiedene, wunderschöne Land, das im Begriff war, ein aufstrebendes Touristenparadies zu werden, und hatten diesen dummen Bauerntrampel, so dachten sie, über den Tisch gezogen und ein erstklassiges Strandgrundstück für ein Butterbrot gekauft. Das ging schon seit Jahren so, aber das Land war immer noch da, steinig und unfruchtbar wie eh und je. Die Ziegen weideten immer noch unter der brennenden Sonne, und die blaue See schwappte gegen die goldfarbigen Klippen – und Alonzo war immer noch in seiner Fonda. Das ganze Geld war im Keller, und die schlauen Stadtmenschen saßen in ihren muffigen Büros in den dreckigen Städten: wer hatte nun wen übervorteilt? Ich war absolut sicher, dass Alonzo zu jener Zeit bestimmt nicht wusste, was diese Menge Geld bedeutete. Man hätte ihm auch einen Computer anbieten können im Gegenzug für seinen hölzernen Pflug und seine Strohsandalen. Er hätte den Computer ebenfalls im Keller eingelagert.

Aber Alonzo war ein guter Freund vom tauben Henry Gillon und von Closet dem Australier, Skipper und Crew der guten alten *Fanny Adams*, deren Eisenkiel jetzt auf dem Hafengrund von Formentera eine Behausung für die Engelhaie war. Jeder, der ein Freund der beiden war, war auch mein Freund.(Siehe mein Buch: *Abenteuer eines eigensinnigen Seemanns*).

Zuerst war Alonzo überrascht von Sissies Auftritt und starrte sie einen Moment lang an; dann wendete er sich zu mir und zeigte seine weißen Zähne. Seine Augenbrauen schossen in die Höhe. *„Hola, Señor Trieestan! Cómo estás?“*

Alonzos kleine zigeunerdunkle Frau rannte barfuß und ganz in schwarz gekleidet, mit einem Schal über dem Kopf, durch die Bar und trug dabei einen Wäschekorb fast zweimal so groß, wie sie selbst. Obwohl Alonzo anscheinend seiner Gattin treu war, hatte er ein scharfen Blick für alle ausländischen Frauen zwischen vierzehn und neunzig. Er schien vor ihrer heiligen Anwesenheit hinzuschmelzen. Vor allen anderen Männern und den Frauen von der Insel war er groß, gesund, stramm und stark – ein Mann, mit dem man rechnen musste. Aber vor allen ausländischen Frauen war er hilflos.

„Alonzo! Wie geht's Geschäft?“

„Oh, sehr gut. Ich habe immer noch zwei Gäste im Hotel ...“ Alonzo verdrehte die Augen zur Decke. „Sie kommen runter. Natürlich, die *señora* ist schon ziemlich lange hier. Sie schreibt Bücher. Aber jetzt haben wir noch einen Mann ... ich denke er ist Deutscher oder so etwas und ...“, Alonzo blähte seinen großen Brustkorb noch ein wenig weiter auf, „er ist Künstler, ein Maler!“

Alonzo packte mich an der Schulter und führte mich sanft zu dem einzigen rohen Holztisch mit Bänken, der auf dem nackten Zementfußboden der Bar stand. Dann wendete er sich Sissie zu, zeigte seine weißen Zähne und, mit einer halben Verbeugung, deutete er mit der einen Hand auf einen Stuhl – den einzigen in der Bar – den er mit der anderen Hand gleichzeitig abstaubte.

Gerade als Sissie sich setzte, fast ohnmächtig angesichts Alonzos wahrhaft guter Manieren, traten zwei Personen durch die niedrige Eingangstür der Bar. Die erste, die aus dem Schatten trat, war eine Frau. Grob geschätzt würde ich sagen, sie war etwa sechzig. Sie war schlank, zerbrechlich und klein, nicht mehr als einmetersechzig groß. Sie trug ihr Haar in einem Pagenschnitt nach der Mode der zwanziger Jahre; es war blau. Sie hatte ein winziges, vogelartiges, sonnengebräuntes Gesicht, das mit sehr viel Puder bepflastert war. Es sah aus, als hätte sie ihr Gesicht in einen Mehlsack gesteckt. Auf ihren Wangen gab es zwei Flecken aus dickem hellen Rouge, und ihre dünnen Lippen waren mit scharlachrotem Lippenstift in Form eines Kussmundes bemalt. Sie hatte ein glänzendes, blassblaues Satinkleid an; dessen Taille saß etwa in Höhe ihrer Hüften, wenn sie welche gehabt hätte. Der Rock war noch kürzer als die bei jungen Mädchen so populären Miniröcke. Ihre Beine steckten in beigefarbenen Strümpfen. An den Füßen trug sie silberne Schuhe, deren Pfennigabsätze mindestens sieben Zentimeter hoch waren. Um Ihren Hals, der mehr Falten als mein Großsegel hatte, hingen bestimmt ein Dutzend Perlenketten. Sie sah aus wie der älteste lebende Teenager.

Ihre Bewegungen waren schnell und ruckartig, als würde sie mit Elektroschocks behandelt, die Zähne standen hervor, als wären sie zum Trocknen aufgehängt, und ihr Gesicht trug einen Ausdruck, als würde sie sich gerade an etwas erinnern und wüsste nicht mehr an was.

Mit einer Verbeugung stellte Alonzo sie vor: *„Meess Pomeroy.“*

Ihre Stimme klang wie Vogelgezwitscher, und sie zog alle Wörter zu einem einzigen Wortbrei zusammen. „OhmeinguterGottEngländer?SehrerfreutSiekennzulernen“, zwitscherte sie. Es klang, als wenn ein Metallspachtel schnell und mit großem Druck quer durch eine Bratpfanne gezogen würde.

Als ich mich vom Schock ihrer Erscheinung erholt hatte, bemerkte ich, dass etwas das Sonnenlicht vor dem Eingang blockierte und die Bar noch düsterer machte als sonst. Ich schaute nach dem Hindernis und sah eines der gewaltigsten Wesen, das ich je gesehen hatte, es schien allein ein Viertel des Raumes in der Bar zu füllen. Erst dachte ich, es sei ein Yeti, wegen des langen zottigen Haares, aber als sich meine Augen allmählich an den dunklen Schatten der Figur gewöhnt hatten, bemerkte ich, dass es erstens ein Mensch und zweitens ein Mann war.

Alonzo rannte hinter die Bar. Der riesige Mann, er war bestimmt zweimeterdreißig groß mit Schultern von über einem Meter – bewegte sich auf Sissie zu. Bei jedem Schritt erzitterte die Bar. Er stand vor dem Drachen von Devon stramm und verbeugte sich aus der Hüfte heraus. „Gnädige Frau“, sagte er mit schwerem Akzent, „ich bin Sven Knudsen – ganz zu Ihren Diensten, schöne Frau!“

Sissie sah aus, als hätte sie ein Pferd getreten. Der Riese wandte sich mir zu, ergriff meine ausgestreckte Hand mit etwas, das wie eine Rinderhälfte aussah, und wrang sie aus wie ein Küchenhandtuch. Sogar Sissie stöhnte aus Mitleid über meinen Schmerz.

Svens Haar war blonder als blond, es war fast albinotisch. Es fiel in langen weißen Strähnen auf seine Schultern. Es bedeckte fast sein ganzes Gesicht, so dass es schwierig war, seine kleine Knopfnase und seine geröteten blassblauen Augen zu sehen. Um den Hals trug er eine klirrende Kette und über seinen Schultern hing ein ibizanischer Poncho aus Flanell, mit Streifen aus hundert verschiedenen Farbtönen. Unter seinem Poncho, der hinten und vorne herunterhing, trug er Hosen, so bunt gestreift, dass es unmöglich war, das Material zu erkennen, aus dem sie gemacht waren. Seine riesigen Füße waren nackt und schmutzverkrustet. Ich studierte diese Füße im Laufe der Unterhaltung und stellte nach dem Zählen überrascht fest, dass er, wie üblich, fünf Zehen an jedem Fuß hatte. Ich würde sagen, er war etwa vierzig, aber auch das nur als grobe Schätzung.

Er starrte mich vielleicht eine Minute lang intensiv an, dann stand er plötzlich auf und stampfte hinüber zur Bar, hinter der Alonzo immer noch geziert zu den beiden ausländischen Damen hinüber lächelte – sicher stellte er sich gerade alle möglichen exotischen, sexuellen Lustbarkeiten vor.

Fräulein Pomeroy lächelte mich mit ihrem Kussmund verschmitzt an.

„Sie sind Schriftstellerin, Fräulein Pomeroy?“, fragte ich höflich.

„AchjaabernurfürKinder“, kicherte sie. Ich stellte fest, dass sie immer kicherte, wenn sie etwas sagte. Es schien mir sicher, dass sie auch beim Vortrag einer Grabrede kichern würde.

„Haben Sie schon etwas veröffentlicht?“, fragte Sissie.

Fräulein Pomeroy blickte nervös auf Sissie. „Oh nein bis jetzt noch nicht ... IchbinimAugenblickhalbmitmeinemerstenBuchfertig“, kicherte sie wieder.

„Wie lange haben Sie daran gearbeitet?“, wollte ich wissen.

„NurdreiJahreundessollteimnächstenJahrfertigwerden.“ Wieder ein Kichern. Ihre Aussprache war piekfeines Englisch, mit ein paar nördlichen Untertönen. Charlotte Brontë hatte sicher den gleichen Akzent gehabt.

„Wirklich“, sagte ich, „wie sind sie an diesen Beruf geraten?“

„OhichwarmalEnidBlytonsSekretärinabernurfürdreiWochen.“ Kichern.

In der Zwischenzeit hatte Sven vier Flaschen des herben Hausweins von Alonzo übernommen. Alonzo schrieb Svens Namen mit Kreide auf eine Tafel und machte vier Striche dahinter. Sven drehte sich um und kam zurück an unseren Tisch. Beim Laufen schob er abwechselnd die Schultern nach vorne, als wenn er sich durch dichtes Dickicht bewegen würde. Sein Rollen erinnerte mich an einen Zerstörer im Sturm.

Sven knallte die Flaschen auf den Tisch und beugte sich vor, so dass er fast mit dem Kopf die Flaschen berührte. Dann reichte er hinüber zu Sissie, nahm zärtlich ihre Hand, hob sie zu seinen Lippen und setzte einen großen, schlabberigen Kuss darauf. „Für Sie, meine liebenswürdige, englische Lady, ist das Beste gerade gut genug“, murmelte er. Sein Haar war ihm ins Gesicht gefallen. Er sah aus wie ein riesiger verrückter Eisbär. Sissie schmolz förmlich dahin.

Alonzo setzte vier (ehemals saubere) Gläser auf den Tisch. Er griff nach einer Weinflasche, aber Sven war schneller. Mit einer Hand wie ein Gorilla platschte er den dicken dunkelroten Rachenputzer in die Gläser, ohne dazwischen abzusetzen. Wein rann über den ganzen Tisch. Ein Rinnsal tropfte auf Sissies Khakishorts, und sie schob sich schnell mit dem Stuhl zurück.

Sven schoss kerzengerade empor und beugte sich zu Sissie hinüber. „Meine liebe, charmante englische Lady, bitte nehmen Sie meine aufrichtige Entschuldigung an ...“

„Ist schon wieder in Ordnung.“ Sissie lächelte den Riesen tapfer an.

„Aber lassen Sie mich ...“, eine Hand kam unter dem Tisch hervor, die ein schmieriges, mit Farbe beflecktes, ehemals weißes Taschentuch hielt.

„Oh, nein, ich versichere Ihnen Sven“, Sissie wurde rot, „es ist alles in Ordnung, ich versichere Ihnen, ganz bestimmt, ehrlich!“

Sven setzte sich und schnappte ein Glas Wein, das er in drei Schlucken hinabgoss. Er füllte sein Glas wieder und schaute mich an, als wenn es nie eine Widerwärtigkeit in seiner oder meiner Welt gäbe oder je gegeben hätte.

„Sie kennen Fräulein Pomeroy?“, fragte er mit flacher Stimme.

„JaHerrJonesundichhattengeradeeinekleineUnterhaltung“, kicherte Fräulein P.

Der Riese wandte sich zu der winzigen Frau an seiner Seite. Langsam und dumpf sagte er: „Halt’s Maul! Ich hab’ Dich nicht gefragt. Im Bett kannst du reden. Am Tisch hältst du die Schnauze.“

„JameinLieberachGott.“ Kichern.

Der Riese füllte sein Glas erneut und trank. In Wirklichkeit trank er gar nicht, er schüttete das Zeug einfach in sich hinein.

„Hey Engländer“, brummte er, „kennst du Kopenhagen?“

„Nun, ich war ein paar Mal da, vor Jahren. Aber um die Wahrheit zu sagen, ich kann mich nicht mehr an viel erinnern“, sagte ich lässig.

„Du erinnerst Dich nicht mehr an Kopenhagen? Bist du etwa blöd?“

„Ich habe ja gesagt, ich erinnere mich nicht mehr an ...viel ...“

„Du segelst?“, krakeelte Sven. Die beiden Frauen saßen da wie gelähmt.

„Ja.“

„Wie lange machst du das schon?“

„Oh, ein paar Jahre.“

„Wo warst du schon überall?“

„Hier und da ...“

„Hier und da“, murmelte er zu sich selbst. „Hier und da? Hier und da? Wo zum Teufel bist du gewesen?“

„Ich sagte schon, hier und da.“ Ich nahm einen Schluck von dem essigsauersten Wein südlich der Pyrenäen. Ich war erstaunt, wie ruhig meine Hand war, denn innerlich zitterte ich vor Wut.

„Du bist nie nach Kopenhagen gesegelt?“

„Wie ich schon sagte, ich war ein paar Mal da.“

„Es ist das Paris des Nordens!“ brüllte er mit aller Kraft. „Wir haben alles da. Wir machen das beste Porzellan, wir machen die besten Möbel, die besten Gemälde, das Beste von allem – das Beste in der Welt.“

„Eure Dieselmotoren sind auch nicht schlecht“, sagte ich leise. Sven schüttete ein weiteres Glas Wein hinunter.

„Motoren? Motoren?“, er schenkte wieder ein und trank. Dann schnappte er eine Flasche und trank sie ein Drittel leer, ohne Glas. Er nahm seinen Kopf zwischen die Hände, Ellenbogen auf dem Tisch. „Was ist mit dem verfluchten Königspalast?“

„Ich hab’ das Rathaus gesehen und den großen Platz.“

Für eine Minute war Stille, außer dass Sven ein weiteres Viertel hinuntergurgelte. Inzwischen hatten sich ein paar Einheimische an der Tür versammelt, um die fremdartigen Ausländer zu beobachten. Fasziniert studierten sie uns wie Biologen, die eine neue Gattung entdeckt hatten.

Sven donnerte die Flasche auf den Tisch. Er sah mich an. Hinter dem Gewirr seiner weißen Haare waren seine Augenlider zu Schlitzen geschlossen. Er sah, wie ich die Gruppe der Einheimischen anschaute. Er reichte mit seiner großen Pranke hinüber, schnappte ein Glas und warf es, ohne zu zielen, nach der Gruppe. Ein Dutzend oder so, meist Kinder, traten den Rückzug an.

„Hey Alonzo“, rief Sven. Alonzo rannte zitternd hinter seinem Tresen hervor, aber immer noch so verbindlich wie gewohnt. Der Däne griff in seine Tasche, zog einen Fünfzig-Peseten-Schein hervor und schob ihn in Alonzos Hand. „Für das Glas“, sagte er in Englisch. Alonzo nickte und lächelte ängstlich. Er nahm den Geldschein mit zitternder Hand und steckte ihn in die Tasche.

Der Däne drehte sich wieder zu mir. „He Engländer“, knurrte er, „verstehst du etwas von Malerei?“

„Nun“, sagte ich ruhig, „Sissie und ich haben gerade unser Schiff innen frisch angemalt.“ Ich schaute Sissie an. „Nicht wahr?“

Sissie hatte zu viel Angst, um zu antworten, sie nickte mit einem verkrampften Lächeln.

Die Augen des Riesen fielen fast aus seinem Gesicht. Er verschluckte sich an dem Wein, den er im Mund hatte, knallte die Flasche auf den Tisch und starrte mich an. Er rieb sich mit dem riesigen Handrücken über die Lippen und höhnte: „Huggh.“ Er schlug mit der Faust auf den Tisch. Die Flaschen und Gläser sprangen. „Englischer, du weißt überhaupt nix. Du weißt einen Scheißdreck.“

Sissie und Fräulein Pomeroy hielten sich an ihren Gläsern fest und starrten auf den Dänen, wie Kaninchen, die von einer Kobra hypnotisiert werden. Er besaß jetzt ihre geballte Aufmerksamkeit, so wie ein kleines verwöhntes Kind die seiner Mutter.

Er schaute wieder auf mich. „Kunst – das ist die Basis der Religion. Schau sie dir an, die Buddhisten, die Christen, die Juden, die Katholiken – schau sie dir alle an!“, brüllte er. Die Gruppe hatte sich wieder an der Tür versammelt, um nichts von der Vorstellung zu verpassen.

„Weißt du, wann die Religion anfing zu sterben?“ Sven knallte wieder eine Flasche auf den Tisch. „Weißt du's?“

„Zur Zeit der Wikinger, nicht wahr?“

„Halt's Maul, es ist mir ernst, Engländer.“ Er nahm wieder einen Schluck. „Weißt du, wann der wahre Glaube anfing zu sterben?“

„Keine Ahnung.“

„Natürlich nicht. Nun, ich will es dir sagen. Es war, als die Perspektive entdeckt wurde.“ Er hämmerte zur Betonung bei jeder Silbe auf den Tisch, er wiederholte: „PER...SPEK...TIVE!“ Seine Stimme wurde leise, bis auf ein Flüstern. „Perspektive – so eine Scheiße.“ Er spuckte die Worte förmlich aus. Er schnappte sich noch eine Flasche und setzte sie wieder an den Hals.

„Weißt du, was wir machen?“, brüllte er, „alle von uns, von Giacco zu Picasso, von Ma Huam zu Hokusai?“

Ich schüttelte den Kopf.

„Wir drücken ... Sehnsüchte aus. Das ist es, was wir machen! Wir legen die ganze menschliche Erfahrung in unsere Bilder, die Gesamtheit der Philosophie!“ Er schüttelte die Flasche, knallte sie auf den Tisch und brüllte: „Alonzo!“

Alonzo rannte zum Tisch und wartete zitternd auf Befehle. Sven legte seinen Arm um die Schultern des winzigen Fräulein Pomeroy. Es schien, als drücke er Ihren zerbrechlichen Körper in einen ihrer Silberschuhe. „Sag' diesem Idioten, er soll nach oben gehen und mein letztes Bild holen.“ Er zeigte mit einem Finger auf mich: „Er wird es kaufen!“

Alonzo spritze weg, als wäre er gebissen worden. Sissie fing an zu sagen:

„Aber Tristan hat kein ...“

„Halt's Maul!“, röhrte der Riese. Ich grinste Sissie an, die fast in Tränen ausbrach.

„Is' schon in Ordnung, Siss“, sagte ich, „wir können es uns ja mal anseh'n.“

Ungefähr drei Minuten später, während der verrückte Däne immer noch knurrte, tobte und den Tisch bearbeitete, kam Alonzo zurück und hatte einen mit Leinwand bespannten Rahmen, vielleicht 60 mal 90 Zentimeter groß, in der Hand. Lächelnd, wie ein glückliches Kind, nahm Sven die Leinwand und hielt sie vor sich hin, so dass wir sie sehen konnten.

Sissies Augen traten aus den Höhlen. Ich schaute auf die Leinwand und konnte mir kaum das Lachen verkneifen. Auf der sonst absolut nackten Leinwand waren in einer Ecke zwei kleine Spritzer roter Farbe. Es war, als hätte der Riese einen kleinen Pinsel in knallrote Farbe getaucht, hätte die Haare des Pinsels gegen die Leinwand gespritzt und dann aufgehört.

Sven strahlte durch seinen Haarvorhang hindurch. Plötzlich streckte er die Arme wie wild zu beiden Seiten von sich weg, und mit einem Schlag fiel er nach vorne; sein Kopf schlug dumpf auf dem Tisch auf. Er fing an zu schnarchen wie ein von Schmerzen geplagter Dinosaurier.

Ich stand auf. „Also, das wär's", sagte ich, „Sissie, wenn du die Fähre nach Ibiza kriegen willst, dann müssen wir uns wohl langsam auf den Weg machen."

Fräulein Pomeroy weinte bitterlich. Sissie schaute mich an. Große Krokodilstränen kullerten über ihre rosigen Wangen. „Ich werde dieses liebe Fräulein Pomeroy ganz bestimmt nicht in den Händen dieses ... dieses Biests zurücklassen!"

„Also gut, dann nimm sie halt mit. Sie ist ja ein erwachsenes Mädchen."

„Warum kommen Sie nicht mit mir nach Ibiza, Fräulein Pomeroy?", fragte Sissie.

Der schmächtige Körper bebte, die Schminke lief mit Tränen vermischt an ihrem Gesicht herunter und tropfte auf ihr babyblaues Kleid. La Pomeroy schluchzte hilflos in meine Richtung: „Aberichkannihnnichtverlassen ..." Ihr Körper zuckte. „EristmeinMann ... eristmeinMann ... eristmeinEinundAllesaufderWelt ..."

„Sie haben Ihre literarische Aufgabe. Sie sollten diesem Kerl keine weitere Minute Ihres Lebens schenken", sagte ich zu ihr.

Fräulein Pomeroy wankte, bebte und jammerte in höchster Verzweiflung. „AberereristmeinMannunderisteinsolchesKindundichliebeihnsosehr ohneinwassollichnurmachen..." Kein Kichern, nur ein Seufzen.

Ich nahm Sissies Arm und schob sie mit sanftem Druck zur Tür, vorbei an den traurig blickenden Zuschauern in der Bar. Als ich ihr in das helle Sonnenlicht hinaus folgte, blickte ich kurz zurück und sah, wie Fräulein Pomeroy einen ihrer spindeldürren Arme über den auf dem Tisch hingestreckten Haufen Fleisch gelegt hatte. Sie war immer noch am Seufzen und Jammern wie eine Seele im ewigen Fegefeuer.

Schweigsam gingen wir zurück zum Schiff. Selten war ich so froh, Nelsons wedelnden Schwanz zu sehen. Sissie nahm die Neun-Uhr-Fähre nach Ibiza, um unsere Post zu holen und eine winzige Summe von ihrem schwindenden Konto abzuheben. Ich begann mit den Vorbereitungen für das Abendessen für mich und Nelson und freute mich auf den Abend, wieder einmal allein und ungestört, unter einem klaren, sternenübersäten Himmel, und eine gute Mütze voll Schlaf.

Sissie kam mit der Mittagsfähre am nächsten Tag zurück. Ich hatte einen Brief von der britischen Steuerbehörde, der besagte, dass ein Drittel meiner Marine-Rente zurückbehalten werde, um davon die Steuern zu begleichen, die für meine Einnahmen aus einem Jahre zurückliegenden Überführungsjob einer Yacht nach Jamaika fällig waren.

Sissie war aufgeregt, sprang herum und summte.

„Was gibt's?“, fragte ich sie.

„Oh Tristan, ich bin fast gestorben, weil du nicht schon eher gefragt hast. Was für ein prima, prima Tag!“

„Was, hast du etwa im Fußballtoto gewonnen?“

„Nein, Dummchen, aber fast genau so gut. Mein lieber, lieber Bruder Willie kommt nach Ibiza, um Ferien zu machen, nächste Woche!“

Mein Herz sank. Willie war der Bischof von Southchester. „Wo wird er wohnen?“, fragte ich. Es ist immer ein Unglück, Geistliche an Bord zu haben.

„Im Hotel Montesol“, sagte sie.

„Gut!“, ich fühlte mich sofort besser.

„Und Liebling, er ist solch ein schrecklich süßer und furchtbar lieber Herr. Er kennt einen Kunstsammler hier und der hat bündelweise Werke von berühmten ...“

Ich wartete nicht, bis sie es aussprach. „Malern! Haben wir auf unserem kleinen Törn nicht schon genug gehabt von den verdammten Malern?“

„Aber dieser Bursche ist super! Er ist ein Verwandter des ungarischen Königshauses ...“

„Jawohl, und ich bin der Papst von Gozo.“

„... er ist absolut süß, und er kennt einfach jeden, und er hat mich mit Willi zum Tee in seine Villa in der Altstadt eingeladen, und oh Tristan Liebling“, sie seufzte schmachtend, „es ist so verflixt wunderbar mit solch wirklich super Leuten Tee zu trinken und diese herrliche Konversation zu treiben. Ich meine, es gibt so viele von der bauernhaften Sorte, so viele ordinäre, rüpelhafte Leute heutzutage, nicht wahr?"

„Hoffentlich gibt es Lipton's Tee und nicht den verdammten Lapsang Souchong", brummte ich. „Gut, dann segeln wir am Sonntag zurück nach Ibiza."

„Oh, super. Dann wird es dir also möglich sein, am nächsten Dienstag mit Willie und mir mitzukommen?"

„Vielleicht, wie heißt denn der Kerl von Kunstsammler?"

Sissie fischte im Ramsch ihres Einkaufsbeutels und brachte ein winziges Adressbüchlein hervor. Sie blätterte darin. „Ach ja, Liebling, er heißt Elmyr Dore-Boutin."

„Hört sich französisch an, aber man weiß das ja nie, bei diesen komischen Ausländern."

„Er ist einfach so ein charmanter Bursche!"

„Vielleicht ein Syphilisdoktor", spottete ich, als Sissie anfing, Mittagessen zu machen.

Ich wusste noch nicht, dass ich die Bekanntschaft eines der fremdartigsten, bekanntesten, arglistigsten, bemitleidenswertesten und lustigsten Typen machen würde, den die Kunstszene dieses Jahrhundert hervorgebracht hat.

Oh, they calls me Hangin' Johnny,
Chorus: *Away, boys, away,*
They says I hang for money,
Chorus: So hang, boys hang!

They says I hang for money,
But hanging is so funny.

At first I hanged me daddy,
And then I hanged my mammy.

Oh yes, I hanged me mother,
Me sister and me brother.

I hanged me sister Sally,
I hanged the whole damned family,

I'd hang the mate and skipper,
I'd hang them by their flippers,

I'd hang a rotten liar,
I'd hang a bleedin' friar.

A rope, a beam, a ladder,
I'd hang you all together.

We'll hang and haul together,
We'll hang for better weather.

(Oh, man nennt mich den hängenden Johnny.
Chor: nach vorn, Jungs, nach vorn!
Man sagt ich häng' für Geld,
Chor: so hängt, Jungs, hängt!

Zuerst hängte ich meinen Papa,
und dann hängte ich die Mama.

Jawohl, ich hängt' meine Mutter,
die Schwester und den Bruder.

Ich hängt' meine Schwester Sally,
die ganze verdammte Familie.

Maat und Skipper wür'd ich hängen,
an ihren Flossen wür'd ich sie hängen.

Ich häng' einen faulen Lügner,
und auch einen Klosterbruder.

Ein Tau, den Haken, die Leiter,
Ich hänge einfach Euch alle.

Wir hängen und ziehen zusammen,
wir hängen für besseres Wetter.)

Hangin Johnny" ist ein Shanty für die Bramsegelfallen oder andere schweißreibende Arbeiten. In der Melodie gibt es eine gewisse Ähnlichkeit mit *Shenandoah*, es ist entfernt verwandt mit einem Lied aus dem amerikanischen Bürgerkrieg und wurde von den Union-Regimentern gesungen.
Nachdem das Fall eingeholt war, wurde es „geswiggt", das heißt die letzten Zentimeter wurden vor dem Belegen dichtgeholt. Der Vers für diese Aktion war:

Hängt mich, Kerle, große Ärsche,
Hängt mich jetzt, ihr Hurensöhne,
Hängt dran!

6 Hanging Johnny

Nachdem es am Samstag nichts zu tun gab, außer an Deck zu sitzen, die sich ändernden Farben der Landschaft zu beobachten, und darüber nachzudenken, wo wir wohl nächstes Jahr um diese Zeit sein würden, segelten wir zu der flachen sandigen Insel Espalmador (Goldene Palme), etwa zwei Meilen nördlich von Formentera. Hier ankerte *Cresswell* in einer herrlichen weiten Bucht, im ablandigen Wind, auf der Westseite der Insel. Die Bucht wurde von einem meilenlangen Strand aus sauberem, weißen Sand begrenzt, im Hintergrund gab es ein einziges weißes Haus in einem Olivenhain, hinter der langen Reihe goldfarbiger Palmen, die sich im Morgenwind bewegten.

Die Insel gehörte einem Iren, der während des spanischen Bürgerkriegs auf der Seite von Franco gekämpft hatte. Der Vorbesitzer war ein ehemaliger Anhänger der Regierung. Es gab Gerüchte, dass er von den Falangisten hingerichtet und die Insel als eine Art Belohnung an den jetzigen Eigentümer übergeben worden sei. Aber wann immer ich dort war, war der Ire nie auf der Insel und einen solch wunderbaren Ankerplatz hätte ich selbst dann nicht aufgegeben, wenn der Adlerhorst von Berchtesgarden im Hintergrund gestanden hätte.

Mit *Cresswells* geringem Tiefgang von nur 70 Zentimetern konnten wir das Schiff in einigen Metern Entfernung vom weißen Sand ankern. *Cresswell* saß auf den kleinen Wellen wie eine Herzoginwitwe in einem Kinderstühlchen. Das Wasser der Bucht war so klar, dass wir unseren Anker, zehn Meter achtern vom Ruder, auf dem Seegrund sehen konnten. Es gab ganze Schulen von winzigen Fischen, sie blitzten, wenn sie durch plötzliches Erschrecken ihre Richtung wechselten und pfeilschnell in den Schatten unter dem Rumpf tauchten.

Am Nachmittag wateten Sissie und ich zum Strand hinüber und gingen zur Luvseite der Insel, vorbei an dem Hain aus Olivenbäumen, alle nach

Westen geneigt wie Seeleute, die einem starken Sturm standhalten. Ich sammelte ein paar Vogeleier, gerade genug für das Frühstück am nächsten Tag, und Sissie fand ein paar schmackhafte Muscheln.

Auf dem Rückweg machten wir Pause im Schatten der einsamen alten Palme, die der Insel ihren Namen gegeben hatte und das Grab des Vorbesitzers markierte. Man munkelte, sein Geist würde in Mondlichtnächten am Strand entlang wandeln. Junge, grün glitzernde Palmen säumten in einer langen Linie den Rand der Insel, ihre Blätter flatterten und blitzten in den kurzen Böen. Dazwischen, in der plötzlichen Windstille, sanken sie zusammen, und es schien, als finge die alte Palme über dem Grab zu trauern an. Dann kam der Wind wieder, die Bö sauste den Strand hinab, es gab Unruhe im Wechselspiel zwischen Sonnenlicht und Schatten, und die Palmwedel flogen wie Seide hoch in den blauen Himmel.

Am Abend, kurz vor der Dämmerung, war die Luft voll mit flatternden Fledermäusen. Sissie und ich gingen noch einmal am Strand entlang. Im Zwielicht sah das mit Schalbrettern verschlossene weiße Haus aus, als wenn sein Leben zu Ende wäre. Die Fledermäuse flogen drum herum und die verwitterten Olivenbäume, deren knotige narbige Zweige alle vom Wind weg nach Westen strebten, wirkten wie die Crew von Odysseus, die dem Ozean zustrebt.

Wir wanderten ans Ende der Insel, wo die See sich wieder und wieder überschlug, wie gegen einen unsichtbaren Strand. Wir schauten hinaus in das absolut schwarze Nichts der Nacht und hörten die Wellen heranrollen und an die Klippen am Ende des Sandstrandes schlagen. Mit einiger Mühe fanden wir unseren Weg zurück zum Schiff, aber es war ja eine kleine Insel, wir waren frei und ohne Eile und wir wussten, dass *Cresswell* im phosphoreszierenden Wasser irgendwo auf der anderen Seite schlief. Wir mussten fast ganz um die Insel herumlaufen, aber wir fanden sie und genossen unser Abendessen aus Fisch und Chips. Dann lagen wir auf Deck, zuerst im Dunkeln, dann, als der Wind die Wolken am Himmel sanft vertrieben hatte, im Sternenlicht und hörten im Überseeprogramm der BBC das Londoner Sinfonieorchester. Brahms, und Sissis gab keinen Mucks von sich – Nirwana.

Die Sterne warfen ihr schimmerndes magisches Licht herunter auf Espalmador. Langsam drehte der Wind auf Nord und wurde stärker. Im Norden konnten wir Ibiza in der Nacht liegen sehen, mit winzigen lustig flackernden Lichtern, die hoch oben an den Bergen hingen. Es schien, als ob der Schöpfer tausend neue Sterne bestellt hätte, um Polaris Gesellschaft zu leisten. Der ablandige Wind trug den Geruch von Holzfeuern zu uns herüber. Alles war friedlich und ruhig. Das Gemurmel der See an den Klippen auf der anderen Seite musste *Cresswell* nicht fürchten. Die leisen Bassnoten der See passten ausgezeichnet zu Brahms.

Wir waren beide um vier Uhr morgens auf. Unter dem sternenübersäten Himmel lichtete Sissie beide Anker, während ich die quietschende Gaffel hochbrachte. Hoch mit dem Großsegel. Danach setzte ich die Fock, die sich back stellte, als die leichte Brise sie ergriff. Der Rumpf kam herum, das Schiff drehte fast auf der Stelle, schon füllte sich das Großsegel mit Wind, und wir waren auf und davon auf eine Art und Weise, wie sich alle Menschen bewegen sollten, leise und sanft, mit windgefüllten Segeln, hart am Wind, unter einem glitzernden Sternenhimmel.

Als wir aus der etwa eine Meile breiten Straße zwischen Espalmador und Ibiza herauskamen, erwartete uns eine Brise aus Osten. Sie schob *Cresswell* tanzend vor Erwartung des kommenden schönen Tages raumschots direkt vor die Hafeneinfahrt von Ibiza. Vor der Einfahrt war die Brandung irgendwie befremdend und gleichzeitig auf eine gewisse Art beruhigend und komfortabel, obwohl es Zeiten gibt, in denen Geräusche Reisenden Furcht einjagen können. Aber nach drei Stunden mit dem begrenzten Wortschatz der See waren es einfach die Geräusche des Landes, das uns freundlich gesinnt war.

Cresswell segelte bei Anbruch der Morgendämmerung durch die Hafeneinfahrt am Ende des hohen Wellenbrechers. Die Stadt lag an der Seite des Hügels, westlich von uns. Die weißgetünchten Häuser reflektierten das Morgenrot und schienen aus rosa Zuckergebäck zu bestehen, das die biskuitfarbene Mauer der Altstadt verzierte. Obendrauf saß düster die alte Burg, und die Kathedrale hob sich wie ein mahnender Zeigefinger gegen den grell rotgestreiften Himmel ab.

Von See aus nach Ibiza einzulaufen, war zuerst beeindruckend, dann ein wenig bedrückend; doch nachdem Ibiza uns in seinen Bann gezogen hatte, konnten wir auch den etwas schäbigen, ladendurchzogenen unteren Teil der Stadt akzeptieren. Es war, als wenn man in jemanden verliebt ist, der ein wenig stottert und ab und zu Dinge hinfallen lässt.

Cresswell umrundete die *muelle abrigo*, die Außenmole, und während Sissie die Gaffel des Großmastes runterließ, steuerte ich den Stadtkai an. Als das Schiff langsam und geräuschlos an Geschwindigkeit verlor, passte alles zusammen – die leichte Brise, der sich aufhellende Morgenhimmel, der frische junge Sonnenschein und die immer weißer glänzende Stadt. Von einem Moment zum anderen war uns die Aussicht auf die See genommen. Eine Barriere aus Hügeln, Klippen und der hohe Wellenbrecher lagen jetzt zwischen uns und dem weiten Horizont.

Als wir uns dem Kai näherten, stieg die Stadt schnell vor uns auf, ernst und mächtig, im Hafen, in dem wir nun schwammen, war es ruhig und wir lagen auf der Stelle. Der Großbaum wurde mittschiffs festgezurrt, das taubedeckte Großsegel wurde in ordentlichen Schleifen über das Kabinendach gelegt, und Sissie stand in ihrem Turnhöschen am Bug und wartete mit angespannter Aufmerksamkeit auf mein Kommando zum Fallenlassen des Ankers, wie ein olympischer Fackelträger, der auf der Stelle tretend, die Übernahme der heiligen Flamme erwartet.

Es war so still in der Stadt, dass wir unsere eigenen Worte als Echo von den hohen Klippen im Hintergrund hören konnten. Ich schaute mich um. Alles war still. Ich schaute in Richtung Stadtkai und bemerkte, dass alle Liegeplätze besetzt waren. Eine Besucher-Schwadron von sechs oder sieben Motorbooten, spanisch, wie ich dachte, vielleicht vom Barcelona Yacht Club, war der Reihe nach mit dem Heck zum Kai hin festgemacht und strahlte chromblitzenden Reichtum aus. Ein Matrose hing auf dem Vorschiff eines dieser schwimmenden Paläste herum und beobachtete *Cresswell* in der bösen Ahnung, dass sie in diesen heiligen Bereich von PS und Geld eindringen könnte.

„Kein Platz Sissie“, rief ich meinem Matrosen zu.

„Oh, was soll ich sagen, so schade, die Leute auf diesen Schiffen sind sicher absolut super ...“

„Ja ... richtig, also das Groß wieder rauf, wir gehen zur Nordseite der Bucht und machen an einem der alten Wracks dort fest.“

Schnell brachte Sissie das Großsegel wieder hoch, ihre Muskeln wölbten sich wie Babypopobäckchen, und dann die Fock. Ich nahm die Schoten dicht, und wir nahmen Fahrt auf. Leise und sanft glitten wir über das Hafenbecken, entlang einer riesig scheinenden Fähre, die von und nach Mallorca pflügte.

Bald waren wir inmitten einer Flotte alter Wracks festgemacht. Hier war *Cresswell* vom rauen Wind des Winters durch die nutzlos gewordenen abgenutzten Leiber der alten ibizanischen Segelschoner gut geschützt. Es waren alles große Schiffe, bis zu fünfzig Meter lang, ihre verrotteten

Masten ragten über der winzigen *Cresswell* auf, und die Überreste ihrer alten Takelagen erzählten flüsternd von der verlorenen Romantik ihrer Jugendzeit. Im Südostwind der Nacht konnte man die ganze Flotte jammern hören – das Ächzen eines Rumpfes halb voll mit Regenwasser, das Knarren einer losen Gaffel in einem verrosteten Beschlag, und, etwas leiser, das Stöhnen und Fluchen verletzter Schiffe. Am Morgen lagen sie schweigend, unschuldig verlassen und schwermütig im Sonnenlicht, wie eine Flotte versunkener Überbleibsel, durch eine längst vergessene Katastrophe vom Grund hochgedrückt.

Obwohl mich unser Liegeplatz inmitten dieser Wracks sentimental stimmte, war es von hier nicht weit zum Zentrum der Stadt, zur Nabelschnur der Post und zum Café Alhambra unterhalb des Hotels Montesol, wo sich alle Ausländer trafen. Es trieb sich schon eine seltsame Mischung von Typen in der Stadt rum: Gauner und Engel, Flüchtlinge, Revolutionäre, Ex-Nazis, Jesuiten ohne Kutte und Kalvinisten mit, Hippies, pensionierte Beamte, Tabakkrämer, Schriftsteller, die nie geschrieben hatten, Hochstapler und Hochstaplerinnern, Maler, Bildhauer, Bauern, Börsianer, Müßiggänger, Lehrerinnen aus aller Herrn Länder (einige davon noch im Dienst), Prostituierte und Gigolos (alle noch im Dienst), Zyniker, Opportunisten, Drogendealer und Alkoholiker, Heterosexuelle, Homosexuelle, Bisexuelle, Trisexuelle, Ambisexuelle, Omnisexuelle, Asexuelle und Transvestiten, Introvertierte, Extrovertierte, Retrovertierte, Detektive, Defektive – alles was man sich denken kann – und alle waren um elf Uhr im Alhambra, bei jedem Wetter. Hier wartete ich am Dienstagmorgen auf Sissie, die mit einem uralten Taxi zum Flughafen unterwegs war, um ihren Bruder Willie abzuholen.

Etwa gegen die Mittagszeit kam sie zurück. Die Reichen unter den Ausländern regten gerade ihren Appetit an, bevor sie einen Platz suchten, an dem sie ihren Bauchumfang steigern konnten, und die Zuhälter und Gauner hielten Augen und Ohren offen auf der Suche danach, wie sie ihren unredlich erworbenen Reichtum mehren konnten.

Sissie war in Begleitung eines kleinen, rundlichen, rotbäckigen Herrn von ungefähr sechzig. Sein unter dem Panamahut hervorlugendes Haar war silbern. Er hatte einen Backenbart und eine Warze auf einer Seite der Nase, die etwas gekrümmt war und nicht in sein Gesicht zu passen schien. Er trug einen Priesterkragen, ein schwarzes Hemd und einen untadeligen Tropenanzug in beige, an den Füßen schwarze Schuhe. Ungeachtet seines

Alters bewegte er sich agil wie ein Gymnastiker, der absolut sicher ist, dass er Gott auf seiner Seite hat.

Als das Paar näher kam, war klar, dass sie beide, allerdings im Abstand von vielen Jahre, von der selben Mutter stammten (von der Nase abgesehen) – das lag jedoch, vor allem bei ihm, eine sehr lange Zeit zurück, noch in der düsteren alten Zeit, als die Weltkarte fast ganz rot war und Teddy-Boy auf dem Thron von England saß.

Aufgeregt zwängte sich Sissie durch die Versammlung der seltsamen Typen im Alhambra und zog den etwas desorientierten Geistlichen am Ärmel hinterher zu dem Tisch, an dem ich saß. Ich legte meine wochenalte Times mit dem halbgelösten Kreuzworträtsel weg.

„Tristan, Liebling“, quietschte sie.

Nur ein einziger aus der Truppe der filzbärtigen Schnorrer mit Schlafdeckenrollen am Nebentisch regte sich. Die anderen stierten weiterhin mit glasigen Augen vor sich hin, als hätten sie ihre Bettelchancen schon zwanzig Meter vorher abgeschätzt und eine Seele von sibirischer Kälte erkannt.

„Lieber Lieblingsskipper! Du musst einfach ... Ich bin so überglücklich, dir meinen Bruder Willie vorzustellen, den lieben Willie.“

Wir schüttelten uns die Hände. Willies Hand fühlte sich an wie eine frisch gefangene Schleie. Sein Griff war weichlich. Er lächelte wohlwollend.

Seine Stimme dröhnte wie die große Orgel einer Kathedrale. Es war eine sehr laute, runde, fruchtige, traurige und ernste Stimme, jede Silbe kam aus dem üppigen Mund heraus wie ein rückhandgeschlagener Tennisball über das Netz. Am Ende jeden Satzes hob er die Stimme, als wenn damit jedes Mal eine Frage verbunden wäre. Sie erinnerte mich an die Bassstimmen eines Chors, der Gregorianische Gesänge intonierte.

„Wunderbar Sie kennen zu lernen“, sang er, „ich habe so viel von Ihnen in Sissies Briefen gelesen.“

„Ich hoffe, sie hat nichts Schlechtes über mich geschrieben“, sagte ich.

„Oh nein, nein“, plätscherte er vergnügt.

Ich wusste eigentlich nicht, was „plätschern“ bedeutete, bevor ich Bischof Willie St. John um die Mittagszeit im Alhambra hörte. Das Plätschern rann von seinen Lippen wie Wein aus einem Fass, wenn man ruckartig den Spund herauszieht. Der Ton erinnerte mich an den Liebesgesang eines Walrosses oder das Geräusch, das ein Pinguinschwarm macht, wenn er sich im Wackelgang geschlossen zum Richtungswechsel entschließt. Als das flüssige, sprudelnde Plätschern aus seinem Mund kam, dachte ich, dass es entweder von einem über-gütigen Menschen oder von einem bösartigen Dämonen stammen musste. Ein schneller Blick in Willies offenherzige blaue Augen überzeugte mich, dass meine erste Annahme sicherlich wahrscheinlicher war.

„Oh, nein, bestimmt nicht Kapitän“, plätscherte er noch einmal, „und bitte sagen Sie Willie zu mir?“

„Gerne, aber um Himm... um alles in der Welt, sag' nicht Kapitän zu mir! So redet man nur Beamte an.“

„Ah ja, also gut.“

Er wendete sich Sissie zu. „Fräulein Benedict spielt im Krocket-Finale in Windsor?“, und wieder zu mir: „Fräulein Benedict ist meine Haushälterin?“

Der Akzent des Bischofs war nicht ganz so vornehmes „Kensington“ wie Sissies. Es war das gute, einfache, klare Englisch der Oberklasse; die einzelnen Vokale wurden so gesprochen, wie sie man sie schrieb.

„Oh ja“, nickte ich und wünschte, ich hätte mein Kreuzworträtsel zu Ende gebracht.

„Wäre sie nicht ins Finale gekommen und müsste nicht spielen, hätte sie mich nach Ibiza begleiten können?“

Sissies fiel das Gesicht herunter. „Das wäre absolut super gewesen. Das liebe Fräulein Benedict – ich hoffe so sehr, dass sie gewinnt, sie gibt sich so furchtbar viel Mühe.“

Ich blinzelte Sissie zu. „Ja, wir hätten zusammen das Team der hiesigen Polizei herausfordern können.“

Der Bischof schaute mich mit unverhohlenem Interesse an. „Wirklich? Haben sie hier auch ein Krocket-Feld?“

„So hat man's mir gesagt“, antwortete ich.

„Also, in diesem Fall bringe ich sie im nächsten Jahr mit?“

„Das einzige Problem ist, dass die spanischen Krocket-Bälle aus verknöcherten Bullenhoden bestehen.“

Der Mund des Bischofs öffnete sich. „Wirklich?“

„Ja, sie nennen sie *cojones*“, informierte ich ihn.

„Das ist äußerst interessant? Wie eigenartig? *Cojones*?“

„Ja, in Spanien nennt man Krocket auch *conmiscojones*, und wenn du mit jemanden eine Partie spielen willst, musst du sagen: *„Quieres jugar conmiscojones?“* Ich bekam richtig Spaß an der Sache.

„Wirklich?, Lass' mal sehen ... was bedeutet das?"

„Möchten Sie eine Partie Krocket spielen", antwortete ich langsam.

Sissies Gesicht wurde immer röter, sie presste ihre Lippen aufeinander und schüttelte den Kopf, als sie mich ansah – aber der Bischof verzog keine Miene.

„*Quieres ...*?"

„*Jugar*", half ich ihm.

„Ah ja, jetzt hab ich's. *Quieres jugar conmiscojones?*"

Um ihn herum waren die verschlagenen Bewohner der Höhlen der Verderbtheit, die Sammler von Dingen und Leuten, plötzlich ganz still. Sie starrten wie gebannt auf den Bischof, dessen Stimme über die überfüllte Terrasse des Alhambra rollte und donnerte. Er wiederholte die Frage wieder und wieder.

Willie und Sissie brachen zur Besichtigung der Kathedrale, oben auf dem steilen Hügel, auf. Ich ging zur Bodega der Fischer, zu einem Mahl Gelber Gefahr, das ich mit San-Miguel-Bier hinunterspülte und mit dem ich Fräulein Benedict zuprostete, ihr viel Erfolg beim bevorstehenden Krocket-Turnier wünschte und ihr zu ihrer Abwesenheit von dieser Insel gratulierte.

Sissie sagte mir später, dass Willie den Satz den ganzen Weg hinauf zur Kathedrale und während der Besichtigung des empfindlichen Gebäudes immer wieder vor sich hin gesagt habe und auch noch auf dem Rückweg zum Hotel Montesol, bis ein englisch sprechender Spanier (damals selten auf Ibiza) ihn außerhalb der Reichweite von Sissies Ohren zog und ihm sagte, was es bedeutete: „Willst du mit meinen Eiern spielen?"

Entsetzt erinnerte sich Willie, dass er die Frage auch dem Küster in der Kathedrale gestellt hatte.

„Ich glaube, er ist jetzt ziemlich angeschissen von mir", sagte ich zu Sissie.

Beruhigend legte sie ihre schwielige Hand auf meinen Arm. „Oh nein, sicher nicht, Willie ist an die Streiche der Chorknaben gewöhnt, und die sind auch nicht ganz ohne!"

„Du meinst, ich muss immer noch mitkommen, zu der verdammten Teestunde morgen?"

„Wieso, ach so, natürlich Tristan Liebling. Willie weiß, dass du im Herzen ganz super bist. Und außerdem muss er dir vergeben, wegen der christlichen Nächstenliebe. Du musst einfach mitkommen, zu Elmyrs Teestunde. Es wird ungeheuer super sein. Willie und ich sind auf dem Rückweg von der Kathedrale an der Villa vorbeigekommen – sie ist furchtbar schön – du hast keine Ahnung. Ich platze förmlich vor Erwartung ...“

Sissie verschwand über die Niedergangstreppe, auf dem Weg zu ihrem Lager unter dem Vordeck. Bald danach kamen das Klingeln der Booth's Dry Gin Flasche gegen ihr verstecktes Glas und das Geräusch vom Umblättern der Bibelseiten, dann wurde es ruhig auf dem guten Schiff *Cresswell*, und ich schlief den Schlaf der Gerechten.

Am nächsten Tag, nach dem Frühstück, ging ich an Land, über die Straße und nahm ein Bier mit den Fischern in einer kleinen Bar. Seeleute, Hafenarbeiter und Fischer – alle, die mit der See zu tun haben – können immer eine gute Bar vertragen. Vielleicht weil die Leute, die von und bei der See leben, die Geselligkeit lieben, die das Trinken mit sich bringt. Oder vielleicht ist es auch nur die Salzluft.

Als ich auf Sissie wartete, die sich an Bord von *Cresswell* in ihre besten Klamotten zwängte, stellte ich mir alle meine Freunde vor und trank auf ihr Wohl. Ich konnte sogar ihre Stimmen hören, als wären sie anwesend. Für einen Reisenden auf See hat die Vorstellung Qualitäten, wie eine vierte Dimension, besonders wenn er über lange Zeit alleine ist. Er benutzt seine Einsamkeit dazu, seine Fähigkeiten, sich an längst vergangene Dinge zu erinnern, zu schärfen, und erlebt so sein Leben mehrfach. Einige Seeleute – und ich habe das öfters erlebt – können Szenen und Menschen in einer Art und Weise beschreiben, die bei Landmenschen fast unbekannt ist. Sie sind Ausübende einer besonderen Kunst, die nie verloren geht, so lange es die weite See gibt und Leute, die sie überqueren.

Als Sissie auftauchte, um mich in der Bar aufzulesen, bevor wir uns mit Willie trafen, konnte ich sie kaum wiedererkennen. Sie trug ein weißes Kleid mit roten und blauen Rosen (blaue Rosen?), einen weißen Hut mit breiter Krempe, an einer Seite hochgebogen, und mit einem blauen Band, richtige Nylonstrümpfe und ein Paar elegante weiße Schuhe – Willie hatte das alles aus England mitgebracht. Sie war wie ausgewechselt. Von der Sissie, die ich in Erinnerung hatte, waren nur noch die blauen Augen, das krause Haar und die Aussprache übrig geblieben. Sie trottete in die Bar, diè bis auf ein altes Weib und mich leer war. Sie hob eine weiße Lederhandtasche hoch und drehte eine Pirouette vor mir. Ich starrte, glotzte und sperrte den Mund vor Erstaunen auf.

„Gefällt's dir Liebling?", blökte sie, „ach was für ein schöner, schöner Tag!"

Schnell trank ich mein Bier aus und nahm ihren Arm.

„Du siehst aus wie ... wie ... Ascot", sagte ich ihr.

Zufrieden hängte sie ihren sonnengebräunten Arm bei mir ein und schnurrte wie eine Katze.

Wir gingen nach draußen, und ich fühlte mich wie ein Landstreicher in Begleitung einer Königin. Wir gingen zum Hotel Montesol, um Willie zu treffen, der uns zum Mittagessen eingeladen hatte. Danach machten wir einen Ausflug mit dem Auto über die Insel. Die Fahrerin, eine junge Frau aus Neuseeland, sah gut aus und war sehr nett. Willie war so freundlich zu mir, wie ich es nach dem bösen Streich, den ich ihm gespielt hatte, nicht hätte erwarten dürfen. Ich war so beeindruckt von seiner Höflichkeit, dass ich ihn auf einen Segeltörn für den nächsten Tag einlud – obwohl er ein Geistlicher war.

Kurz vor vier Uhr mittags lud uns die Neuseeländerin vor dem Alhambra aus – die Gauner, Strolche, Zuhälter und Schieber sahen jetzt schon etwas verwelkt aus – und wir warteten auf ein anderes Auto, das uns zu Elmyrs Kunstsammlervilla bringen sollte.

Wir saßen in der Nachmittagssonne, und ich genoss die Großzügigkeit des Bischofs, indem ich an einem Glas Courvoisier nippte (nur das Beste in Begleitung des lieben Willie). Der hatte Eis und Kaffee und genoss die spanische Angewohnheit, das Eis in den Kaffee zu löffeln und dann zu essen, so dass sich das heiße Bittere des Kaffees mit der kühlen Süße der Eiskrem vermischte.

Nach einer Flasche Wein zum Mittagessen und zwei Cognacs zum Runterspülen, gefolgt von den jetzigen zwei Courvoisier, und mit Sissie in ihrer unvergleichlichen Ausstattung fühlte ich mich rundherum wohl. Sie und Willie führten eine unerschöpfliche Unterhaltung über Fräulein Benedict, andere Bekannte und Verwandte, lebend oder tot, oder, soweit ich folgen konnte, noch nicht geboren. Sissies Quietschen war der Sopran, Willies Plätschern der Bass; bald waren alle herumhängenden Gauner im Umkreis von zwanzig Metern exakt über die Hausangelegenheiten, Geschäftsverbindungen, Sexskandale, sportlichen Fähigkeiten und geheimen Vorlieben eines jeden Einwohners im Umkreis der Kathedrale von Southchester unterrichtet.

Aber der Courvoisier war ausgezeichnet, Sissie stand in Blüte und der Bischof war ein beherzter Bursche. Dann kam das rote Auto.

Es war eine Corvette Stingray. Sie fuhr standesgemäß an den Randstein vor der Terrasse. Direkt hinterher folgte ein uraltes ibizanisches Taxi, das aussah, als wäre es gebaut worden, bevor der erfindungsreiche Sohn von Frau Benz das Laufen lernte. Hinter der Corvette sah es aus wie ein älteres Waisenkind, das von einem Filmstar adoptiert worden war.

Als die rote Corvette provokativ und prahlerisch an den Gehsteig rauschte, ertönte ein Aufschrei aus ein paar Dutzend Kehlen, als hätte der Wagen gerade die Rallye Monte Carlo gewonnen.

„Elmyr!" Der Aufschrei kam von einem jungen Franzosen mit einer Anzahl silberner Armreifen, einer Halskette aus Glaskugeln, ohne Hemd, in einer eng taillierten Jacke und mit Hosenbeinen in Glockenform.

„Elmyr!" Ein schriller Klagelaut von einer älteren Person ohne erkennbares Geschlecht, die den ganzen Tag vor einer leeren Kaffeetasse gesessen und nervös an ihrer über die Schultern gehängten Nerzjacke herumgezupft hatte, mit schwerberingten langfingerigen Klauen.

„Elmyr!" Ein Bassgedröhn von einem dunklen, untersetzten Mann in einer schwarzen Lederjacke, dessen schwerer, dicker Schnurrbart mich irgendwie an einen Löwenbändiger im Zirkus erinnerte.

„Elmyr!" Ein Chor zweier blonder Männer im frühen Teenageralter, mit so zarten und weiblichen Gesichtern, als wären sie ihre eigene Mutter. Sie trugen beide rosa Satinanzüge mit offensichtlich nichts darunter, als ihre schlanken Knabenkörper.

„Elmyr!" In amerikanischem Akzent von einer über-üppigen Barbesitzerin, die ihre Puddingarme um ihren dunklen, kleinen, spatzenhaften, bebrillten männlichen Begleiter geschlungen hatte.

Als das Gekreische ertönte, wurden Sissie, der Bischof und ich Zeuge einer Demonstration der Kriecherei und Speichelleckerei, die seit Caesars Zeiten ihresgleichen suchte. Das Objekt ihrer Begierde saß indes ganz entspannt und locker hinter dem Steuer der niedrig gebauten Stingray die, obwohl sie vermutlich den letzten Schrei in Sachen Sportwagen darstellte, mir wie ein riesiges, mit Blut vollgesaugtes Insekt vorkam. Im Sitzen erschien der Mann ziemlich klein – nicht mehr als einmeterfünfundsechzig. Als er zu unserem Tisch herüberschwebte, sah ich, dass er flink war. Sein Haar war offensichtlich gefärbt, tiefschwarz, und sah aus wie Pferdehaar das man zum Ausstopfen von Sofapolstern verwendet. Um seinen Hals herum trug er eine Goldkette, an der ein goldgerahmtes Monokel über seinem Kaschmir-Pullover pendelte. Als er eine schlaffe Hand ausstreckte, um Sissies zu nehmen und zu küssen, wurden sechs goldene Ringe, dick und schwer, sowie ein Diamantring für alle mittellosen Augen einschließlich meiner sichtbar.

„Elmyr", sagte Sissie mit versagender Stimme, „wie wunderbar, dass Sie gekommen sind."

„Ich bin entzückt", sagte der Kunstsammler, als er Sissies erschlaffende Hand sanft herunterließ.

„Mein Bruder, Bischof Saint John."

„Sehr erfreut, Elmyr Dore-Boutin."

„Und mein lieber, lieber Skipper Tristan."

Elmyrs große braune Augen nahmen mit einem schnellen Blick, einem Hauch von Selbstmitleid, aber auch berechnend, meine Seemannsjacke und schäbige Kappe in Augenschein. Er schüttelte flüchtig meine Hand und sagte: „Ja."

Ich fühlte mich, als wäre ich über den Rand eines Schützengrabens hinausbeordert worden.

Er wandte sich Sissie und Willie zu. „Hoffentlich hat Ihnen Ihr kleiner Ausflug über unsere wunderschöne Insel gefallen?" Seine Stimme hatte den Klang einer launischen Elfe, und die Aussprache der Worte klang fremdartig, als wenn er Englisch nur durch Lesen gelernt hätte und nicht wusste, wo die Betonung hingehörte.

„Oh, es war wunderbar", sprudelte Sissie.

„Gut, dann führe ich Sie jetzt besser in mein Atelier", sagte Elmyr.

Ich hatte ihn beobachtet. Er erinnerte mich an etwas. Ich kam nicht gleich drauf, aber bald hatte ich es heraus. Er war vierschrötig. Alles an ihm schien waagrecht zu sein. Seine breiten und intelligent aussehenden Augenbrauen, seine Ohren, seine Nase, sein Mund, alles einschließlich der blassen Streifen auf seinem Kaschmir-Pullover war waagrecht. Das einzige Senkrechte an ihm war die schwingende Monokelkette. Sein Auftreten und sein Benehmen waren perfekt und gleichzeitig liebenswürdig, eine seltene Kombination. Dann drehte er sich um, sah mich mit trüben Augen an und senkte langsam seine Augenlider. Das war's dann – Herr Kröte!

„Kommen Sie in meinem Wagen mit, Fräulein Saint John?"

Ich schreckte für einen Moment auf, als er Sissie mit ihrem korrekten Namen ansprach.

„Oh ja, furchtbar gerne“, Sissie schmolz vor den Krötenaugen dahin.

„Und Ihr Bruder nimmt das Taxi?“ Es gab nur zwei Sitze in der Corvette.

„Und der liebe Tristan auch?“, flehte Sissie.

Die Krötenaugen inspizierten meine auf den grauen Star hin und meinen Bart nach Flöhen. „Ja, natürlich, meine Liebe.“

So kam es, dass Sissie in der sündhaften Vornehmheit der Corvette, und der liebe Willi und ich in der altertümlichen, ergrauten und verbeulten Schlichtheit des Taxis bei Elmyrs Villa ankamen.

Als wir vor der Aufgangstreppe vorfuhren, bemerkte ich an der weißgetünchten Wand die Schrift aus Schmiedeeisen: „La Falaise“ – die Klippe.

„Originell“, sagte ich zum Bischof.

„Ziemlich“, antwortete Willie geistesabwesend.

Elmyr geleitete Sissie in ihrer rosenbedeckten Pracht die Treppe hinauf. Willie und ich folgten. Durch den Türbogen der Villa betraten wir einen großen, kühlen, dunklen Vorraum, auf beiden Seiten gab es Türen aus Mahagoni.

Elmyr führte uns durch die Halle wie ein Balletttänzer. Sein kaschmirbedeckter Arm holte aus. „Meine Schlafgemächer.“ Dann zeigte das schlaffe, mit Cartier verzierte Handgelenk zur anderen Seite. *„La chambre rouge“*, sagte er mit einem verstohlenen Seitenblick auf mich. „Schlafgemächer für meine ... jungen Gäste.“

Willie starrte auf die Reihen der Originalgemälde an den Wänden, die Hände im Stil eines echten Genießers hinter dem Rücken verschränkt. „Dali ... Dufy ... Renoir ... Picasso“, zählte er auf, seine Stimme voller Respekt und Bewunderung.

Elmyr eskortierte Sissie und Willie eine weitere geflieste Treppe hinauf, ich hinterher im Schlepptau – eine peinliche Erscheinung – als wenn ein Grippevirus seinen Weg in die Villa gefunden hätte. Die Wände des riesigen Wohnzimmers waren wieder mit den Werken hunderter Meister der modernen Malerei bedeckt.

Wir setzten uns zum Tee, der auf einem echt silbernen Tablett in echtem Delfter Porzellan von einem erstaunlich hübschen, blonden, grünäugigen, breitschultrigen Jungen von etwa neunzehn Jahren serviert wurde. Ich fühlte, dass jeder seiner Schritte von Elmyr bezahlt wurde. Er trug ein makelloses weißes Hemd und dünne knallgelbe Pyjamahosen, unter denen sich seine Männlichkeit so deutlich abhob, dass Sissie Mühe hatte, sie nicht wahrzunehmen.

Elmyr stellte ihn vor: „Das ist Henry."

Henrys Mund verzog sich geringfügig nach einer Seite im Ansatz eines Lächelns, aber dann musste er erkannt haben, dass er von uns keine Bezahlung zu erwarten hatte, und so blieb es beim Ansatz und erlosch dann.

„Henry kommt aus Nebraska, nicht wahr, Henry?", sagte Elmyr.

Das versteinerte Gesicht nickte. Er war hübsch im Sinne einer Schneiderpuppe, mit schmutzig-blondem Haar und regelmäßigen Gesichtszügen. Aber seine Augen waren hinterlistig.

„Henry ist Student, nicht wahr, Henry?", sagte Elmyr.

Wieder ein leichtes Nicken und ein Seitenblick.

„Ein Student der Biologie, nicht wahr?"

Die hinterlistigen Augen und gelbbedeckten Genitalien zogen sich in Richtung Küche zurück und ließen die vierte Frage, diejenige, die leise durch meinen Kopf ging, nur allzu gut beantwortet.

Elmyr war ein weitgereister Mann. Er sprach über seine Zeit in Rio und London, New York und Hongkong, Tokio und fast jede bekannte Stadt. Er hatte immer die Leute getroffen, auf die es ankam. In Paris waren es Gertrude Stein und Ernest Hemingway und Lady Malcolm Campbell, die Frau des Weltrekord-Inhabers für Landfahrzeuge. Zwischen Sissies „Oohs" und „Aahs" und den bestätigenden Ausrufen des Bischofs hielt Elmyr brillant Hof. Als wir bewundernd zu seinen Füßen saßen, erzählte er von seinen Zusammentreffen mit Aga Khan und Zsa Zsa Gabor und Anita Loos und dem Herzog von Kent. Die prominenten Namen perlten geradezu von seinen Lippen und fielen dann, ausgelaugt und erschöpft, in unseren Schoß. Er hatte das *Café du Dome* und die *Rotonde* frequentiert, die berühmten Treffpunkte für Literaten in Montparnasse. Er kannte jeden in Manhattan, in Zürich, in Berlin ...

Der Bann von Elmyrs Monolog wurde plötzlich durch ein fremdartiges Geräusch unterbrochen. Es war ein lautes, hohes Kläffen. Elmyr schritt hinüber zu der riesigen Glastür, die zu der blumenübersäten Veranda und dem nierenförmigen Pool führte. Von der hohen Klippe aus, auf der die Villa stand, hatte man einen weiten Blick über das Meer hinaus. Er öffnete die Tür und schimpfte mit ärgerlicher Stimme: „Fiffi!"

Ein kleiner weißer Pudel, nur zentimetergroß, mit einem grünen Band um den Hals, schoss ins Zimmer. Er entging Elmyrs Versuch, ihn zu fangen und raste durch den Raum, über die Ledercouch und Kissen, bis es dem Teekocher und mir gelang, ihn in eine Ecke zu treiben. Wir versuchten beide, ihn zu schnappen, aber ich war schneller als der Teekocher und hob das zappelnde Viech hoch. Elmyr war inzwischen wieder im Zimmer und weg vom Fenster.

„Nach draußen?“, fragte ich ihn im Vorbeigehen.

Elmyr schien ein wenig verwirrt. „Eh ... ja, hinaus, bitte.“

Ich ging zur Verandatür, öffnete sie und bemerkte drei Liegestühle mit dem Rücken zu mir. Aus einem ragten ein Bein und ein Fuß heraus. Neugierig ging ich weiter, fast bis zur Seite des Pools, bevor ich den Pudel losließ, dann drehte ich mich um.

In den Stühlen saßen drei Männer. Einer war etwa dreißig, mit blondem Haar und lebhaften Augen, der nächste war etwa zweiundzwanzig, mit einem Puppengesicht und braunen Rehaugen, die jede Frau eifersüchtig gemacht hätten. Der letzte war ein Jüngling von nicht mehr als sechzehn, mit großen blauen Augen. Alle drei waren sie ausgestreckt und boten ihre ohnehin schon gebräunten Körper der Sonne dar, mit Drinks an ihrer Seite. Sie sahen unaussprechlich gelangweilt aus, und sie waren alle splitternackt.

Als ich ins Wohnzimmer zurück kam, schien Elmyr ziemlich bedrückt. Es war ziemlich gut zu erkennen, dass ihm inzwischen klar geworden war, dass der liebe Willi kein Kunde für seine Gemälde oder die anderen Spezialitäten war.

Kurz darauf eskortierte Elmyr Sissie zum Ausgang und verabschiedete sich. Zu dritt machten wir uns auf den Rückweg, den Hügel hinunter. Des Bischofs Stimme erschallte und echote von den weißgetünchten Wänden der winzigen Häuser in einem Dunst von Knoblauch und Fisch, durch den Bogen der Stadtmauer aus dem fünfzehnten Jahrhundert, weiter in die Unterstadt und in die Realität der gewöhnlich Sterblichen, mit unzähligen Kommentaren darüber, was für ein schrecklich netter und großzügiger Bursche Elmyr sei.

In good King Charles' golden days,
When loyalty no harm meant,
A zealous High Church man was I,
And so I got preferment.
To teach my flock I never missed;
Kings were by God appointed,
And lost were those that dare resist
Or touch the Lord's anointed!
And this is the the rule that I'll maintain,
Until my dying day, sir
That whatsoe'r king may reign,
Still I will be the bishop of Bray, sir!

(In den goldenen Tagen von King Charles
Als Loyalität kein Schaden war,
War ich ein strebsamer Kirchenmann,
Und so wurde ich ausgewählt.
Die Herde zu lehren war stets mein Bestreben,
Könige wurden von Gott bestellt,
Widerstrebende waren alle verloren,
Die ihre Hand erhoben gegen Gottes Diener.
Und das ist die Regel, die ich verfolge,
Bis zu meinem Todestag, Sir,
Wer immer auch der König sei,
Ich bleibe der Bischof von Bray, Sir!)

Erste Strophe eines Liedes gegen das Establishment der englischen Kirche, 17. Jahrhundert.

7 Das Schiff, das fast verging vor Scham

Früh am nächsten Morgen, gerade als Sissie und ich gefrühstückt hatten – sie trug wieder ihr an Bord übliches dunkelblaues Turnhöschen und ein zwei Zentimeter breites rosa Band im rotbraunen Haar – und Nelson, der wie gewöhnlich zu dieser Stunde, mit dem Schwanz unter dem Tisch gegen mein Bein klopfte – preite uns der Bischof vom Kai aus an: *Cresswell* ahoi?“

Sobald sie Willies Stimme hörte, schoss Sissie die Leiter hoch. „Einen winzigen Moment, Liebling – ich hole das gute, alte Schiff für dich zum Kai.“

Im schattigen Licht der Kabine ermahnte mich ein Bild Ihrer Majestät, jede Unhöflichkeit zu unterlassen. Ich schaute hoch, als Sissie einen schweren schwarzen Koffer ins Cockpit wuchtete. Dem Koffer, der fast vollständig mit Hoteletiketten von so weit voneinander entfernten Städten wie Colombo und Coventry bepflastert war, folgte bald ein abgehetzter, hüpfender Willie.

Als Sissie die Heckleine losließ, mit der sie das Schiff zum Kai verholt hatte, quietschte *Cresswell* bei der Berührung mit dem Rumpf des Nachbarschiffs in lautem Protest, und der uralte, arbeitsgewohnte Segelschoner machte rasselnde Geräusche, als würde er *Cresswell* beipflichten, indem er sagte: „Nimm's nicht so schwer, meine Liebe, es ist ja nur für einen Tag.“

Ich stieg den Niedergang hoch. Da war der liebe Willie, der vorsichtig auf dem gewölbten Poopdeck balancierte, mit einer Hand den Besanbaum umklammerte und mit der anderen den Henkel eines Picknickkorbs festhielt. Er strahlte mich mit einem so breiten Lächeln an, dass ich glaubte, seine beiden Backenbarthälften würden nie mehr zueinander finden. Als

Sissie ihm den Picknickkorb abnahm, sang er: „Guten Morgen? Guten Morgen?“ Dann schaute er nach oben, als würde er ein Gebet zum Himmel schicken.

Während er so nach oben schaute, studierte ich Willie. Er hatte sein schwarzes Hemd und den Priesterkragen abgelegt und erstrahlte nun in einem roten Sporthemd (etwa in der Farbe von Elmyrs Corvette) und Khakishorts, die bis zu seinen weißen, knubbeligen Knien reichten. Er sah aus, als müsste er gleich die Kathedrale von Southchester an die feindliche imperialistische japanische Armee übergeben. An den Füßen trug er kurze schwarze Nylonsocken und blitzweiße Tennisschuhe. Mit seinem roten Gesicht, frisch geröstet trotz der milden Novembersonne, seinem sich schälenden Glatzkopf und seinem leuchtenden grauen Backenbart sah er, von der Kleidung einmal abgesehen, wie einer der lustigen, gutgenährten Landjunker aus, die man auf Bildern von Fuchsjagden sehen kann oder wie ein Kutscher aus dem frühen neunzehnten Jahrhundert, der zur Weihnachtszeit durch einmeterhohen Schnee stapft. Er sah aus, als würde er einer Reklame für Pickwick Tee entstammen. Bevor ich mich ebenfalls nach oben wandte, um nach einer Brise Ausschau zu halten, wusste ich dass Gott da oben war, und die Welt schon in Ordnung halten würde. Willies Gesicht bestätigte meine Meinung.

„Morgen Willie, nicht viel Wind bis jetzt – das heißt, eigentlich gar keiner. Wir sind ein bisschen früh dran ... vor einer halben Stunde wird es nicht anfangen, zu blasen“, sagte ich ihm.

„Der Herr tut alles zu seiner Zeit?“, sagte Willie.

„Oh, schöne Bescherung“, quietschte Sissie hinter mir, „dann mach’ ich wohl besser mal Tee!“

In guter englischer Tradition, heilig überall dort, wo die Sonne (früher) nie unterging, war dies Sissies sofortige Reaktion auf jede Art von Krise. Ich glaube, wenn *Cresswell* jemals in Gefahr geraten würde, in den blauen Tiefen zu versinken, würde Sissie mit einem Teekessel und einem Zuckerlöffel ans Herz gedrückt, untergehen. Genau so fröhlich vor sich hin summend wie Sissie und erstaunlich beweglich für sein Alter, stolperte und rutschte Willie ins Cockpit. Sissie marschierte nach vorn zu ihrem Versteck unter dem Vorschiff. Dort lag ihre riesige Reisetasche auf einer Seite im Dämmerlicht, wie ein vollgefressener, alter Pascha. Innerhalb von Sekunden kam sie mit einem blütenweißen Tischtuch in der einen und einer Schachtel in der anderen Hand wieder hervor. Als Willie sicher unten war, legte sie die Tischdecke mit großer Eleganz über das mit Öl und Salzwasser verzierte Kajütdach. Sie nahm ein klirrendes Teeservice aus der Schachtel und breitete es auf dem Tischtuch aus. Schlagartig war *Cresswell* von einem halb ausgemergelten, abgearbeiteten und umgebauten Rettungsboot in Kleopatras Prunkschiff verwandelt.

Während ich sprachlos zusah, wie mein Schiff sich in das Glanzstück einer jeden Bootsausstellung verwandelte, lächelte mich der Bischof an: „Vernünftige Bibliothek da unten?", brummte er, „ich denke, die leistet dir Gesellschaft, wenn du alleine bist?"

„Ja, durch die Bücher lerne ich mich selbst besser kennen", sagte ich widerwillig. Für mich war es nicht die richtige Zeit für eine literarische Konversation, zumal ich beobachtet hatte, dass die kleine Schäfchenwolke über der Kathedrale droben auf dem Hügel der Altstadt in Bewegung war und ich hoffte, dass es bald Wind geben würde.

„Ja?", sagte Willie, „wie oft suchen geplagte Herzen Trost in einem guten Buch und finden darin Erquickung und Frieden."

„Oh, der liebe Tristan schwärmt für's Lesen, nicht wahr, Liebling?", bemerkte Sissie.

„Richtig, besonders vor einer Küste mit auflandigem Wind, wenn ein verd... ein starker Sturm aufkommt, und wenn das Buch der *Admirality Pilot* für diesen Teil der Küste ist."

„Ach ja? du hast deinen Piloten und ich habe meinen", sagte Willie, „aber ich habe den Verdacht, dass es für uns alle der gleiche Pilot ist."

„Nur wenn er nachgetragen und auf dem neuesten Stand ist", fügte ich hinzu.

Willies Gesichtsausdruck war etwas verwirrt, aber gütig.

„Tristan meint, er muss seine guten alten Karten und Handbücher und allen Kram ... ganze Bündel davon und Pläne und Sachen absolut immer auf dem Laufenden halten, bis hin zu den furchtbarsten Kleinigkeiten, nicht wahr, Liebling?"

Sissie schenkte Tee ein – nicht den normalen Lipton's für Willie. Dies war Original Fortnum und Mason's Burma Tee aus einem Geheimvorrat in der rätselhaften Reisetasche.

Ich bewegte mich auf Zehenspitzen über das Teegeschirr aufs Vorschiff, um die Festmacherleinen zu klarieren. Nelson lag auf dem Vordeck, mit dem Kopf auf einer Vorderpfote, und schaute nach achtern hin zu der morgendlichen Teegesellschaft. Ich beugte mich hinab, um ihn am Ohr zu kraulen, und er gab einen tiefen Seufzer von sich. „Ja, ich weiß, mein Alter“, sagte ich zu ihm.

Als ich alle vorderen Festmacherleinen bis auf eine weggenommen hatte, schien *Rosalinda*, der alte Schoner an dem *Cresswell* festgemacht war, im Morgendunst zu zittern, als wenn sie wüsste, dass ihre kleine Freundin, die für vier Tage mit ihr Händchen gehalten hatte dabei war, sie zu verlassen, um sie wieder allein der traurigen Gesellschaft ihrer leise knarrenden und in der Nacht jammernden Schwestern zu überlassen. Ich fühlte das und langte gerade hinüber, um das mit Narben übersäte, verrottende graue Holz des Wracks zu tätscheln, als die Stimme das Bischofs zu predigen anfing: „Wie ich sehe, hast du alle Werke von Shakespeare?“

Ich gab keine Antwort, *Cresswells* Abschied von der sterbenden *Rosalinda* machte mich zu melancholisch.

Sissie stimmte ein: „Oh, der liebe Tristan betet Shakespeare an.“

„Ich finde meine Antworten bei Bard“, Willies Stimme schien die Teelöffel zum Klingeln zu bringen, „wenn ich seine Werke lese, hört alles Fragen für mich auf?“

Ich nahm die Bändsel des Großsegels weg und schaute ihn an. Er hatte eine Teetasse in der einen Hand, die andere war an seine Brust gepresst. Seine Stimme donnerte weiter: „All’ meine Sorgen ... all die Verirrungen des Lebens ... sie scheinen ihre Bedeutung zu verlieren. Ich bin ein Novize zu Füßen meines Erzbischofs, der alle meine Ängste kennt doch darüber lächelt?“

Ich glitt an Willi vorbei und machte die Achterleinen los, dann trottete ich wieder zur Vorleine und holte sie ein; wir lagen jetzt fest an *Rosalinda* gedrückt. Geräuschlos und langsam glitt *Cresswell* über die ölige Oberfläche des Hafens und entfernte sich vom Schiffsfriedhof. Die ganze Zeit starrte Sissie auf den lieben Willie, lächelnd, bewundernd und der Wichtigkeit seiner Worte bewusst. Als ich an ihr vorbei musste, schoss ich einen kurzen, dunklen Blick auf sie ab, und sie bückte sich, um das Tischtuch wegzunehmen.

Des Bischofs Stimme dröhnte weiter und weiter. „Der Hauptgrund, warum ich stolz bin, ein Engländer zu sein, ist der, dass Shakespeare ebenfalls Engländer war?“

Sissie setzte die Fock, und ich brachte das Großsegel hoch. Der Großbaum polterte in der absoluten Flaute über das Deck und erwischte Willie fast unter dem Ohr. Ich fühlte ein wenig Enttäuschung darüber, dass es ihm gerade noch gelungen war, sich zu ducken. Dann kam ein winziger Windhauch in die Segel, und meine Aufmerksamkeit war voll auf das Manövrieren im spiegelglatten Hafenwasser gerichtet. Für einen kurzen Moment, irgendwo im Hintergrund meines Gehörs, nahm ich halb wahr, dass die Stimme des Bischofs nicht mehr dröhnte und vibrierte, sondern nur noch ein leises Murmeln war. Aber ein Segelschiff braucht Liebe und Aufmerksamkeit, und sei es auch nur ein Lufthauch, mit dem es arbeiten kann. Für diesen glücklichen Moment vergaß ich den lieben Willie.

Widerwillig bewegte sich *Cresswell* vorwärts, mit der Geschwindigkeit einer rheumatischen Schnecke. Dann, wie um uns zu verspotten, verschwand auch dieser Hauch von einer Brise. Nur einige Meter von den schweigenden, alten Schonern entfernt, ließ *Cresswell* die Segel hängen, es war so peinlich wie bei einer Schauspielerin, die ihren Text vergessen hat. Einige Seevögel auf morgendlicher Futtersuche flogen herüber mit der Absicht uns zu verhöhnen, aber sobald sie Willies Stimme hörten, änderten sie ihr Vorhaben und flogen weg, auf der Suche nach einem Fischerboot. Das war ein besseres Ziel für sie; sie konnten ihr Gehör schonen in der weisen Einsicht, dass sieben Uhr morgens nicht die richtige Zeit für eine Lektion über Shakespeare ist. Am Abend, mit einer Flasche Rum auf dem Kabinentisch und dem goldenen Schein der Öllampe auf den Bücherschapps, sicherlich. Aber mitten im Hafen, mit gesetzten Segeln und ohne Wind, ist Shakespeare absolut *out.* Conrad oder Kipling, vielleicht. Shakespeare, nie! Dass die Möwen wegflogen, war vielleicht auch nur der Tatsache zuzuschreiben, dass Nelson immer noch auf dem Vordeck lag, ihre Absichten erraten und sie angeknurrt hatte.

Der Bischof saß nun oben auf dem Kajütaufbau in seinem roten Hemd, mit Knubbelknien, schwarzen Socken und rotem Gesicht. Sein Mund öffnete und schloss sich, als er mit seiner Predigt fortfuhr und die Stille des Hafens störte.

„... und oft alleine zu sein, kann natürlich dazu führen, dass man sich selbst besser kennen lernt?“ Der fruchtige Bass durchbrach die stille Morgenluft und breitete sich über dem trüben Hafenwasser aus. Hundert Meter weiter starrte uns ein Matrose an, der auf dem Vorschiff eines Fischerbootes geschlafen hatte, und schüttelte den Kopf. Auf dem Stadtkai, hundertfünfzig Meter weg, unterbrachen die Fischweiber das Feilschen mit ihren ersten Kunden, als die röhrenden Noten der Kathedralorgel sie in ihrer vollen Herrlichkeit überrollten und weiter in die engen Gassen der Altstadt vordrangen. Sie fragten sich sicher, ob sie nun Zeugen der Wiederholung von Josuas beachtenswerter Schlacht um Jericho würden. Aber die Mauern standen fest gegen den detonierenden Bass von Willies Stimme.

„... vielleicht brauchen wir die Einsamkeit, um andere Menschen zu finden? Sogar der Erlöser selbst hat die Menschheit durch seine Einsamkeit in der Wildnis gefunden?"

Still schaute ich mich im Hafen um. Ich blickte zum Himmel. Ich peilte nach Osten, Westen, Süden und Norden, während die Stimme des lieben Willie hämmerte, schmetterte und läutete und die Heiligkeit des Augenblicks, die vor dem Aufkommen des Windes entsteht, zerfetzte.

Ich schaute auf Sissie, die damit beschäftigt war, Willie zu bewundern. „Kannst du vielleicht das Frühstücksgeschirr in den Eimer packen", sagte ich, wir spülen mit Seewasser, wenn wir aus dem Hafen raus sind. Falls wir jemals aus dem Hafen rauskommen!"

Der Großbaum kam wieder über. Willie bückte sich gerade im letzten Moment, aber er verlor kein Wort von seiner Predigt. „Es muss wunderbar sein, wenn man in der Einsamkeit Zufriedenheit findet? Zufrieden mit sich selbst? Im Frieden mit sich selbst? Und ganz besonders, wenn man sich eine bestimmte Aufgabe gestellt hat, wie zum Beispiel die Überquerung eines Ozeans in einem kleinen Boot?"

„Kein Wind", brummte ich hinter dem Rad hervor, das lasch und ohne Widerstand in meinen Händen war.

„Ah, der Wind und das Wetter?" nebelhornte er hinunter zu Sissie, die jetzt in der Kombüse war. Dann kam sein Kopf wieder hoch, und er verschränkte die Hände vor seinen Fischbauchknien. „Wie viel Freude muss es bereiten, ein Mann des Wetters zu sein? Wie glücklich muss ein Mann sein ... körperlich gesund, und im Frieden mit sich selbst, wie du ...", er nickte zu mir herüber, „... wie glücklich muss er sein, wenn er mit dem Wetter, und für das Wetter lebt? Für einen solchen Mann kann es kein schlechtes Wetter geben. Jeder Himmel, wie gefährlich er auch sein mag, muss für ihn seine eigene Schönheit haben. Ein Sturm, der sein Herz pochen und sein Blut rasen lässt?"

„Kein Hauch", sagte ich, „nicht mal ein verd... nicht mal eine Mütze voll Wind."

„Armer Tristan Liebling. Er ist so prima geduldig", kam Sissies Stimme aus der Kombüse. „Noch Tee?", fragte sie den Besanmast.

„Nicht mal ein Affenfur... nicht mal ein Affenhauch“, brummte ich und drehte das Rad frustriert in beide Richtungen, so sehr, dass die Seilführungen des Ruders unter der Achterkajüte bis an den Anschlag kamen. „Nicht mal ein Schei... nicht mal ein Scheibchen Wind!“, beschwerte ich mich.

„Was für ein bemerkenswerter Ausdruck? Ein Scheibchen Wind?“

Ich peilte durch den dunstigen Sonnenschein. Ich starrte auf die Hafeneinfahrt, eine halbe Meile entfernt und sah, wie die dahinterliegende See schillerte und schimmerte. Aber sie hatte eine bleierne Farbe, und es war mir vollkommen klar, dass das ganze westliche Mittelmeer mit allen seinen vier Winden jetzt schmollte, nachdem es wusste, dass der liebe Willie es befahren wollte. Es schien, als hätten die Götter des Windes und der See ihre Läden einfach zugemacht und wären zum Golfspielen gegangen.

Alles war plötzlich wie tot ringsherum. Ich erwartete irgendwie, dass als Nächstes ein Sarg um die Hafenmole herumgeschwommen käme, mit der mausetoten Lady von Shalott drin, ein Arm seitlich heraushängend.

„Kein Wind, Liebling? Nicht einmal ein winziges Bisschen?“ quietschte Sissie aus der Kombüse.

„Nicht eine Wurst,“ knurrte ich zurück. „und der Himmel ist tot wie eine verd... wie eine verdrießliche Fliege.“

„Der Herr wird’s schon geben“, brüllte Willie, und gerade als er das sagte, kam der Großbaum über und erwischte ihn, klatsch, am Ohr.

Ich fühlte mich gleich besser und sagte: „Achtung, er kommt vielleicht zurück.“

„Ah, Unfälle kommen in den besten Familien vor.“ Seine Stimme hatte nun etwas Schmerzliches und war einen Ton leiser, als er diesen Satz der Königin Victoria rezitierte.

„Geht’s dir gut, Liebling?“ schrie Sissie

„Gäbe es keine Schmerzen, so könnten wir nie erfahren, was Glück bedeutet“, röhrte Willie.

„Was soll ich sagen, wie super tapfer du bist“, schrie Sissie, „einfach großartig. Nur eine Sekunde, Alter – gleich hab’ ich Tee fertig, nur einen Augenblick.“

Nelson, vorne auf dem Vorschiff, stand auf und seufzte, dann, wie fasziniert von Willies Auftritt, legte er seinen Kopf wieder auf eine Pfote, starrte auf den Bischof und blinzelte. Ich schaute herum. *Cresswell* lag vollkommen still wie ein Stein. Die Segel hingen runter wie die Taschen eines Seemanns nach einem Landgang. Der Himmel über uns und das

Wasser um uns herum sahen aus, als wenn die Welt sich entschlossen hätte aufzuhören, sich zu drehen. Den Hügel hinauf schien das messingfarbene Sonnenlicht auf die Mauern der Altstadt, die es golden und rosenrot über den weißen Häuschen der Unterstadt zurückwarfen. Gegen See hin gab es keine weißen Stellen, keine Brecher, keine Wellen, keine Bewegung am Horizont. Alles schien im Stillstand zu verharren als unerbittliche Entrüstung über Willies Stimme.

Es war wie beim Kirchenbasar in Aberdeen, oder wie fünf Minuten vor der Öffnungszeit eines Pubs in London, mit *Cresswell*, Nelson, Sissie, Willie und mir in der Warteschlange. Zitternde Kunden, die es kaum erwarten können und voller Verzweiflung durch die Butzenscheiben in den Barraum starren, um zu sehen, ob die Zeiger der Uhr sich wirklich bewegen oder ob es nur eine Attrappe ist, die zu uns zurückschaut und unsere eigene Existenz in Frage stellt.

Ich drehte mich wieder zum Niedergang hin und sah Sissies kornblaue Augen, die tiefe Sympathie für mich ausdrückten. „Ach, lieber Tristan – Tee?"

Der Großbaum kam wieder über. Willie duckte sich wieder. Der Großschotblock quietschte und erhöhte meine Frustration. Auf dem Vorschiff machte das dumpfe Poltern der Fock meine Hände am Rad nervös und gereizt. Die Häuser auf dem Hügel, der Turm der Kathedrale, die Fischerboote am Stadtkai, das bleierne Wasser, der tote Himmel und die Stimme des Bischofs, die brüllte, schrie, heulte, läutete und dröhnte, alle zusammen sangen im Chor das zwölfte Gebot des Seemanns: „Du sollst nicht mit einem Mann in schwarz zur See fahren."

Willie war jetzt bei einem Thema, das ihm sehr am Herzen lag – Fröhlichkeit. Während ich auf den Himmel und die Segel glotzte, röhrte er weiter: „Natürlich müssen wir uns beim Herrn für die kleinen Segnungen bedanken? Wenn wir sie aufzählen, müssen wir uns daran erinnern, dass wir zusammen mit dem Rest der Menschheit leiden? Wir dürfen nicht denken, dass Fröhlichkeit eine Sünde ist?"

Sissie gab mir eine Tasse Lipton's Tee in die Hand und maulte: „Warum werfen wir nicht die gute alte Maschine an? Zumindest würden wir aus diesem schrecklichen Hafen herauskommen."

Auf *Cresswell* war es eine unverzeihliche Sünde, über den eisernen Judas zu reden, der da unten herumlungerte. Doch da die Verantwortung für die Sünde komplett auf Sissies Schultern lastete, wurde ich wieder munter.

„Ich hab' nur noch ein paar Liter Diesel übrig“, sagte ich zu ihr, „aber wir haben zumindest genug, um die Mole zu runden. Vielleicht finden wir eine schwache Brise da draußen“.

„Spitzenidee, Liebling, soll ich das verflixte Ding anwerfen, oder willst du?“ Sissie stand vor mir, wie ein nervöser Bote vor einem Spartaner-Befehlshaber bei den Thermophylen.

Ich wagte einen Blick auf den Bischof, der im Augenblick ruhig war. Er sollte auf keinen Fall merken, dass ich Sissie in der unmöglichen Enge unter dem Luvdeck den Launen der vertrackten Starterkurbel auslieferte. Es war, als ob sie mich gefragt hätte, ob ich einen imaginären schwachsinnigen Bruder aus der Vorschiffkoje herauslassen und damit ein Familiengeheimnis preisgeben wolle. Aber der Bischof lächelte mich immer noch an und Gott, von dem ich inzwischen gedacht hatte, er wäre in Ferien gegangen, saß immer noch auf seinem Platz im Himmel.

„Nein, wir machen es wie immer“, knurrte ich und warf Sissie einen Blick zu, der selbst Kublai Khan zum Schweigen gebracht hätte. „Nimm' du das Rad und halt' auf die Ausfahrt zu. Ich werde die versch... verschönerte Maschine anwerfen.

„Verschönerte Maschine?“ röhrte Willie.

„Ja, sie sieht schön aus, wir haben sie neulich in Formentera neu angemalt.“

Ich öffnete die Klappe zur Maschine. Fast den Tränen nahe vor Scham und Enttäuschung, weil es mir nicht gelang, *Cresswell* unter Segeln hinauszubekommen, und von den alten Schonern immer nur erst ein paar Meter entfernt, starrte ich über mein Schiff wie ein Irrer, der nicht weiß, in welche Richtung er laufen soll, nachdem er die Mauer der Anstalt überklettert hat.

Nachdem Sissie das Rad in den Händen hatte (eine seltene Auszeichnung), wurde sie romantisch. „Ach, mein lieber Willie“, sprudelte sie, „wie sehr ich mir wünschte, dass Fräulein Benedict jetzt hier wäre. Es hätte ihr sicher furchtbar viel Freude gemacht. Oh, was für ein blödes Pech. Ich hoffe, sie gewinnt das Turnier.“

„Wir wollen jetzt besser nicht über Krocket reden“, lächelte Willie. „Schließlich sind wir hier, um einen tollen, rauschenden Segelausflug zu genießen, nicht wahr?“ Er sah mich schweigend an – die bedrückende Stille, die immer entsteht, bevor die Maschine eines Segelschiffs anspringt – und nachdem sie abgestellt wurde.

Voller Boshaftigkeit presste ich Öl in meine alten Feinde, die zwei Zylinder. Wild drückte ich meinen alten Widersacher, den Dekompressionshebel, nieder. Mit brutaler Gehässigkeit attackierte ich meine alte Gegnerin, die Anlasserkurbel, während Willie röhrte: „Erinnert mich an meine alten Tage, als ich mit Algernon und Bertie bei Windsor auf der Themse schiffte ...“

„Der liebe alte Algernon, ach war der süß ... er hat mich auf seinen Knien reiten lassen ... furchtbar nett“, quietschte Sissie.

Als ich die Kurbel zum dritten Mal drehte und Schweiß ausbrach, fühlte die Maschine endlich meine wilde Entschlossenheit und entschied sich zum Nachgeben. Mit einem ersten Rülpser, quasi als Entschuldigung, dann mit einem Husten, kam sie schließlich stotternd zum Laufen. Ich ließ die jetzt überflüssige Kurbel fallen, lehnte mich über die laut nagelnde Maschine und zischte: „So, du Sauhund, wenn du vor Ablauf einer halben Stunde stehen bleibst, dann schraub’ ich Dich auseinander und es geht hinab in die Tiefe!“

Die Maschine ließ einen Takt aus, als würde sie schwören, sie würde mich im Traum nicht hängen lassen, und lief dann weiter.

„Und die verdammte Stimme dort oben will ich auch für eine halbe Stunde nicht mehr hören! Verstanden?“ Ich kickte die Klappe zu und steckte meinen Kopf aus dem Niedergang heraus. Unglaublich, aber Willies Stimme war immer noch vernehmbar. Ich ging wieder zurück und schraubte mit einem Schlüssel den Drehzahlbegrenzer los, um mehr Leistung, und hoffentlich mehr Lärm, aus der Maschine herauszuholen.

Ich hatte keinen Erfolg. Selbst mit Vollgas und offener Klappe zum Maschinenraum, war der liebe Willie allen Anstrengungen der Maschine weit überlegen. Ich zog mich geschlagen auf das Vorschiff zurück, setzte mich neben Nelson und ließ mir die flatternde Fock um die Ohren schlagen. Das Geräusch der Fock, zusammen mit dem Flappen des Großsegels, dem Quietschen der Blöcke und dem Schlagen der losen Fallen, halfen Willies Stimme zu übertönen, aber nicht ganz. Wie ein durchdringender Geruch triumphierte seine Stimme über all den Lärm.

Willie gab Sissie eine Lektion in Kunst, Sissie musste den Besuch in Elmyrs Villa am Tag zuvor erwähnt haben. „... und natürlich sind Werke der Kunst die einzige Möglichkeit, mit der wir miteinander wahrhaft kommunizieren können, total und ohne Einschränkungen?“

Ich schaute nach achtern, während *Cresswell* durch das glasige Hafenwasser glitt. Sissie antwortete ihrem Bruder, sie neigte den Kopf nach einer Seite und schielte. Ich sah, wie sich ihre Lippen bewegten, aber ich hörte kein Wort.

Seine Stimme sang weiter: „Ja, natürlich das Problem von Kunst und Moral ... der Zusammenhang ... ach, liebe Cecilia..." (Cecilia?) „... es wird zu oft behauptet, das wäre nur ein Problem auf der Seite der Kunst? Unsere Sorte von Menschen nimmt zu oft an, dass unsere moralischen Grundsätze ausreichend und richtig sind, zumindest in der Theorie, und meist auch in der Realität? Wir scheinen immer infrage zu stellen, auf welche Weise die Kunst sich unseren Vorstellungen von Moral zu beugen habe?"

Willie dröhnte weiter und weiter. Ich legte mich hin und schob meinen Kopf unter Nelsons Hals. Er hob seinen Kopf und leckte mein Ohr. Ich stöhnte. Ich hob meinen Kopf und grinste ihn an. Er grinste zurück. Ich stöhnte wieder. Er winselte als Antwort. Sogar das vorbeiziehende Hafenwasser sah erschöpft aus.

Die See war glatt wie ein Mühlenteich, sogar als *Cresswell* eine Meile draußen war. Es war klar, dass wir den ganzen Tag keinen Wind spüren würden. Heute würde es kein Wiegen im Schwell der See geben, kein Sirren des Windes in den Wanten, nicht mal das sanfte Säuseln einer schwachen Brise. Es würde mit Sicherheit kein Segeln am Wind geben, bei dem die Gischt in unsere Ausschau haltenden Augen spritzen würde, keine plötzlichen Böen, die Willie ängstlich machen und zum Schweigen bringen würden, wenn auch nur kurz, was momentan mein innigster Trost gewesen wäre. *Cresswell* würde heute keine Grundseen spüren und nicht die stolze Freude empfinden, sie zu meistern, wie immer und immer wieder, seit ihrer ersten Fahrt im Jahre 1908. Heute würde ihr Rumpf nicht erzittern, wenn sie aus dem Windschatten der Berge an Land herauskommen würde. Heute würde sie tot bleiben, eine unbelebte, von Menschen zusammengefügte Masse aus Holz und Metall – wie ein Haus an Land. Heute würde man ihr Herz und ihren Elan nicht spüren, ihre Seele und ihre Träume, alles das, was in ihr steckte. Heute würde sie das Spucken der See nicht spielerisch über ihre Schultern werfen und uns mit Gischt bespritzen. Sie würde uns heute nichts erzählen über die gewaltige Lebensfreude der See und aller Kreaturen darin.

Ich schaltete die Maschine aus. Sorgenvoll wurde *Cresswell* langsamer und lag dann tot in der toten See. Sie wälzte sich träge.

„Kein Grund weiter zu fahren", murmelte ich und kam von der Maschine unten hoch. Wir haben gerade noch genug Diesel um zurückzukommen ... es sei denn, ihr wollt rudern."

Willie war gerade im mittleren Teil einer Predigt über die Zufriedenheit. „„... und das Maß an Zufriedenheit, das wir im Leben bekommen, hängt von unserem eigenen Einfallsreichtum ab?"

„Oh Liebling, du musst dir überhaupt keine Sorgen machen, der liebe Willi ist furchtbar glücklich."

„„... die aber, die herumsitzen und darauf warten, dass die Zufriedenheit auf uns herabfällt ..."

„Also, wir sitzen hier fest. So schlecht ist das gar nicht. Vielleicht kannst du ihn zum Schwimmen überreden."

„„... finden nur Langeweile an ihrer Stelle?"

„Oh was soll ich sagen, was für eine großartige Idee!"

„Also wenn ich du wäre, würde ich ihn sobald wie möglich über die Seite kriegen, nur im Fall, dass Wind aufkommt. Man kann ja nie wissen".

„„.. und obwohl jemand mit seinen Lebensumständen zufrieden sein kann, wird er das natürlich mit seinen Errungenschaften nie sein?"

Willie schwelgte in den idealen Lebensumständen eines Predigers, dem die höchste weltliche Errungenschaft zuteilgeworden ist: Er hatte Gefangene als Zuhörer. Der einzige Ausweg war über die Seite, entweder er oder ich. Ich würde es sicher nicht sein – ich kann nämlich nicht schwimmen.

Bald erschien Sissie in ihrem schwarzen Einteiler, in dem sie wie eine Teilnehmerin bei der Schönheitskonkurrenz von 1922 aussah. Der Bischof hatte inzwischen Hemd, Socken und Tennisschuhe abgeworfen und kletterte über das Ruder, während ich fröhlich zusah. Sobald er im Wasser war, sagte er wenig, obwohl er zuerst eine Rede darüber zu halten versuchte, wie gut und schön es sei. Danach murmelte er nur noch leise zu Sissie. Als ich ihnen nach etwa einer Stunde erzählte, in der Nähe der Steilküste gäbe es eine Menge exotischer Fische (obwohl es keine gab), blieben sie da drüben, außer Hörweite, und ich legte mich auf dem Kajütdach in die Sonne, um meine ausgefransten Nerven zu stärken. Nach einer Weile waren leise Tritte zu hören, und Nelson legte sich neben mich. Und so hatten wir einen ruhigen, sonnigen Vormittag.

Als die Sonne in ihrem Zenit stand, erreichte die rollende, dröhnende und unermüdliche Stimme das Schiff wieder wie ein Schauer. Während

Sissie gelegentlich Bestätigung und Zustimmung murmelte, lehrte und predigte er zu Sissie und fünf umherfliegenden Seemöwen über Enttäuschung. Wahrscheinlich hatten sie ernsthaft nach den exotischen Fischen gesucht.

„... und Belloc schreibt, dass er einen Freund hatte, der ihm in seinen frühen Jahren erzählte, er hätte sich entschieden immer nur das Schlimmste vom Leben zu erwarten? Somit würde er niemals eine ... (Spucken) ... Enttäuschung erleben? Belloc schreibt, dass er seinen Freund mit dieser Lebenseinstellung lange Zeit beobachtete und zuletzt feststellte, dass der abgrundtief enttäuscht war?"

Von Sissie kam ein Lachen. „Oh, mein lieber Willie ..." Ihr Haar kam über dem Ruderkopf hoch, während mein Herz nach unten bis in die Bootsschuhe rutschte. „... so unbeschreiblich klug, so schrecklich und furchtbar lustig", sagte sie im Vorbeimarschieren und verteilte einen Regen von Seewasser von ihren Speckfaltenschenkeln über das Deck und über mich.

Aber es gab auch Trost an diesem windlosen Tag vor Ibiza. Willie reichte den Picknickkorb herauf, den er mitgebracht hatte. Sissie öffnete ihn und gab Aladins Wunder an kulinarischen Köstlichkeiten preis. Da gab es *pâté de foie gras*, die wir auf das Brot schmierten, das Sissie zwei Tage zuvor gebacken hatte, feinen Wiltshire Schinken, Apfelsauce aus Warwickshire, Cheddar und Lancashire und Caerphilly Käse, Keiller's Marmelade und Robinson's Konfitüre, geschlagene Sahne und Eccles Kuchen. Das alles spülten wir mit echtem Apfelwein aus Cornwall hinunter. Es war wie eine Feinschmeckertour durch die Kathedralenstädte von England, Schottland und Wales, und wir aßen in köstlicher absoluter Schweigsamkeit, mit der Ausnahme von Willie, der Kommentare über den Appetit herausdonnerte.

„Es ist etwas demütigend für mich ...", ein weiteres Sandwich mit Schinken verschwand im Schlund der Kathedralenorgel, „... festzustellen, welchen Einfluss die Eingeweide auf die Gedanken und die Lebenshaltung der Menschheit haben?"

Ich gab Nelson einen dicken Streifen Fett vom Schinken und überlegte, dass Sissie, Nelson und ich bestimmt nicht in den Himmel kommen würden, aber die Welt sicherlich gut zu den Geistlichen war. Und es fiel mir ein, was ein alter Fischer in Irland einmal zu mir gesagt hatte: „Die Sau eines Priesters, bei Gott, stirbt bestimmt nicht an Unterernährung!"

Nach dem Mittagessen lag *Cresswell* immer noch unbeweglich in der See, beschämt wie eine verschmähte Braut. Für zwei Stunden ging Willie wieder zum Schwimmen über die Seite, aber dieses Mal blieb er in der Nähe und bedachte mich mit seinen Kommentaren zu einem weiteren Themenkreis.

Freude: „Nur ein guter wacher Geist ist in der Lage, sich an den schönen und wertvollen Dingen im Leben zu erfreuen."

Glück: „Man hat gesagt, meine liebe Cecilia, dass der Augenblick des wahren Glücks dann eintritt, wenn man die Vorstellung von Glück von der Vorstellung des Reichtums trennt. Aber ich glaube, das stimmt nicht ganz – denke zum Beispiel an Prinz Elmyr?"

Heldentum (nachdem ihm Sissie gute zehn Minuten lang erzählt hatte, wie schrecklich und fürchterlich tapfer ich sei): „Ja, natürlich Cecilia, das Einzige das dem Heldentum und der Tapferkeit – ich meine die körperlichen Arten – irgendeinen Sinn gibt, ist der Tod."

Wie man sich vorstellen kann, stimmte mich das außerordentlich fröhlich.

Aber selbst die besten Tage gehen irgendwann zu Ende, und um drei Uhr nachmittags kamen Willie und Sissie, ein wenig erschöpft und jetzt wesentlich ruhiger, wieder an Bord. Ich startete wieder meinen Todfeind, den hämmernden Ischariot unter Deck, und er sprang nach der ersten hasserfüllten und schweißtreibenden Anstrengung an. Wie eine betrogene Ehefrau, den Bauch voller Wut und Enttäuschung, quälte sich *Cresswell* wieder in ihr Bett zwischen den alten Wracks. Sachte ging sie an der alten *Rosalinda* längsseits, und der ehrwürdige Schoner schien zu erzittern. Der winzige Stoß, den wir ihr versetzten, ließ die zerrissenen Drähte, die von ihrer verrottenden Gaffel herabhingen, tanzen und wackeln, als ob das alte Mädchen sich freute, dass ihre kleine Freundin zu ihr zurückgekommen war, um ihr in den langen Nächten Gesellschaft zu leisten und ihren Erzählungen über längst vergangene Tage zuzuhören.

Mit Ausnahme von Willies Stimme war *Cresswell* schweigsam. Sissie hatte die Segel aufgetucht und alle losen Sachen weggestaut. Willie, der wieder seine sportlichen Klamotten anhatte, streckte mir wieder seine zappelnde Flunder hin: „Danke für einen wunderschönen Ausflug, alter Kumpel?"

„Gern geschehen, es tut mir leid wegen dem Wind."

„Oh, mach' dir nichts draus. Man kann ja nicht alles haben, nicht wahr, und deine Gesellschaft war wunderbar?"

„Danke Willie", ich drehte mich um und überprüfte die Festmacherleinen. Sissie murmelte in meinem Rücken. Es war wie die Litanei in der Kirche, und Sissie sang die Antworten.

„Ja, was würdest du dazu sagen, mit Sissie heute Abend zum Essen zu kommen. Vielleicht können wir hinterher noch ein oder zwei Drinks nehmen?"

„Wäre prima." (Lehne niemals Nahrungsmittel oder Schnaps ab.)

Und so verging der einzige Tag meines Lebens, an dem ich mit einem Geistlichen segelte.

We have done with Hope and Honour, we are lost to Love and Truth,
We are dropping down the ladder rung by rung,
And the measure of our torment is the measure of our youth.
God help us! For we knew the worst too young!
Our shame is clean repentance for crime that brought the sentence,
Our pride is to know no spur of pride,
And the Curse of Reuben holds us till an alien turf enfolds us
and we die, and none can tell them where we died.

We're poor little lambs who've lost our way,
Baa! Baa! Baa!
We're little black sheep who've gone astray,
Baa-aa-aa!
Gentlemen rankers out on a spree,
Damned from here to Eternity,
God ha' mercy on such as we,
Baa! YaH! Bah!

(Wir sind fertig mit Hoffnung und Ehre, sind verloren in Liebe und Wahrheit,
Wir steigen die Leiter hinab, Sprosse um Sprosse,
Und das Maß unserer Strafe ist das Maß unserer Jugend.
Gott hilf uns. Wir kannten das Schlimmste in zu jungen Jahren!
Uns're Scham liegt in der Reue, für die Tat, die zum Urteil führte,
Unser Stolz ist, keine Spur von Stolz zu besitzen.
Und der Fluch von Reuben ist mit uns, bis hin zu fremder Erde,
Und wir sterben, und keiner weiß, wo wir starben.

Wir sind kleine Lämmer, wir haben uns verirrt,
Baa! Baa! Baa!
Wir sind kleine schwarze Schafe, abgekommen vom Pfad,
Baa-aa-aa!
Herren aus unteren Rängen auf einem Bummel,
Verdammt bis in die Ewigkeit,
Gott hab' Erbarmen mit solchen wie uns.
Baa! Yah! Bah!)

Rudyard Kipling *Gentlemen Rankers* (letzter Vers)
Die Whiffenpoofs Sänger der Yale University veränderten die Worte dieses Gedichts und vertonten es.

8 Kleine schwarze Schafe

Gegen sechs Uhr abends erstrahlte Sissie wieder im hellen Glanz ihres rosenbedeckten weißen Rocks und damenhaften Huts. Ich hatte meine Kordhosen an und ein sauberes T-Shirt – das einzige an Bord, wie sich herausgestellt hatte. Mit der Dämmerung kam die Zeit der gegenseitigen Bewunderung.

„Mein lieber Liebling Tristan, du siehst absolut perfekt und unheimlich entzückend aus!“, sprudelte Sissie und wollte wohl selbst ein Kompliment hören.

„Und du siehst aus wie zu einer Krönung!“, sagte ich. Das machte Sissie so verlegen, dass beinahe ihre Handtasche über die Seite in das dreckige Wasser des Schiffsfriedhofs gerutscht wäre. Sie zog an der Heckleine. Auf eine geheimnisvolle Art und Weise, auf die sich nur Frauen verstehen, hatte sie etwas mit ihrem Haar gemacht, und was sonst aussah, wie das Ende eines ausgefransten Hochspannungskabels mit hunderttausend Volt, glänzte jetzt wie ein Heiligenschein im Abendrot über ihren blauen Augen. Ihre weißen hochhackigen Schuhe ließen mich wieder einmal über die Ingenieurleistung staunen, den durch Frauenfüße hervorgerufenen Materialstress zu meistern. Sissie hielt sich am Achterstag des Besanmastes fest und spannte ihren Körper zum Sprung auf die Kaimauer. Dabei hatte ich die Vision, dass der Eiffelturm umgedreht auf seiner Spitze balancierte. Blitzschnell schloss ich daraus, dass hier ein besonderes Hebelgesetz zur Anwendung kommen musste, wie sonst könnten diese dünnen schlanken Absätze ihr Eigengewicht tragen, geschweige denn die achtundsiebzig Kilo einer englischen Gymnastiklehrerin? Das war offensichtlich auch die Frage, die sich die kleinen, dunklen Fischer stellten, die den Eingang der Bodega gegenüber dem Schiffsfriedhof bevölkerten. Während Sissie angeregt mit mir plauderte, stießen sie sich gegenseitig in die Rippen, sie reckten und streckten sich und starrten mit weiten südländisch-bewundernden

Augen auf dieses Bild einer blauäugigen Grazie, die an ihnen wie ein über die Toppen geflaggter Viermaster unter Vollzeug vorbeizischte und eine Duftwolke hinterließ, die mich irgendwie an die Landwinde in Antibes erinnerte.

Willie erwartete uns im Foyer des Hotel Montesol, sein Gesicht strahlte frischrot. „Cecilia, meine Liebe?“ Sein Röhren ließ die Bedienung hinter dem Schalter – ein Mann von ungefähr neunzig und einen Jungen von ungefähr dreizehn – fast bis an die Decke springen. Es war, als wäre General Franco höchstpersönlich in das Hotel einmarschiert. Mit aller Kraft, die sie zur Verfügung hatten, standen sie stramm und dann, als sie sich ein wenig erholt hatten, betätigten sie jede Klingel in Reichweite. Im Nu waren wir von einer Schule pinguinartiger Kellner umzingelt, die alle bewundernd auf Sissie und ihre prächtige Garderobe starrten.

Der Bischof hatte ebenfalls eine weitere Verwandlung durchgemacht. Er hatte jetzt einen weißen Anzug an, über einem hellblauen Hemd mit rundem Kragen.

„Lieber Liebling Willie! Wie schrecklich schön, dich wiederzusehen!“

Es schien, als wäre das Paar gerade von verschiedenen Enden der Welt zurückgekehrt, sie aus dem Hinterland der Kalahari Wüste und er von einer Mission durch die kanadische Arktis. Niemand hätte geglaubt, dass sie vor nur drei Stunden draußen in der Bucht zusammen gebadet hatten. Ich sah voller Bewunderung und einem Hauch von Traurigkeit zu. Hier und jetzt, auf der Höhe dieses imperialistischen Auftritts, wurde mir klar, dass es mit dem britischen Königreich endgültig zu Ende ging.

Willie wendete sich zu mir, seine Glatze glänzte im Schein des Kronleuchters im Foyer. „Und Tristan?“ Er flappte eine geistlich-huldvolle Flunder auf meine Schulter und geleitete uns, indem er Sissies fleischigen Ellenbogen packte, erstaunlich kraftvoll in den Speisesaal des Hotels. An einem schneeweißen Tisch, beladen mit Bestecken und Porzellan, erwies uns der Bischof die Ehre. Dank Willies Stimme gab es kein Warten auf Bedienung. Er musste nur über das Wetter reden, und sofort waren drei Ober und der Weinkellner um uns herum, als wären sie an Drähten aufgehängt und warteten auf die Befehle von *„su honra, el obispo“*, dem ehrenwerten Bischof.

Es war offensichtlich, dass es der Kellnerschaft ganz egal war, dass der Bischof der Anglikanischen Kirche angehörte, er hätte ebenso gut

Katholik, Methodist, Adventist des siebten Tages, kalifornischer Prälat der Mutterkirche oder sogar Buddhist sein können – solange er nur einen runden Hemdkragen trug, war alles in Ordnung. In Küche und Keller hatte es sich bestimmt herumgesprochen, die Speisen und Getränke waren vom Feinsten und der Brandy nach dem Essen war ausgezeichnet.

Als wir hinaus auf die Straße traten, waren unsere Bäuche voll mit gutem Essen und gutem Wein und unsere Ohren voll mit Willies Grundsätzen. „Man vergisst, wie unterentwickelt ... wirklich, wie roh das Leben außerhalb der Universitäten verläuft? Gespräche über Fernsehen, Kinofilme, Sport, Alltagsgeschichten, was heute im Büro passiert ist – solche Dinge? Kein richtiges Gespräch? Man ist erstaunt, dass das Leben überhaupt weitergeht? Die Menschen kümmern sich nicht um das, was wirklich wichtig ist?"

Als wir uns durch die engen Gassen bewegten, hallte Willies Stimme von den weißgetünchten Häuserwänden der kleinen Geschäfte zurück und ließ die Strohhüte und Matten, die da hingen, flattern und vibrieren. Wir gingen an den draußen sitzenden ibizanischen Familien vorbei, die in einer all-abendlichen Zeremonie ihren (zahlreichen) Nachwuchs präsentierten. Die Frauen drehten die Augen in Richtung Willie, ohne die Köpfe unter den schwarzen Tüchern zu bewegen. Alle Männer waren natürlich viel zu beschäftigt Sissie anzustarren, sie nahmen die röhrende Predigt des Bischofs noch nicht einmal wahr.

Willie war jetzt bei dem Thema Kinder: „Für Kinder ist die Kindheit kein besonderes großer Vorteil? Ewig haben sie Wünsche und Begierden, und sie bedauern es nicht, wie die Zeit vergeht?"

„Wir gehen zum „George and the Dragon", murmelte ich zu Sissie.

„... Das Leben eines Kindes ist voll mit mühseliger Fragerei: Wo warst du? Wie funktioniert das? Wie wird das gemacht? Die Antwort darauf ist natürlich wieder eine Frage: „Warum willst du das wissen?" Der Bischof war in voller Fahrt.

Sissie warf mir einen fragenden Blick zu.

„Die schreckliche Sache mit der Kindheit", dröhnte der Bischof, „ist, dass man uns gute Menschen zu bewundern lehrt, wenn uns doch nur interessiert, ob sie freundlich sind?"

„Es ist ein richtiger englischer Pub", zischte ich zu Sissie, „oben in Richtung Zentrum. Er gehört zwei Kerlen aus London – zwei Brüdern. Ich war neulich einmal da. Sie haben Watney's Bier und Bass Ale.". So etwas bewegt das Herz eines Seemanns.

„,... mit einem Kind zu reden, es zu faszinieren, seine volle Aufmerksamkeit zu gewinnen, ist viel schwieriger, als eine Predigt vor der versammelten Gemeinde zu halten, aber es ist auch viel lohnender, denke ich?"

„Oh, mein lieber Tristan, wie furchtbar großartig von dir, einen englischen Platz für den lieben Willie und mich auszusuchen". Sissie quetschte meinen Arm wie ein Nussknacker.

„Es wurde gesagt, um in den Himmel zu kommen, muss man ein kleines Kind werden?", sang Willie.

Aber der liebe Willie biss nicht an. Er palaverte weiter. „Ein braves Kind liebe ich nicht, weil es brav ist, sondern weil es ein Kind ist?"

„Oh lieber Liebling Willie", sagte natürlich Sissie, nicht ich.

„Aber Kinder wissen, wenn sie gönnerhaft behandelt werden", sagte ich, als wir die Treppe zum Pub erreichten, „sie wissen das und sie gehen sofort und direkt in die Verteidigung gegen dich, gegen jeden, der sie wie fremdartige Wesen behandelt – gegen jemand, der sie liebt, nur weil sie Kinder sind."

Mein Zorn kam nun hoch, verstärkt durch den Geruch schäumenden Bass Ale, der die Treppe herauf kam. „Es ist eine Art von beleidigender Diskriminierung, wenn du Kinder so behandelst, als wenn sie Schoßtiere wären. Kinder sind Menschen!"

Ich redete lauter, um den Song der kalifornischen Popgruppe „Mamas and Papas" zu übertönen. Blitzschnell wurde mir bewusst, dass es äußerst zutreffend war, wenn junge Leute, praktisch noch Kinder, ihre Gruppe aus wimmernden Piepsstimmen nach dem rührseligen Pseudonym der Autorität ihrer Eltern benennen. „Kinder sind Menschen!", wiederholte ich laut, gerade als die Musik zu Ende war.

Für einen heiligen Moment herrschte goldenes Schweigen in der winzigen überfüllten Bar. Dann kam eine raue Stimme aus einer dunklen Ecke und brüllte laut und angetrunken: „Kinder sollte man sich einmal ansehen ... und dann verdammt noch mal ausrotten!"

Die Musik setzte wieder ein, und ich kämpfte mich zur Theke durch. Ich schielte in die dunkle Ecke, aus der die bösartige Bemerkung gekommen war. Eine blonde Dame auf einem Barhocker rief mit tiefer, reifer, sonorer Stimme über die Schulter: „Ignorier' ihn einfach, Süßer, das ist nur Steel. Er meint das nicht so, er hat nur einfach ein paar zuviel."

Die Dame drehte mir ihren Kopf zu. Sie war ziemlich antik. Ich meine nicht alt, ich meine antik. Von hinten, mit einem kurzen Blick auf ihren schlanken Rücken, hatte sie den Eindruck erweckt, als wäre sie dreißig oder so. Sie drehte sich um, und selbst im Dämmerlicht der Bar, sah ich, dass sie mindestens achtzig war. Später erfuhr ich, dass sie in Wirklichkeit neunundachtzig war. Ihr Gesicht war schwer geschminkt, weißer Puder war großzügig über die Falten verteilt, und ihr Lippenstift war knallrot. Ihre Augen unter den überhängenden Lidern waren dunkelblau und schauten mich direkt an.

Ich entschied mich zu der Annahme, dass es sich um ein gutes ehrliches Gesicht handelte. Ich lächelte die Dame an. Ihre Fassade bekam Risse. Die Zigarette in ihrem Mundwinkel änderte die Richtung und schickte blauen Rauch in ihre Augen, die sie zur Abwehr einen Moment lang schloss, bevor sie weitersprach: „Steel ist ein Schriftsteller, und du weißt ja, wie die sind." Sie beugte ihren Kopf und schnippte Asche von der glitzernden Handtasche auf ihrem Schoß.

Ich grinste wieder und sagte: „Ja, natürlich, kein Problem, Süße."

Ich schielte wieder in die Ecke. Dort saß ein untersetzter Mann mit einem löwenähnlichen Kopf, von dem das Haar bis über die Ohren fiel. Sein Gesicht war groß und schwer, seine Backen hingen zu beiden Seiten seiner abgerundeten Nase herab. Als ich ihn zum ersten Mal anschaute, saß er zusammengesunken mit dem Kinn im Kragen seines Pelzmantels. Seine Augen waren geschlossen. Dann öffnete sich das eine Auge. Es starrte mich an wie ein bösartiger Knopf. Das andere Auge öffnete sich. Ein üppiger, feinfühliger Mund grinste, und das erste Auge blinzelte zu mir herüber. Ich lachte im Stillen und blinzelte zurück. Zumindest hatte er den Bischof für einen Augenblick zum Schweigen gebracht.

Ich blickte zurück zu der antiken Dame, die mich beäugte und studierte. Neben ihr an der Bar lehnte ein junger Mann aus Ibiza, etwa zweiundzwanzig und gut angezogen. Die Art, wie er mich betrachtete, empfand ich als feindselig. Ich bemerkte sofort, dass er der Beschützer der antiken Dame war. Ich lächelte ihn an und begrüßte ihn auf katalanisch, um ihn zu beruhigen. Sofort verschwand seine nervöse Anspannung, wie wenn man die Luft aus einem Ballon lässt.

Über der Bar war ein dunkler Holzbalken, auf dem jede Menge messingverziertes Pferdegeschirr hing; es vermittelte heimatliche Geborgenheit, obwohl es nicht echt war. Der Barmann war ein dünner, eiliger und erwartungsvoll blickender junger Mann mit schwarzem Haar und stechenden Augen. Er schoss in dem winzigen Raum hinter der Bar hin und her, als wäre er besorgt, dass bald das letzte Schiff die Insel mit all seinen Kunden verlassen würde, und er vorher noch alle seine Lagervorräte an den Mann bringen wollte.

Die sonore Stimme des lieben Willie übertönte sogar die Musik der Beatles aus einem riesigen Tonbandgerät über der Bar. „Einen großen Scotch mit Soda. Brandy oder Scotch Cecilia? Tristan?"

„Oh lieber Willie, Gin bitte, Booth's", wisperte Sissie die dicht hinter mir stand.

Die betagte Lady hatte Sissie zunächst angestarrt, dann, so plötzlich wie die Sonne in den Tropen durch die Wolken bricht, lächelte sie. „Wie ich höre, seid ihr Engländer", sagte sie kehlig. Es war eine Feststellung für die niedrigen Kasten und für die Welt im allgemeinen. Die Hand, die sie mir entgegenstreckte hatte einen weißen Handschuh an. „Ich bin Lulu", flüsterte sie rau.

Ich stellte Sissie und mich vor.

„Und das ist Eduardo", sagte Lulu und zeigte mit dem Kopf rückwärts auf ihren Begleiter. „Er spricht kein Englisch, aber er ist trotzdem sehr nett – du weißt schon, so auf ihre Art."

Sissie musterte Eduardo mit ihren stahlharten Nordseeaugen, er schien zusammenzusinken und sich ihr zur gleichen Zeit anzubieten. Er erinnerte mich für einen Moment an einen Schlangenzüchter, den ich einmal getroffen hatte, und wie der versuchte, eine Kobra zu fangen.

„Schrecklich nett Sie kennen zu lernen, alter Kumpel", schrie Sissie zu Eduardo hinüber.

Hinter Sissie brüllte Willie etwas über das Dartsboard, das dekorativ innen an der Hintertür zur Bar hing, offensichtlich neu und nie benutzt. In der Bar gab es noch nicht einmal Raum um sich umzudrehen, geschweige denn um Darts zu spielen.

„Man stelle einen Mann in einen Raum, wo er Darts spielen kann oder Domino", röhrte Willie, „oder in Ruhe die Zeitung lesen oder sich angeregt unterhalten kann, und man wird feststellen, dass er nicht so viel, so schnell oder so ungehalten trinken wird wie sonst? Es gefällt mir sehr, dass es hier noch andere Unterhaltungsmöglichkeiten gibt außer dem Trinken? Es müsste immer solche Möglichkeiten geben, in diesen Lokalen? Warum trinkt ein Mann? Um sich zu amüsieren? Und um all seine Alltagssorgen zu vergessen?"

„Scheißgewäsch", röhrte die Stimme von Steel, dem Schriftsteller aus der dunklen Ecke. Sie hatte einen flachen aber prägnanten New York Akzent. „Scheißgewäsch! Wofür geht er dann in den Puff, verdammt noch mal?"

Einen Moment lang gab es keinerlei Reaktion. Sissie drehte sich etwas bestürzt zu mir um, schenkte mir ein halbes Lächeln und gab den Rest Eduardo, dem schwülstigen Beschützer von Fräulein Lulu. Der schaute zuerst nach dem Bischof, der gerade Luft holte, dann seitwärts auf Lulu und mich, dann entschied er sich, dass dieses Spiel über seinen Horizont ging. Er entzog sich der Gefahr geistiger Abnutzung und starrte trübsinnig in seinen Whisky, für den Fräulein Lulu gerade aus ihrer kleinen Glitzerhandtasche bezahlt hatte. Wie ich mich erinnerte, hatte damals der Schlangenzüchter sich ebenfalls zum Rückzug entschlossen, und war mit seinem Jeep in einer Wolke von Staub im Busch verschwunden.

Ich schaute auf Steel, den Schriftsteller. Sein großer stattlicher Kopf war immer noch nach vorn geneigt und ruhte auf seiner Brust. Aber seine Augen waren weit geöffnet und blitzten. Er studierte den Bischof mit spöttischen Seitenblicken. Ich grinste ihn an. Er hob sein Glas, trank es aus und knallte es auf den winzigen Tisch vor sich.

Willie verkündete der Versammlung eine weitere Lehre von der Kanzel: „Es ist das Recht der Freundschaft, Unsinn zu reden und den geredeten Unsinn auch noch akzeptiert zu bekommen?"

„Maria hatte ein kleines Schaf, sein Fell war weiß wie Schnee", rezitierte die betrunkene Stimme aus der Ecke.

„Der Kerl ist ein verdammter Plagiator."

Dieses Mal lächelte ich nicht nur hinüber zu Steel, dem Schriftsteller, sondern schaute ihn aufmerksam an. Es muss ein gewisser Respekt in diesem Blick gelegen haben. Er schaute mich eine volle Sekunde an, und etwas ging zwischen uns hin und her. Er wusste, dass Willie seine Weisheit aus einem Brief von Charles Lamb an dessen Schwester Maria bezogen hatte. Einen Moment lang war ich verblüfft. Ich stellte fest, dass es eine Chance von eins in einer Million gab, dass jemand östlich von New York und südlich von London wirklich merken konnte, wie wenig originell der liebe Willie wirklich war, aber mir wurde blitzschnell klar, dass Steel der Schriftsteller die Situation erfasst hatte.

Steel stand auf. Er war ein bärenhaft großer Mann in seinem offenen Pelzmantel. Er steckte seine Arme nach oben und erreichte fast die Decke der Bar. Dann drängte er sich mit schwerfälligen Bewegungen durch die Menge, die sich am Fuß der Treppe aufhielt, schwankte leicht und grinste mich an. Danach war die Bar irgendwie viel leerer, so als wenn der Tower aus London verschwunden wäre.

Nun hatte Willie den Ring ganz für sich allein. Er predigte weiter: „Man hat mir gesagt, es gäbe einige amerikanische Autoren, die sich schon jahrelang kennen und sich doch noch nie bei Tageslicht oder nüchtern gesehen hätten?“

„Was für ein schrecklicher, langweiliger, kleiner Mann!“ stöhnte Sissie und meinte damit wahrscheinlich den verschwundenen Amerikaner. Alle Männer, die sie nicht leiden konnte, waren „klein“.

Ich beugte mich zu ihr hinüber. „Den *Thurber* kriegst du aus England.“

Sie hatte mich missverstanden: „Oh Tristan, ich wusste ja gar nicht, dass du Lewis Carroll kennst. Oh, ich liebe *Alice im Wunderland*“, schrie sie Fräulein Lulu an, „Sie auch?“

„Weniger, ich bevorzuge Hemingway“, antwortete die antike Dame, „er ist viel männlicher.“

Ich studierte Fräulein Lulu mit neu erwachtem Respekt – sogar ein wenig liebevoll. Auf ihre Art hatte sie versucht, Steel zu verteidigen, aber es hatte nichts genutzt. Sie hätte ebenso versuchen können, die Fähre nach Mallorca mit Hilfe ihrer Glitzerhandtasche zu versenken.

Aber bald zeigten die Whiskys, die Lulu sich hinter die Binde goss wie ein Landsknecht und Sissies Gin (Booth's London Dry, bitte – das schreckliche Zeugs aus Holland kann ich nicht ausstehen) ihre Wirkung, und die beiden Damen machten angeregt Damen-Smalltalk, das achte Weltwunder, während Willie freudestrahlend seiner bunten Zuhörerschaft im George and the Dragon „seine“ Meinung über Schriftsteller verkündete.

„Wenn da einer sagt, ein Schriftsteller wäre modern, dann meint er damit meistens, dass er von Leuten unter dreißig gelesen wird?“ Ich wusste nicht, wen genau er damit meinte, aber ich konnte mir vorstellen, wie sich ein halbverhungerter, tuberkulöser Orwell im Grabe umdrehte.

„Natürlich sind die meisten Schriftsteller depressiv – sie verlangen nach ewiger Bestätigung?“ Ich wusste nicht, von wem er diesmal abkupferte, aber ich dachte, es war von dem einen oder anderen Kunstkritiker.

Während Willies Orgelstimme auf mich über eine Rotte Barfliegen einstürmte, drehte ich mich um und schaute die Leute hinter mir an. Sofort fiel mir eine der hübschesten jungen Frauen auf, denen ich je begegnet bin. Sie war groß und gazellenhaft. Sie schaute auf ihren Begleiter – einen kleinen dicken Mann mit beginnender Glatze und dem verschlagenen Gesicht eines Buchmachers – als wäre er der Kapitän eines Rettungsbootes und sie würde darauf warten, dass er sie von der sinkenden *Titanic* holte. Sie hatte dunkelblondes Haar und ihr Gesicht war der Traum einer Skulptur, als wenn der Bildhauer Feder und Ahornblatt anstelle von Hammer und Meißel benutzt und eine ganze Ewigkeit an der Perfektion seines Werks gearbeitet hätte. Die Augen waren wie die einer Siamkatze, grau-grün, golden und tief. Es wäre banal zu sagen, ihr Lächeln erinnerte mich an Mona Lisa, aber es war tatsächlich so, mit der Ausnahme, dass die perfekt geformten Lippen geschlossen waren, weil es kluge Lippen waren, und nicht, weil sie schlechte Zähne verbergen wollten.

Die Erscheinung bemerkte, dass ich sie ansah. Ihre graugrünen Augen sahen mich an. Ihr Lächeln blieb, eingefroren. Sie blickte mich an, wie ich in ein Grab blicken würde. Es schien, als würde sie ins Leere hinein weinen. Verzweifelt. Sie schien ungefähr vierundzwanzig zu sein.

Ich änderte meine Blickrichtung und schaute ihren Begleiter an. Ich hatte vorher unbewusst wahrgenommen, dass er im Cockney-Akzent der Londoner Vororte sprach. Er war kleiner als ich. Er schaute mich mit seinen wässrig blauen Augen an und hob dabei eine Augenbraue hoch. Er war fett und schlaff. Im Schein der grünen Lampe über uns wirkte seine Haut wie die Schale einer Melone – blassgrün mit gelblichen Leberflecken. Ich schätzte, dass er etwa fünfundvierzig war, aber wie er mir später erzählte, war er erst zweiunddreißig.

„Engländer?“, fragte er.

„Waliser.“

„Oh, mein alter Herr war auch Waliser. Hatte eine Milchfarm in Hampstead. Was machs’te denn hier?“

„Ach, so herumhängen. Mein Schiff liegt im Hafen.“

„Aha? War selbst in der Marine. Wills'te was trinken? Ich heiss' Alf." Er drehte sich um und nickte der Erscheinung lässig zu die, wie ich jetzt bemerkte, ein hübsches graues Jackett über einer bis zum Hals hinauf züchtig geschlossenen Rüschenbluse anhatte. Darunter trug sie Schlafanzughosen aus Seide. „Und dieser Vogel hier ist Louise."

Die junge Frau zeigte keine Reaktion auf das, was Alf gesagt hatte. Sie starrte vor sich hin, als würde sie mit weit offenen Augen schlafwandeln.

„Sie trinkt nicht", sagte Alf, sie kommt gerade runter von einem Acid-Trip". Er schmunzelte. „Sie nimmt das Zeug, wie ein dummes Kind Süßigkeiten in sich hinein stopft! Ihr alter Herr ist so ein komischer Minister im Kabinett in Holland, und jetzt ist sie hier und schreit sich die Seele aus dem Leib, wenn sie nicht die Beine für die Einheimischen breit macht. Diese geilen Heinis, sie sind hinter ihr her wie der Teufel hinter der armen Seele, oder nicht?" Er lachte wieder, seine fetten Lippen schwabbelten, während er sich zwischen mir und Sissie zur Bar durchdrückte, wo Willie auf zwei gutgekleidete Herren mit weichen, glatten Gesichtern eindröhnte, die vor ein paar Minuten händchenhaltend hereingekommen waren.

Ich versuchte, mit Louise ins Gespräch zu kommen. „Aus welcher Gegend in Holland kommen Sie?" fragte ich so freundlich wie ich konnte.

Die grün-grauen Augen bewegten sich nicht. Der perfekte Mund öffnete sich kaum. Sie sprach mit einer tiefen, flachen, klaren Stimme: „Scheiß auf Holland."

„Ich war vor ein paar Jahren im Winter dort – in Volendam. Kennen Sie das?" Ich versuchte zu lächeln.

„Scheiß auf Volendam."

„Wie lange sind Sie schon auf Ibiza?", fuhr ich mutig fort.

„Scheiß auf Ibiza und scheiß auf dich." Immer noch keine emotionale Regung. Kein Anzeichen von irgendeiner Absicht, von Aufmerksamkeit, von Anwesenheit, von Gefühl. Das Gesicht, überwältigend in seiner Schönheit, zeigte nichts. Keinen Unwillen, keine Ablehnung, keinen Abscheu, keinen Hass – nichts. Nur eine kalte, eiskalte Schönheit. Es war, als ob man an einem ruhigen Tag die glänzenden Gletscher in Spitzbergen anschauen würde. Es war nichts Böses in diesem Gesicht, nichts Schlechtes. Ihre Augen waren weder beängstigend noch drohend, einschüchternd, warnend oder abschreckend. Sie waren nichtssagend. Sie waren leer, als wären sie blind, und für einen Moment glaubte ich, es wäre wirklich so, und doch nahm ich für den Bruchteil einer Sekunde einen funkelnden Seitenblick wahr, der wie ein Dolchstoß zu Willie hinüberging. Das war die einzige Regung dieses wunderschönen Gesichts, innerhalb einer ganzen Stunde. Ich beobachte immer wieder ihre Augen, während ich mich der übrigen Gesellschaft zuwendete und mit Alf redete.

Alf kam mit unseren Drinks von der Bar zurück. Er nickte mit dem Kopf in Richtung Sissie, mit der er gerade eine kurze, witzige Unterhaltung gehabt hatte. „Ist sie deine Alte?"

„Passagier", antwortete ich.

„He, zum Kuckuck, is' nur das halbe Leben, was?" Er schluckte an seinem Bier und schaute mich die ganze Zeit an. „Ich komm' nur zweimal im Jahr hierher", sagte er.

„Was machst du so, ich meine, arbeitest du?", fragte ich. während ich seine großkarierte Jacke und sein blaues Hemd mit Silberkrawatte und dickem Windsor-Knoten musterte.

Alf verschluckte sich an seinem Bier. „Ich und arbeiten? Du machst mir Spaß! Nee, ich setz' auf Pferde, weißt schon. Es wirft genug ab, um alle vier Monate hierher zu kommen und jedes mal drei Monate zu bleiben. Dann geh' ich wieder zurück ins Geschäft, verstehst du?"

„Und was machst du dann, wenn du hier bist, Alf?"

„Oh, ich trinke und ...", er warf der immer noch vor sich hin starrenden holländischen Schönheit einen Blick zu. „,... und ich komm schon zurecht, oder etwa nicht?" Er sagte das, als ob er sich verteidigen müsste. „Nur im Moment ist es Scheiße. Sie hat sich die Siff geholt, und die einheimischen Ärzte wollen sie nicht behandeln, und jetzt muss sie verdammt noch mal nach Mallorca." Er hob sein Bierglas hoch, schluckte tief und lang, rieb sich über die Lippen, während er sein Glas absetzte und fuhr fort: „Aber keine Sorge, Es gibt noch viel mehr da, wo sie herkommt, he?"

„Hast du sie hier unten getroffen?"

„Ja, sie war unten am Strand und is' auf'n Strich gegangen, mit noch zwanzig andern Vögeln. Sie hatten eine Mitternachtsparty drüben in Figueretas – beim schwulen Ronnie. Ein Kerl namens Legros hat die Getränke spendiert und noch fünf Puppen mitgebracht und drei junge Kerle. Er mag die, verstehst du?"

„Was machen diese Leute alle, Alf? Ich meine von was leben sie?"

Alf setzte wieder sein Bier ab und grinste. „Oh dies und das. Du weißt, wie das ist. Der schwule Ronnie, er ist so eine Art Barmann, aber Legros zum Kuckuck, der hat Geld, dass es zu den Ohren rauskommt, er ist ein Kunsthändler – weißt du, er handelt mit Gemälden. Reist um die ganze Welt. Ich glaub', der ist auch schwul, aber er weiß, dass ich von der anderen Partei bin und lässt mich in Ruhe. Wir kommen ganz gut miteinander aus. Er lädt mich sogar ab und zu für einen Drink in das Haus seines Freundes ein. Sie haben einen Swimmingpool da oben ... droben über der Altstadt ist das."

Ich wurde hellhörig und schaute Alf genau an. „Oh, dieser Freund, was macht denn der?"

„Oh, das is' n' ganz Schlimmer, der. Oberschwul ... er ist ... wie nennt man die Leute, die Gemälde kaufen?"

„Ein Kunstsammler?"

„Ja, er ist ein Kunstsammler. Er ist ein großes Tier aus Paris, heißt Elmyr."

Ich schaute schnell nach Sissie, aber sie war am Palavern mit Lulu und hatte nicht zugehört. Über allem dröhnte die Stimme des Bischofs wie die Stimme Jehovas. Ich sagte nichts mehr, als ich Alfs Geschwätz über das Leben auf der Insel weiter zuhörte, die von den einen als „das Saint Germain des Prés des Mittelmeers" und von den anderen als „die Misthaufen sur la Scheiße" beschrieben wurde.

„Siehst du den kleinen Kerl am Ende der Bar". Alf bewegte seinen Kopf nicht in die Richtung. „Schau nicht hin, aber das ist Old Bill. Geheimpolizei, aber das ist schon in Ordnung – er versteht kein verdammtes Wort Englisch."

Später, als Willie seine Zuhörer in Form der händchenhaltenden Herren verloren hatte, die beide nervös an ihrem Mineralwasser nippten, während er ihnen seine Grundsätze einhämmerte, kam er zu Alf und mir herüber. Seine Stimme erstickte Alfs überaus interessante Beschreibung der Insel und der Persönlichkeiten auf Ibiza und machte für weitere fünfzehn Minuten weiter, während Sissie mit Bewunderung zusah und Alf zwischen Starren und mundoffenem Erstaunen hin- und hergerissen war und zwischendurch noch Bier hinunter schüttete. Willie hatte alles um sich herum vergessen und legte los, was das Zeug hielt.

„Es gibt nichts, was wir lieber sehen, als das Glänzen der Freude in den Augen einer Person, wenn sie erkennt, dass sie uns sympathisch ist und wir sie verstehen? Wenn sie erkennt, dass wir ehrlich an ihrem Wohlergehen interessiert sind? Heutzutage ein seltenes und geistvolles Ereignis zwischen zwei lieben Freunden? Diese Momente machen das Leben wirklich lebenswert?"

Als Willies Stimme das Messing des Pferdegeschirrs an der Bar klingeln ließ, lehnte sich Alf zu mir herüber. „Wer is'n das?", fragte er flüsternd.

„Der Bischof von Southchester – ein echter Fatzke", antwortete ich leise.

„Er is' 'ne besondere Marke, oder etwa nich'?"

„Ach, er ist in Ordnung. Er leidet nur an verbalem Dünnschiss, das ist alles."

„Gehört er zu dir?"

„Ja, er ist der Bruder von der Dame. Wir waren heute zum Segeln draußen, aber es gab keinen Wind."

Alf beäugte den Bischof. „Dafür rächt er sich wohl, oder?", sagte er. „Also, wir sollten ihn in die Tierra Bar bringen. Ich kenn' da einen Kerl, der soll ein Maler sein. Ein Franzose ... aber in Wirklichkeit dealt er mit Acid. Er bringt es aus der Schweiz herunter. Wenn ich ihm tausend Pesetas gebe, schüttet er ihm ein bisschen in seinen Schnaps."

„Lass' das Alf", murmelte ich und rettete den Bischof für England.

„War ja nur n' Vorschlag, oder etwa nicht?" Alf stürzte sein Bier hinunter.

Willie röhrte weiter: „Es braucht natürlich eine Menge Geduld, um heimisches Glück zu genießen – einige Seelen sind lieber unglücklich?"

„Obwohl ich Urlaub liebe, natürlich, bevorzuge ich meine eigene Umgebung, sie bedeutet mir sehr viel, speziell wenn ich mich nicht wohl fühle? Also, dieser Urlaub erscheint mir ziemlich kurz, aber ich bekomme jeden Tag mehr Urlaubsgefühl? Ich habe mich schon fast von dem ewigen Gedanken gelöst, irgend eine geistliche Pflicht zu verletzen, wenn ich meiner Diözese abwesend bin?"

Und so weiter und weiter, die ganze Zeit starrte Sissie in heiliger Bewunderung auf ihn, und Lulu nickte dazu andächtig mit ihrem uralten Kopf, während sie sich zwischendurch große Schlucke Scotch und Soda einverleibte. Inzwischen hatte Eduardo seinen Kopf gegen die Bar gelehnt und war fest eingeschlafen. Alle waren bereits gegangen, außer der holländischen Statue, Alf, dem eifrigen jungen Barmann und mir. Der Bischof hatte nur noch eine Gemeinde von sechs Leuten, mit einem schlafenden Siebten – bis drei Neue die Treppe herunter kamen.

Ein junger Mann und eine Frau, beide etwa zwanzig, beide teuer angezogen, beide gutaussehend. Sie kamen gutgelaunt hereinspaziert und machten an der Bar Platz für einen dünnen, asketisch aussehenden Mann, ebenfalls gut gekleidet und stattlich. Willies Stimme rollte und donnerte, der asketische Mann bestellte Drinks. Die drei blieben ganz unter sich, tranken in Windeseile aus und gingen so schnell, wie sie gekommen waren.

„Die sind aber nicht lange geblieben", bemerkte ich leise zu Alf.

„Kein Wunder, oder etwa doch?" Alf schielte auf Willie. Dann lehnte er sich verschwörerisch zu mir herüber und flüsterte: „Der Kerl, der gerade ging, ist Millionär und erst dreißig. Er hat irgendwas für Druckereien erfunden. Netter Kerl, nur etwas verdreht, verstehst du?"

„Verdreht, du meinst er ist homosexuell?"

„Nee, nich' so", antwortete Alf, „er ist ein, wie sagt man dazu ... einer der gern zusieht, wie 's andere Leute machen."

„Ein Voyeur?"

„Ja, und die anderen beiden, das sind Deutsche, und sie sind immer bei ihm. Er schaut ihnen zu und spielt dabei an sich rum, während sie 's machen, verstehst du?"

„Nun, ich denke, das ist auch eine Art, sich die Zeit zu vertreiben", sagte ich, „so lange sie niemandem weh tun, und die zwei scheinen ganz gut davon zu leben."

„Ja, sie sind Bruder und Schwester, und man sagt, er zahlt ihnen jedes Mal fünfzig Pfund."

Es war Mitternacht, als der liebe Willie, Sissie und ich nach guter Sitte alle Hände schüttelten und die Bar verließen. Der Bischof war immer noch in Fahrt: „Aber die Entspannung im Urlaub kann natürlich die Frustration zu Hause nicht wettmachen? Es ist eine Tatsache, dass das Vertrauen darauf, etwas zu erleben oft zur Zerstörung des Urlaubs führt. Wenn man zu viel erwartet, hat man meist weniger vom Urlaub? Nur ein gefühlsmäßig befriedigendes Leben, selbst in einer Existenz die mit harter Arbeit verbunden ist, kann durch Urlaub bereichert werden, der dann auf eine andere Art befriedigt, so wie mich dieser Urlaub?"

„Oh, mein lieber Liebling Willie!"

Bald waren wir alle zurück im Hotel Montesol. Ein unterwürfiger Portier begleitete Willie in seine luxuriösen Gemächer, und Sissie und ich machten uns auf den Weg zu *Cresswell.* Zur Begrüßung durch Nelsons wedelnden Schwanz und dem Rasseln von Rosalindas zerfallendem Rigg.

„Oh, lieber Tristan, danke für den reizenden, absolut super Abend!“ rief Sissie aus ihrem Verschlag im Vorschiff.

„Nichts zu danken, meine Liebe. Gute Nacht!“

Nelson kroch unter den Kabinentisch und legte sich neben meiner Koje nieder. Gleich ging es mir besser, und ich schlief ein mit dem Gedanken, dass meine Crew und ihr lieber Bruder Willie morgen für drei volle Tage nach Mallorca gehen würden. Der Bischof wollte von dort die Reise in die Heimat antreten.

Now as I was a-walking down Ratcliffe Highway,
A flash-looking packet she happened my way,
Of the port that she hailed from I cannot say much,
But from her appearance I took her for Dutch.

Chorus: *Singing too-roo-lye-oora-lye-addie,*
Oora-lye-oora-lye-aye!

Her Flag was three colours, her masthead was low,
She was round at the counter and bluff at the bow,
From larbord to starbord and so sailed she;
She was sailing at large, she was running free.

She was bowling along with her wind running free;
She clewed up her courses and waited for me,
I fired my bow-chaser, the signal she knew,
She backed her main tops'l and for me she hove to.

I hailed her in English, she answered me clear,
„I'm from the Black Sheep, bound for the Shakespeare."
So I wore ship and with „What d'ye know?"
I passed her my hawser and took her in tow.

I tipped her flipper and took her in tow,
And yardarm to yardarm it's off we did go.
Then she took me up to her lilly-white room,
And there all the evening we drank and we spooned.

(Als ich den Ratcliff Highway hinunter ging,
Sah ich ein herrliches Schiff auf gleichem Kurs.
Von welchem Hafen sie war, wusst' ich nicht genau,
Aber von den Linien her schien sie aus Holland.

Die dreifarbene Flagge, die niedrige Mastspitze,
Sie war achterlich rund, und der Bug war breit,
Von Luv nach Lee, sie segelte fein,
Sie segelte herrlich, sie segelte frei.

Sie rollte entlang, sie lief vor dem Wind;
Sie änderte Kurs und wartete auf mich.
Ich schoss vor den Bug, ein Signal das sie kannte,
Sie nahm das Groß weg, sie drehte bei.

Ich rief sie an, sie antwortet klar,
„Ich komm vom Schwarzen Schaf, will hin zum Shakespeare."
Das Schiff gefiel mir, und mit „Wie geht's",
Übergab ich die Trosse und nahm sie ins Schlepp.

Ich gab ihr die Flosse und nahm sie ins Schlepp,
Und Seite an Seite machten wir uns fort.
Dann nahm sie mich mit in ihr weißes Zimmer,
Einen ganzen Abend zum Trinken und Essen.)

Das sind die ersten fünf Verse des *Ratcliff Highway*, ein Holeshanty, der auf den schnellen Clipperschiffen, die in der zweiten Hälfte des 19. Jahrhunderte den westlichen Ozean durchpflügten, sehr beliebt war. Ein „Packet" war ein Schiff, das regelmäßig zwischen zwei Häfen hin- und her pendelte, sie waren im allgemeinen Eliteschiffe, die Besten. Der Ratcliff Highway (Rattenklippenstrasse) lag in der Nähe der Londoner Docks, der Black Sheep (Schwarzes Schaf) und der Shakespeare waren Pubs die von leichten Mädchen frequentiert wurden. Der Gesang geht natürlich weiter, er erzählt wie der Seemann von dem „herrlichen Schiff" ausgenommen wird und endet mit der Warnung an andere Seeleute, die in einer ähnlichen Situation der Versuchung nicht widerstehen können.

9 On the Highway

Sogar noch früher als üblich, war Sissie auf und munter. Bevor die Fähre nach Mallorca ablegte, hatte sie Frühstück gemacht und die Backschaft erledigt und vergewisserte sich mit einem letzten, eiligen Blick über die Kombüse, dass auch alles sauber war. Auf einem Zettel schrieb sie mir auf, was ich vor ihrer Rückkehr alles einkaufen sollte.

Zuerst zögerte ich das Einkaufen hinaus. Für mich ist das eine unangenehme Sache – das Quasseln auf katalanisch, all das Beschnüffeln und Abwägen und Probieren, das Ritual von Ablehnung und widerstrebender Annahme, die kleinen, schäbigen, dunklen Läden, voller Taschen und Kartons und die Frauen mit schwarzen Kopftüchern, die alle einkaufenden Personen männlichen Geschlechts mit Missbilligung und Verachtung ansahen. Früher war ich manchmal gezwungen gewesen, unbeholfenes Macho-Gehabe an den Tag zu legen, das selbst einen Balletttänzer hätte aussehen lassen wie einen Schwergewichtsboxer. In solchen Fällen starrten mich die alten Frauen an und schmolzen langsam hin zu mütterlicher Hilfsbereitschaft und leutseliger Fachsimpelei. Ein paar Mal hatten sie mir sogar zu wenig berechnet.

In Spanien ist das Einkaufen Frauensache – wie jede andere Arbeit auch, mit der Ausnahme von Fischen, Pflügen, Bauen von Touristenhotels, Bedienen am Tisch, Trinken und dem Zeugen von Nachkommenschaft. Es war nicht so, dass die Frauen von diesen Tätigkeiten ausgeschlossen gewesen wären, oder dass die Männer ein Privileg darauf gehabt hätten – die Pest für jeden Mann, der in eine traditionelle Domäne der Frauenarbeit vorstieß! Aber den Fremden, von denen damals die Spanier dachten, sie wären alle ein wenig verrückt (eigentlich verständlich), ließ man das Einkaufen gerade noch durchgehen, wenn die alten Frauen sie kannten oder wenn einheimische Mannsbilder dabei waren und durch die Zähne pfiffen, sobald die Frauen anfingen zu kichern, um ihre Albernheiten zu unterbinden.

Während des Frühstücks bereute ich meinen Widerwillen gegen das Einkaufen. Nicht nur, dass Sissie vor dem Ablegen der Fähre zum Einkaufen wirklich keine Zeit mehr hatte, es war etwas anderes – und natürlich sagte ich Sissie nicht, was es war. Ich ließ sie in der Meinung, dass ich daran dachte, ihr zu helfen, auf sie Rücksicht zu nehmen. Ein bisschen blauer Dunst hat manchmal eine angenehme Wirkung auf eine Frau, die mitten in den Reisevorbereitungen steckt.

Der wahre Grund, warum ich mich bereit erklärte einkaufen zu gehen, klingt für Landmenschen vielleicht allzu irdisch und wenig romantisch.

Blauwassersegler, so wie ich, sind jahrelang unterwegs und haben Schwierigkeiten, die Leute eines Landes oder einer Insel besser kennen zu lernen. Oft haben sie wenig Interesse an dem, was hinter der Kaizone liegt, und an den Leuten, die dort wohnen. Dies ist nicht verwunderlich. An einem einzigen Tag gewinnen sie einen Eindruck vom Hafen, wenn auch nur von den Reparaturbetrieben und den Kneipen im näheren Umfeld. Ein normaler Tourist braucht dafür sicher eine Woche oder mehr. Segler sehen selten mehr als den Hafen – außer wenn sie einkaufen gehen.

Die Ansprüche des normalen Seglers sind einfach (manchmal tendieren sie auch ins Primitive), und oft ist er auch nicht zufrieden mit seinen Einkäufen, aber zumindest kommt er in Kontakt mit anderen, selbst wenn diese anderen sicher nie zum Tee in den Buckingham Palast gebeten würden. Der einfache Seemann – ich rede von Matrosen und Smutjes, nicht von der Brigade mit Kapitänsmütze und Blazer – will selten auf Erkundungstour gehen oder sich mit historischen Fakten und irgendwelchen Jahreszahlen belasten. Das würde ihn am Ende seiner Reise nur zu einem Langweiler machen. Es ist vielleicht schade, aber so ist es halt. Der einfache Seemann ist wenig daran interessiert, die fremde Luft mit seinem Blitzlicht zu belasten oder den Frieden der Einheimischen zu stören.

In jedem Fall, wenn eine Landratte – speziell ein Tourist – seine Nase über die Ansichten der Matrosen rümpft, sollte er bedenken, dass er auch nicht viel mehr sieht, weil er davon besessen ist, „alles“ zu sehen, und sein Gesichtsfeld durch eine fast sklavische Abhängigkeit von der kommerziellen Tourismusmaschinerie weitgehend eingeschränkt ist. Tatsächlich habe ich auf Ibiza viele Touristen getroffen, die, von Sonne und Strand einmal abgesehen, genau so gut hätten zu Hause bleiben können. Wahrscheinlich wäre das billiger gekommen und kulturell ebenso bereichernd gewesen.

Eigentlich ist nichts falsch am kommerziellen Tourismus. Die Welt gehört jedem, und jeder sollte das Recht haben überall hinzugehen, wo er will und alles zu sehen und zu erleben, wie es ihm beliebt. Aber der Tourismus zerstört die natürlichen Eigenheiten und Zusammenhänge. Er macht gestandene, stolze junge Fischer zu albernen und gierig-kriecherischen Kellnern in Hotels, er macht hübsche, gesunde Bauernmädchen zu ausgelaugten, ausgebeuteten Zimmermädchen, und er trägt nicht nur den Samen seiner eigenen Zerstörung in sich, sondern verfälscht meist auch alle natürlichen Werte, wenn er sie berührt. Tourismus ruft im allgemeinen zerstörerische Strukturen hervor und macht vordem eigenständige Menschen zu klettenähnlich Abhängigen der Industriegesellschaft, was ganz gut geht, so lange die Wirtschaft boomt und der Reichtum wächst. Aber danach ...?

Dies alles ging mir beim Frühstück durch den Kopf. Sissie hatte alles auf einem sauberen Porzellanteller zurecht gelegt, und Nelson klopfte mit seinem Schwanz sachte gegen mein Bein. Er war sehr guter Laune, ich konnte das an den Bewegungen seines Körpers und am Rhythmus seines Schwanzwedelns spüren. Er wusste, dass Sissie *Cresswell* verlassen würde, zumindest für eine gewisse Zeit.

Sissie wühlte in den Schapps der Kombüse, immer noch in ihrem Turnhöschen, und sah im frühen Morgenlicht, das durch den Niedergang herunterschien, irgendwie rosig aus. Ihre zerzauste blonde Haarpracht war mit einem rosa Band zusammengehalten und sie gab laufende Kommentare über den Umfang der Vorräte von sich, und was alles zu besorgen wäre.

„... und Erbsen und Bohnen ... und, zum Teufel! Wir haben keine Tomaten mehr. Und dieser getrocknete Fisch stinkt zum Himmel ... man sollte das alles wegwerfen ...“ Sie schnappte die Fischleiber und raste die Stufen des Niedergangs hinauf.

„Wo willst du damit hin?“, fragte ich, den Mund voll Brot, Butter, Marmelade und Tee. „Lass’ es hier – ich brauche das als Köder, wenn ich nachher an der Außenmole fischen gehe. Es kommen sicher wieder ein paar schöne Meeräschen in den Hafen rein.“

Sie drehte sich um und knallte die braunen, stinkenden Fische vor mir auf den Tisch. Sie erwartete meinen Protest, aber ich kaute einfach weiter. Ich hatte schon viel schlimmere Sachen auf meinen Frühstückstisch gehabt als ein paar stinkende Kabeljauleichen.

Sie hielt einen Moment lang inne und studierte mein Gesicht, dann ging eine leises Beben durch ihren Körper und sie seufzte. „Ach lieber Tristan, was soll ich nur tun?", jammerte sie.

Immer noch kauend schaute ich zu ihr hoch. „Was ist das Problem, Mädchen?"

„Ach ... mein Lieber ... du bist so schrecklich unbedarft. Ich meine, du scheinst dich nicht gut genug um dich zu kümmern und ich mache mir solche Sorgen ... Ich werde mir furchtbare Gedanken um dich machen, wenn ich weg bin. Ehrlich, ich hätte dem lieben Willie niemals anbieten dürfen, ihn nach Mallorca zu begleiten!"

„Ach, ich werde schon auf mich aufpassen, altes Mädchen. Ich will nur das Boot aus dem alten Schiffsfriedhof hinaus bringen und weg von der verdammten Straße. Dieser Lärm von den Autos .. (es fuhr vielleicht ein Auto pro Stunde hinter unserem Heck vorbei) ... er wirft mich fast vom Hocker, dieser elende Krach."

Sissie knallte ihren Einkaufsblock auf die Kombüsenplatte. „Dann werde ich eben einfach hier bleiben – ich kann dich doch nicht einfach hier alleine lassen."

Nelsons Körper erstarrte an meinen Fuß. Ich hörte auf zu kauen. Ich schaute sie an. „Nein, du gehst Sissie. Ich komme gut zurecht, ehrlich. Willie braucht dich viel mehr als ich. Wenn er alleine nach Mallorca geht, und ihn die verdammten Haie da drüben erwischen, gibt es einen internationalen Zwischenfall."

„Bist du sicher Liebling? Ehrlich? Absolut sicher?"

„Wenn ich einkaufen muss, brauche ich etwas Geld", sagte ich ihr auf meine Art, dass ich sicher war.

„Ach Liebes, natürlich!" Sissie kehrte um und raste den Niedergang hoch, ihre Speckfaltenschenkel und Lederstiefel zitterten, als sie die Leitersprossen hinauf stapfte. Sie war gleich zurück und sah etwas bedrückt aus. „Ich habe nur noch 300 Peseten", sagte sie. „Der liebe Willie zahlt die Fahrkarten nach Mallorca, und morgen werde ich etwas Geld abheben."

„Das reicht schon, lass' es hier", sagte ich majestätisch, als würde ich ihr einen Gefallen tun. 300 Peseten waren damals etwa sechs Dollar wert.

Gemäß unserer Abmachung sollte mir Sissie für den Aufenthalt an Bord eine Guinea (zweieinhalb Dollar) pro Tag für Verpflegung bezahlen. Es war eine typisch englische Abmachung, vor neun Monaten mit Handschlag besiegelt. Natürlich hatten wir nicht Buch geführt, aber ich hatte das Gefühl, dass sie im Rückstand war.

Kurze Zeit später, als der Morgenhimmel sich blau färbte und eine kleine Brise aus Osten aufkam, hatte Sissie sich wieder in ein als weiblich erkennbares Wesen verwandelt. Erneut trug sie ihr weißes rosenbedecktes Kleid und ihren neuen weißen Hut mit blauer Schleife auf dem whiskyfarbenen Haar, und ihre Augen glänzten wie die Reling im Maschinenraum der königlichen Yacht *Britannia*. Sie stand oben am Niedergang und hielt ihre neue weiße Handtasche fest.

Ich nahm noch einen Schluck Tee und kletterte den Niedergang hinauf. „Also dann, bringen wir dich an Land."

Ihr Körper schien weich zu werden, als sie ihre Hand auf meinen Arm legte und mich herumdrehte, so dass sie mich ansehen konnte. Einen Moment lang schaute ich ihr in die Augen. Es war als würde man auf eine frisch produzierte Rolle Stacheldraht schauen. Plötzlich erschien ein großer Tränentropfen in jedem Auge und blieb unten hängen. Ich rollte den Ärmel meines Seemannshemdes an einem Arm herunter und hob den Arm, um ihr die Tränen abzuwischen.

Sie stieß mich zurück. „Nein, es geht mir gut, wirklich, es geht mir ehrlich gut, Liebling."

Die hängenden Tränentropfen folgten dem uralten Gesetz der Schwerkraft und fielen abwärts. Automatisch und unbeabsichtigt schaute ich nach unten auf meine Füße und prüfte, ob die Decksfarbe, die wir vor einigen Tagen in Formentera aufgetragen hatten, keinen Schaden genommen hatte.

Ich machte mich auf den Weg zum Heck, um an den Festmachern zu ziehen, Sissie auf ihren hohen Stöckelschuhen hinter mir. Während ein neues Paar Tränentropfen auf das Poopdeck fiel, nahm ich galant die Handtasche, die sie mir hinhielt, nachdem ich mich vorher vergewissert hatte, dass keiner der Fischer in der winzigen Bar hinter der Strasse zu uns herüber sah. Sissie sprang an Land. Immer noch die Tür der Bar im Auge behaltend, gab ich ihr die Handtasche zurück. Das Boot nahm nach dem Loslassen der Festmacher wieder seine alte Lage ein, und sie schaute zu mir herüber.

„Du machst dich besser jetzt auf den Weg", sagte ich, „Willie wird schon warten."

„Ach Lieber ... also ich denke, du wirst schon irgendwie halbwegs zurechtkommen ...", ihr Gesicht sah sorgenvoll aus. Es erinnerte mich an das erste Mal, als mich meine Mutter im Kindergarten ablieferte, es war lange her, und ein regnerischer Westwind pfiff über die Küste von Merioneth.

„Mach's gut, Sissie. Um Gottes Willen, reiß' dich zusammen. Es ist ja nur für drei Tage. Jeder hier muss dich ja für 'ne verflixte Ausländerin halten, wenn du dich so anstellst. Mach's gut, ich warte auf dich bei der Außenmole wenn du zurück kommst."

Ich drehte mich um, verzog mich im Niedergang, ohne nach hinten zu sehen, und nahm wieder meine Mug mit Tee zur Hand. Nelson winselte und legte seinen alten Kopf auf meinen Oberschenkel. „Verdammte Weiber!", knurrte ich.

Nelson wedelte mit dem Schwanz und leckte meine freie Hand. Ich stieß mit einem großen Schluck Tee heimlich auf meine wiedergewonnene Freiheit an. Ich war wieder der Kapitän an Bord, vor Gott und allen Menschen. Sogar das Holz der Kabinenverkleidung fühlte sich an, als wüsste es das. Wir waren wieder zu dritt, in heiliger Dreisamkeit, drei ist die uralte magische Zahl der Kelten. Ich hatte das gleiche triumphale Gefühl, das meine Vorfahren über die Jahre jedes Mal gehabt haben müssen, wenn sie die Verblendung fremdartiger Religionen hinwegfegten und sich für ein paar magische Tage im Jahr in ihrem eigenen unwiederbringlichen *mire* suhlten und ergötzten. Als ich den Niedergang hinaufschaute, erschienen selbst die Sonnenstrahlen heller und freier zu sein.

Nachdem den Nelson den Frühstücksteller abgeleckt hatte, um die Backschaft (und Wasser) zu sparen, ging ich an Deck. Ich schaute als erstes hinüber zum Stadtkai. Die spanischen Motorboote waren immer noch da, die Crews waren mit Putzen und Polieren beschäftigt, als müssten sie damit ihre Existenzgrundlage beweisen und über die Tatsache hinwegtäuschen, dass sie eigentlich nur als unnütze Dekoration dienten. Ich schaute zur Kathedrale über der Altstadt hinauf. Es gab eine winzige Brise, gerade genug um eine Kerze zum Flackern zu bringen. Bald würde sie ausreichen, das Boot in Bewegung zu setzen. Ich schaute über den breiten Hafen hinüber zur Außenmole, fast eine Viertelmeile weg, und sah, wie ein Boot sich vom Kai wegbewegte, in das Hafenwasser hinein. Sobald ich die Bewegung des ablegenden Bootes sah, hatte ich blitzschnell die Zeisinge vom Groß runter, die Fock am Vorstag angeschlagen und die Festmacher los. Mit einem Schubs gegen die leise jammernde *Rosalinda* waren wir unterwegs. Nelson trottete geräuschlos zu seinem gewohnten Platz beim Segeln, oben auf dem Poopdeck, legte seinen Kopf auf eine Pfote und kontrollierte alles.

Schnell war das Groß oben. Obwohl es nur den Hauch einer Brise gab, die Gaffel unentschlossen hin und her gierte und das Groß die meiste Zeit lustlos herunterhing, brauchten wir nur eine Stunde, um über den spiegelglatten Hafen zu kommen. Wir glitten durch das ölige Hafenwasser und *Cresswell* fühlte sich unter meinen Füßen an, als wäre sie fröhlich – sie bewegte sich durchs Wasser wie ein junges Mädchen, das irgend eine kleine Dummheit vor hat.

Mit dem Heck zum Kai festzumachen – wie es im Mittelmeer allgemein üblich ist – kann manchmal ziemlich problematisch sein. Bei Anfängern kann es mit Schäden von eingedrückten Hecks, gebrochenen Rudern, verknoteten Ankerketten bis hin zu fürchterlichem Gefluche in sechs Sprachen mit anderen Skippern und Crewmitgliedern enden. Am besten machst du es so: Zuerst legst du dich auf den Platz fest, in den du dein Heck hineinbewegen willst. Dann stellst du sicher, dass du mit deiner Ankerkette nicht über andere Ankerketten zu liegen kommst. Du lässt den Anker weit draußen im Hafen fallen (über den Daumen mindestens die sechsfache Bootslänge) und dann, wenn du das Glück hast, eine Maschine zu haben und auch den notwendigen Treibstoff dazu, schiebst du dich mit dem Heck voraus zwischen die anderen Boote, die am Kai liegen, wenigstens weit genug, um jemandem eine Leine zu zu werfen – falls jemand da ist. Wenn nicht, gehst du mit dem Heck so nahe zur Kaimauer, dass du selbst mit einem Festmacher in der Hand an Land springen und an dem nächsten Ring oder so festmachen kannst.

Das ist natürlich alles Theorie. In Wirklichkeit ist die Unterwasserwelt vor dem Kai meist mit Felsen, abgesoffenen Wracks oder Ähnlichem übersät. Das alles ragt vom Hafengrund aus drei oder vier Meter empor. In Wirklichkeit bestehen die beiden Boote, zwischen die du dich hineinzwängen willst, aus serienproduzierten Eierschalen, die bei der leisesten Berührung mit deinem Boot zerbersten und die, falls du dir keine Versicherung leisten kannst, Ansprüche hervorrufen, die dich für den Rest deiner Tage zum armen Mann machen.

Dieses Mal hatte ich Glück, und alles lief tadellos ab. Als wir den Ankerplatz erreichten, hängte ich meine Fender aus alten Autoreifen wieder außenbords. Mit einem Rauschen kam das Groß herunter. Ruhig suchte ich nach einem Platz für den Anker und kickte ihn mit dem Fuß über den Bug.

Mit lautem Rasseln ging die Kette hinab. Dann, während ich darauf wartete, dass sich der Anker im Hafenschlick zur Ruhe setzt, machte ich erst einmal eine Mug Tee. Rundherum war es still. Es war immer noch kein Mensch auf dem Kai, obwohl es bereits sieben Uhr war.

Meine neuen Nachbarn hatte ich mir bereits ausgesucht, eigentlich hatte ich keine Wahl. An der Außenmole gab es gar keinen anderen Platz für *Cresswell.*

Ein Nachbar würde ein spanisches Fischerboot werden, aber es war offensichtlich ein Umbau, denn man hatte eine Kabine und einen kurzen Mast hinzugefügt, und außerdem war es für ein Arbeitsschiff viel zu sauber und gepflegt. Auf der anderen Seite würde ein plumpes, dickes Stahlschiff mein Nachbar werden, vielleicht 25 Fuß lang, von dem ich nach einigem Hinsehen annahm, dass es ein umgebautes ehemaliges Rettungsboot sei. Es war grau gestrichen wie ein Kriegsschiff, und man hatte ihm zwei kurze, dicke Masten verpasst. Es war mit Öl und Dreck überkrustet, das Deck war mit Haufen von Sperrmüll bepackt – alte Matratzen und dergleichen. Mit anderen Worten: es sah interessant aus. Und besonders, weil am Heck eine riesige britische Flagge hing, die jedoch so schwarz verdreckt war, als hätte man damit die Bilge gereinigt. Ich starrte auf den Namen, der mit roter Menninge und riesigen Buchstaben roh aufgemalt war und musste grinsen: *Dreadnaught.*

Mehrmals rief ich nach *Dreadnaught.* Keine Antwort. Ich rief noch ein paar Mal, und, als ich bemerkte, dass sich nichts bewegte, schob ich mein kleines Schlauchboot über die Seite ins Wasser, kletterte hinein und paddelte hinüber zum Kai der Außenmole. Ich machte das Beiboot fest und schob mich auf die algenbedeckte, ölige Kaimauer hinauf. Dann zog ich an der Festmacherleine, die ich von *Cresswell* herüber gebracht hatte. Als die Leine steif kam, zog ich langsam und vorsichtig das Heck in Richtung Kaimauer. Ich hatte es nicht eilig und ließ mir Zeit. Das Heck war jetzt nahe genug am Kai, ich sprang an Bord, nahm die Heckleine dicht, und schon waren wir niedlich und gemütlich festgemacht. Keine Hektik, kein Palaver, alles in Ruhe und Stille vollzogen. Durch und durch zufrieden gratulierte ich mir zur perfekten Ausführung eines schwierigen Manövers mit professioneller Kompetenz. Ich ging wieder zu meiner Mug Tee.

Dann fingen die Zahnschmerzen an.

Für den Blauwassersegler gibt es viele Schrecken, die er zu überwinden hat. Viele können durch einfache Überlegungen gemeistert oder vermieden werden, sei es mit Tücke oder mit großer Willensanstrengung. Bei manchen aber geht das nicht. Zu den schlimmsten gehört Unwohlsein, das einen Segler entweder körperlich so schwächt oder mental so auszehrt, dass er unfähig ist, die notwendigen Dinge zu tun. Eine allgemein gute Gesundheit vorausgesetzt, gibt es zwei besonders gefährliche unvorhersehbare Krankheiten – Blinddarmentzündung und Zahnschmerzen. Allen, die die Absicht haben, lange Ozeanreisen in einem kleinen Boot zu unternehmen, und besonders allen Einhandseglern, gebe ich hiermit den guten Ratschlag: Blinddarm rausnehmen lassen und dabei auch gleich alle Zähne. Leider konnte ich meinen eigenen Rat in all den Jahren, die ich zur See fahre nicht befolgen – ich konnte einfach die Kosten dafür nicht aufbringen.

Mein Blinddarm machte mir nie Probleme, ich aß viel grobe und ballaststoffhaltige Nahrung. Aber mit den Zähnen, meinen keltischen Beißern mit zentimeterlangen Wurzeln, habe ich fürchterliche Torturen erlebt. Einmal war ich allein, tausend Meilen weit weg vom nächsten Zahnarzt, mit rasenden Zahnschmerzen im Kiefer bis hinauf zur Nasenwurzel, die sich mit langen Messerstichen ins Gehirn bohrten und hinab in die Seele. Ich fluchte jeden Fluch, den ich kannte, in fünf Sprachen und hielt mich am Kinn, am Kopf, an den Ohren fest, packte das Holz des Schiffes, das Rigg, und versuchte durch Drücken, durch Drehen, durch Winden den Schmerz zu ersticken. Ich fluchte, brüllte und weinte Tränen der Wut. Ich schrie den tiefen, leeren und mitleidlosen Ozean an, den das aber überhaupt nicht interessierte. Während das Schiff rollte und gierte und die Wurzel meines Zahns brannte wie die Hölle, hatte verfluchte ich jede Welle, die in der Dunkelheit der Nacht vorbeidonnerte, nahm dann all meine Courage zusammen und stählte meinen Willen, die Schraubstockzange in die Hand zu nehmen, die groben Zangenhälften an der Krone anzusetzen und an diesem Sauhund von einem Zahn festzuklammen. In meinem Schmerz arbeitete ich damals mit beiden Händen an der Zange, drehte, zog, drückte und schob, bis sich nach einer Ewigkeit der würgenden, schlagenden, nagenden quietschenden, stechenden Qual der Zahn endlich lockerte. Dann in einer Mischung von Verzweiflung und Zorn, verbunden mit der Kraft eines Irren, der irgendwo in mir schlummerte, riss ich an der Zange. Ich hatte den Sauhund raus. Angesichts der Masse aus zerbrochenen Knochen, Wurzelstücken, Spucke und Blut hatte mich ein wildes Gefühl des Triumphs überkommen und ich hatte den Zahn, der immer noch in der Zange steckte, immer wieder gegen das Eisen eines Ringbolzens gehämmert, in der festen Überzeugung, dem Zahn einiges von der Pein, die er mir angetan hatte, heimzuzahlen.

Obwohl ich beim ersten, stechenden Schmerz des Zahns sofort zu fluchen anfing, war es lange nicht so schlimm wie damals auf See. Hier war alles einfach. Alles was ich tun musste, war an Land zu gehen und das Ding ziehen zu lassen. Kein Kampf zwischen mir und dem Zahn – beim ersten Anschein einer Meuterei – raus mit ihm und dann außenbords. Keine Wurzelbehandlung, keine Plombe, nur nicht verwöhnen das Ding. Raus mit dem Sauhund – versenkt muss er werden!

Ein Zahn, der einmal seinen Willen durchgesetzt hat, ist wie ein Crewmitglied, das einmal gegen seinen Kapitän gemeutert hat. Schlag' ihm auf die Finger, lass' ihn gehen, sag' ihm er soll's nicht wieder machen und schick ihn in sein Quartier – und bevor du es weißt, steckt er die ganze Crew mit seinen verrückten Ideen an, wie Demokratie und Gleichheit für alle, und bald ist die ganze Mannschaft infiziert und das Schiff ist auf Grund oder brennt. Du kannst nur noch versuchen, an Land zu schwimmen und dabei den Olympischen Rekord zu brechen.

Ich grapschte nach Sissies Einkaufsbeutel, aber der war mit kleinen gestickten Rosen verziert. Ich warf ihn zurück in die Steuerbordkoje und ging ohne ihn an Land. Ich wollte nicht, dass mich die Fischer in der Bodega mit einem geblümten Einkaufsbeutel in der Hand zu sehen bekamen – schließlich bin ich nicht Rory O'Boggarty, der Playboy der westlichen Welt. Als ich über das Heck an Land sprang, reagierte die Steuerbordseite meines Gesichts mit einem Gewitter aus Schmerz. Nelson winselte und schaute mitleidsvoll hinter mir her.

Es dauerte ungefähr fünfzehn Minuten, bis ich die Praxis des Zahnarztes erreichte; sie war im zweiten Stock eines unscheinbaren Gebäudes, hinter dem Hotel Montesol. Die Fassadenfarbe des Gebäudes war längst verblasst und der Putz blätterte ab. Die Wände sahen genau so aus, wie ich mich fühlte: miserabel. Ich raste die breite schmutzige Treppe hinauf, vorbei an einer der üblichen älteren Damen mit schwarzem Schal.

„*Dentista!*", rief ich ihr zu.

„*Cerrado*", antwortete sie, ihre Augen erstrahlten mit unerwarteter Freude. „Geschlossen – er öffnet erst um zehn Uhr."

„Gibt es einen anderen hier in der Nähe?", bettelte ich.

Die alte Vettel lächelte milde, als sie das Messer noch weiter in die Wunde stieß: „Nein, er ist der einzige auf Ibiza“, sagte sie ganz langsam und genoss dabei jedes Wort.

Ich raste zurück zur Strasse, mit der Hand an der Wange. Es war erst viertel nach acht. „Was soll ich machen? Was machen ...“ Ich stöhnte leise und versteifte mittschiffs, um zu verhindern, dass meine Seele durch den Kieferknochen entfleuchte. Ich werde mich britisch verhalten in dieser Angelegenheit, befahl ich mir streng. Das, verdammt noch mal, würde ich tun! Nichts von dem kontinentalen Nonsens, kein fremdländisches Selbstmitleid, keine französische Schamlosigkeit! Halte deine Oberlippe steif, Junge, das sollst du machen! Halte den Rücken gerade, Brust raus, und schau jedem gerade in die Augen! Und zeige einen Grad von Selbstkontrolle, so dass Ihre Majestät die Königin stolz auf dich sein kann!

Ich würde einkaufen gehen. Ja, das war die Lösung, das Einkaufen würde es bringen. Sich benehmen, als wäre nichts! Die Geschäfte gehen vor, sogar vor Zahnweh. Lass das Feuer im Herd brennen ... aber mein Gott, das Feuer im Herd war nichts gegen das Feuer in meinem Zahn. Lieber Gott, ich bitte dich, betete ich, als ich mit jedem Schritt fest auf den Boden stampfte, als wollte ich die Erde dafür bestrafen, dass ich auf ihr geboren wurde und nun auf ihr diese Pein und diesen Schmerz ertragen musste. Reiß' dich zusammen, Mann – vergiss nicht: England erwartet von jedem Mann, dass er seine Pflicht tut, redete ich mir ein. Ich erreichte den winzigen Gemüseladen, so groß wie ein Loch in der Wand.

Drinnen war wieder die übliche Dame mit schwarzem Schal. Sie strickte hinter der Theke. Sie sah mich verwundert an, als sie sich fragte, was ein Ausländer in der Domäne der kleinen, schwarzen Damen mit zahlreicher Nachkommenschaft und der kleinen, schwarzen Männer mit großem Durst zu suchen hatte. Ich ging gleich zur Theke um zu zeigen, dass ich in der Tat ein Mann war, leider halt kein einheimischer. Mit zitternder Hand nahm ich die 300 Peseten, die mir Sissie gegeben hatte, aus der Tasche, als ein gespenstischer Zwerg mit einem Gesicht wie aus Ebenholz gerade aus dem Vorhang hinter der Theke hervor kam. Er war ungefähr fünfundachtzig und trug einen wollenen braunen Pullover über einem kragenlosen grau-weiß gestreiften Hemd. Auf dem Kopf trug er einen altmodischen Filzhut, und sogar bei meinen Schmerzen wunderte ich mich, dass die Krempe nicht nach oben gebogen war.

Der Zwergpatriarch beäugte mich einen Moment. *„Señor?“*, sagte er.

„Bitte schnell, *Señor*, ich habe Zahnweh. Bitte geben Sie mir Brandy. Zwei Gläser!“

Während der Vorstand der Zwergenfamilie zwei Gläser Brandy einschenkte, klickte die alte Dame hinter der Theke voller Sympathie mit der Zunge. Ich drehte mich um, und sie schenkte mir einen Blick mitleidsvoller Anteilnahme. Ich hob ein Glas nach dem anderen und goss das Zeug hinunter. „Noch einen, *por favor, señor*“, winselte ich.

Den Dritten goss ich nicht hinunter; ich rollte ihn im Mund hin und her und schob ihn mit der Zunge gegen den meuternden Zahn. Der Schmerz ließ für eine Weile nach, und ich fuhr mit meinen Einkäufen fort. Dabei war ich darauf bedacht, nicht weichlich zu erscheinen, ich knallte den Zucker, die Bohnen und die Erbsen zum Wiegen auf die Theke, die alte Dame sollte meine Männlichkeit gar nicht erst in Frage stellen.

Langsam bekam ich alle meine Besorgungen durch Deuten zusammen, der Mann wog sie und die Dame sackte sie ein. Es war es fast zehn Uhr (Langsamkeit ist eine Tugend auf Ibiza), und ich hatte nach außen hin, um den *macho* zu zeigen, in Wirklichkeit, um das Zahnweh zu bekämpfen, und eigentlich weil es mir gut tat, weitere vier Brandies hinuntergekippt.

Als ich die Rechnung bezahlte – 185 Pesetas in die halbgeöffnete Klaue der alten Dame – fühlte ich mich hundertmal besser. Das Zahnweh war nur noch eine kleine Unannehmlichkeit.

Was bedeutet schon ein kleiner Schmerz ab und zu für einen gestandenen Seemann?, fragte ich mich, und trat nach draußen in die helle Sonne. Der Schmerz war jetzt fast verschwunden – vielleicht muss er gar nicht raus? Dann überzeugte mich ein scharfer, heißer Stich im Oberkiefer davon, dass es besser wäre, wieder ganz britisch zu sein und die Suppe auszulöffeln. Also, sagte ich zu mir selbst – jetzt gehst du hin, Tristan – halte die Fahne der roten Dragoner hoch und sei Dir bewusst, welche Lenden dich gezeugt haben.

Die Treppe hinauf, vorbei an dem alten Weib, das ich vorher getroffen hatte. Zu meiner Erleichterung und zu ihrer offensichtlichen Enttäuschung stand die Tür zur Praxis halb offen.

„Möchten Sie ... was sind Sie, Engländer?“ fragte der kleine schwarze Dentist. Er hatte einen Schnurrbart wie eine Zahnbürste und glänzendes Haar, das aussah wie mit Schuhcreme poliert. „Möchten Sie ... eine Betäubung, *señor?*“ (Frauensache, Betäubung – es bereitete ihm sichtlich Schmerzen, dieses Wort vor einem Mann auszusprechen.).

„Was kostet das – das Ziehen meine ich?“

„Einhundert Peseten ohne – hundertfünfzig mit ... Betäubung.“ Er senkte wieder die Augen, als er dieses unaussprechliche Wort in den Mund nahm.

Schnelle Rechnung: Nur noch 115 Peseten übrig. „Natürlich brauche ich keine Betäubung.“ Mein Gott, warum hatte ich nur so viel für die Einkäufe ausgegeben, fragte ich mich.

„Ah, bueno!“ Der Dentist lächelte mich breit an und atmete vor Erleichterung auf. Jetzt wusste er, dass er es mit einem Mann zu tun hatte. Hier würde er keine Probleme haben mit Feingefühl oder mit Sanftheit. Jetzt war die Katze aus dem Sack. Er grinste wieder, als er plötzlich den Stuhl nach hinten kippte und mich in eine fast horizontale Lage brachte. „*Bueno*, natürlich nicht, sicher nicht. Ich bitte um Verzeihung, *señor*.“

Ich will meine Erzählung hier nicht weiter in die Länge ziehen, indem ich die Pein und die Qualen beschreibe, die ich in dem Stuhl des kleinen Dentisten an diesem schönen Novembermorgen erlebte. Alles was ich sage ist, dass ich mir in den eineinviertel Stunden, die er brauchte, um das Biest zu locken, zu zocken, zu reizen und herauszureißen, immer wieder und wieder wünschte, ich wäre auf See mit der verdammten Zange.

Aber alle Dinge haben ein Ende – auch Torturen, die langsam aber sicher durch eine schuhcremeglänzende Schaufensterpuppe von einem Dentisten mit Zahnbürstenschnurrbart verabreicht werden. Endlich konnte ich, ziemlich mitgenommen, aus dem Raum flüchten und raste vorbei an der alten Schachtel, die den Untergang meiner Dragoner durch die halbgeöffnete Tür miterlebt hatte. In meinem Schock rief das Strickzeug, das sie in der Hand hielt, augenblicklich Visionen von Folterungen und der Guillotine hervor.

Blut schluckend hastete ich zu dem Krämerladen, der *tienda*, um meine zuvor gekauften Sachen abzuholen. Die alte Dame war noch da, ebenso die beiden Männer. Der Zwergenpatriarch im Pullover nahm sofort Haltung an, als er mich hereinkommen sah. Nach einer Minute Stille – für mich eine Ewigkeit – sagte er: „Mein Gott, was hat man dir angetan, *señor*?“ (Ich war in die Familie aufgenommen – Papa hatte mich geduzt).

„Schnell, Brandy“, krächzte ich. Mein Mund fühlte sich an als hätte eine Tigerkralle zugeschlagen, was augenscheinlich den Tatsachen entsprach. Mein T-Shirt war vorne mit Blut durchtränkt und Blut klebte an beiden Händen.

„*Por Dios, pobrecito*! Mein Gott, der arme Kerl!“, seufzte die alte Dame und zog ihren Schal dichter um den Busen, als wolle sie die bösen Geister abwehren.

Der alte Patriarch grinste mich an, und es wurde mir sofort klar, dass er wusste, was ich durchgemacht hatte. Er hatte nämlich nur noch einen Zahn.

Er baute ein kleines Tablett mit Gläsern vor mir auf, so etwa zwanzig bis fünfundzwanzig Stück. Ich war viel zu sehr in Agonie, um sie zu zählen. Er nahm eine verstaubte Flasche Terry Brandy, mit schmierigen Seidenquasten drum herum, aus dem Regal hinter sich. Ohne abzusetzen, schenkte er alle Gläser mit der goldenen Flüssigkeit voll bis zum Rand. „Von Gott und von uns allen“, intonierte er ernst, als er das Tablett zu mir herüber schob. „Auf Gott und auf dich, *Señor*.“

Ich fummelte nervös in meinen Taschen nach den fünfzehn Peseten. Der Patriarch fasste mich über die Theke hinweg am Arm. „Das kostet nichts, *señor*“, sagte er. Er blickte in Richtung der Zahnarztpraxis. „Du hast schon den Teufel bezahlt, wir können dir nicht noch mehr abnehmen – trink!“

Als der alte Mann seine Ansprache beendet hatte, war ich schon beim vierten Glas. Dann, nachdem ich auch noch Blut über meine Einkäufe gespuckt hatte, wendete ich mich den anderen zu. „*Señor, Señora!*“ Ich erhob mein Glas auf die beiden, „ich danke euch, und ich wünsche euch gute Gesundheit, viele Nachkommen, hicks, und ein langes Leben. Ich wünsche euch, hicks, viele Pesetas, und Liebe, hick, und viel Zeit, hicks, sie auszukosten.“

Die drei liebenswerten Herrschaften verbeugten sich. Der ehrwürdige Patriarch schenkte sich selbst und seinem Freund, der sein Sohn hätte sein können, aber ich war nicht sicher, einen Drink ein. Sie gaben der alten Dame eine warme Flasche Limonade aus einer Kiste unter der Theke. (Schnapstrinken ist Männersache).

Als ich mit der Reihe der Brandygläser aufgeräumt hatte, fühlte ich mich unsinkbar. Schmerzen? Was sind schon ein paar Schmerzen? „Richtige Männer können Schmerzen ertragen, *señor*“, sagte ich dem Patriarchen.

„*De seguro señor. Es solo por las mujéres, no?*“ Er grinste und zeigte dabei seinen einzigen Zahn. Es war, als könne er meine Gedanken lesen. „Schmerzen sind nur etwas für die Frauen, nicht wahr?“

Der Patriarch hielt einen meiner Arme, der Sohn den anderen, und die alte Dame trug meine Einkäufe. So ging es die Treppe hoch, hinaus ins Sonnenlicht.

„Geh mit Gott“, sagte der sanfte Patriarch, als er den Einkaufsbeutel von seiner Frau übernahm und in meine gefühllosen Arme legte.

Ich schwankte die Strasse entlang. Alles, was ich wollte, war, an Bord meines Schiffes zu kommen und in der Koje diesen furchtbaren Morgen abzuwettern. Ich erinnere mich, wie im Nebel, dass ich von einem fetten Polizeibeamten angehalten wurde, der ernsthaft wissen wollte, warum ich so früh am Morgen schon stockbetrunken sei. Dabei riss mein Einkaufsbeutel auf, und ich fiel vorwärts gegen seinen fetten Bauch. Das feine, weiße Mehl zerstob in einer Wolke und blieb auf seiner makellosen Uniform hängen, während sich ein Strom Zucker durch die Löcher seiner Schnürsenkel in die Schuhe ergoss und sich ein Dutzend Eidotter an seine Hosenbeine mit messerscharfen Bügelfalten hefteten. Ich erinnere mich nicht mehr an diese Dinge. Später wurde mir von Fischern, die das Drama mit ansahen, immer und immer wieder erzählt, wie es gewesen war. Sie bestätigten das beim Leben ihrer Mütter, also musste es auch wahr sein.

An was ich mich erinnere – und diese Erinnerung werde ich nie vergessen – ist, dass ich in der Nacht aufwachte und feststellte, dass ich sicher an Bord der dunklen *Cresswell* war, schön und warm in meine Koje gepackt. Meine Einkäufe, zumindest die, die nicht unter dem Zusammenprall gelitten hatten, lagen auf dem Kabinentisch. Auf dem Tisch war ebenfalls eine ungeöffnete Flasche Rotwein mit einem gekritzelten Zettel in spanisch: „Für den Fall dass du aufwachst. Dein Hund ist festgebunden. Sergeant Alfredo Lopez, G.C.“

One man in a thousand, Salomon says,
Will stick more closer than a brother.
And it's worth while seeking him half your days
if you find him before the other.
Nine hundred and ninety-nine depend
On what the world sees in you,
But the Thousandsth Man will stand your friend,
With the whole round world agin you.

'Tis neither promise nor prayer nor show,
Will settle the promise for 'ee.
Nine hundred and ninety-nine of 'em go
By your looks, your acts, or your glory.
But if he finds you and you'll find him,
The rest of the world don't matter;
For the Thousandth Man will sink or swim
With you in any water.

His wrong's your wrong, and his right's your right,
In season or out of season.
Stand up and back it in all men's sight –
With that for your only reason!
Nine hundred and ninety nine can't bide
The shame or mocking or laughter,
But the Thousandth Man will stand by your side,
To the gallows-foot and after!

(Ein Mann nur in Tausend, sagt Salomon,
Ist Dir näher als ein Bruder.
Du sollst ihn suchen ein Leben lang,
Und finden vor den Andern.
Neunhundertneunundneunzig verlassen sich
Auf das, was die Welt in Dir sieht,
Doch der Tausendste Mann, er bleibt Dein Freund,
Wenn die Welt sich gegen Dich wendet.

Kein Versprechen, kein Gebet und keine Schau,
Hält die Andern an Deiner Seite,
Neunhundertneunundneunzig von ihnen urteilen

Nur nach Deinem Äußeren, Deinem Tun, oder Ruhm
Aber wenn er Dich findet, und Du findest ihn,
Ist der Rest der Welt egal
Denn der Tausendste Mann, er schwimmt oder sinkt
Mit Dir in jedem Wasser.

Tut er Falsch, tust Du Falsch, hat er Recht, dann Du auch,
Im Sommer und im Winter.
Steh' auf und zeig' dass Du zu ihm hältst, vor allen anderen Leuten,
Und das aus gutem Grund!
Neunhundertneunundneunzig können nicht ertragen,
Die Scham, das Hänseln, das Lachen,
Aber der Tausendste Mann, er steht Dir zur Seite,
Bis zum Fuß des Galgens und danach!)

Rudyard Kipling, *Der tausendste Mann*

10 Der tausendste Mann

Sonntage sind das, was man draus macht. Es können Tage der Heiligkeit und der Schwermut sein, falls Du zur Kirche gehst, Tage der Aufopferung und der Trübsal, falls Du die Verwandtschaft besuchst, Tage des Sports, falls du findest, dass das Rennen hinter einem Ball her, oder anderen dabei zuzuschauen, der Gipfel menschlichen Strebens ist – oder Du kannst ausspannen und lesen. Da ich weder Schotte, Ire, Engländer noch Kontinentaleuropäer bin, entschloss ich mich zu Letzterem, am Tag nach dem Besuch bei dem teuflischen Dentisten.

Dieser Sonntag, so dachte ich, würde himmlisch werden. Abgesehen von dem riesigen Krater in der Steuerbordseite meines Oberkiefers war ich erleichtert, als ich aufwachte. Es war das erste Mal seit mehreren Monaten, dass *Cresswell*, Nelson und ich alleine waren und wir tun und lassen konnten, was wir wollten. Ich konnte in der Unterhose herumhängen und musste mir nicht das Gesicht waschen; ich konnte den Speck anbrennen lassen und rohe Eier in Milch essen, ich konnte mein Kissen spielerisch nach Nelson werfen, und der konnte auf seinen drei Beinen rumrennen, so gut er konnte, bis die Zunge heraushing, hecheln und mich angrinsen, unbesorgt, ob er dabei mit dem Schwanz eine der verdammten Porzellantassen vom Tisch fegte oder nicht. Als wir nach einer halben Stunde mit dem Frühstück fertig waren, hatten wir bereits die Monate vornehmer Tischmanieren abgestreift und vermissten nicht einmal Sissies allmorgendlichen nörgelnden Sermon: „Ach-mein-Lieber-wir-sollten-unbedingt-eine-vernünftige-Tischdecke-für's-Frühstück-anschaffen." Nelson konnte wieder in die Steuerbordkoje springen, die vor den Tagen der großen Ordnung, die uns in den Weinbergen Frankreichs in Gestalt der Schwester des Bischofs über uns gekommen war, seit jeher sein Platz gewesen war. Nun konnte er sich dort wieder gemütlich zusammenrollen, seinen Kopf auf eine Pfote legen und mich angrinsen, bis ich ihm meinen Blechteller zum Ablecken gab, den ich danach in Richtung Kombüse warf – alles wie in den guten, alten Tagen.

Nach dem Frühstück und den beschriebenen sportlichen Übungen suchte ich mir wegen der Kälte draußen zunächst ein Buch aus. Shakespeare ist nichts für morgens, und Boswell's *Das Leben Johnson's* würde ich mir für den nächsten Tag aufheben. Conrad's *Nostromo* reizte mich, aber am Ende entschloss ich mich für meinen alten Freund *The Oxford Book of English Verse*. Ich machte mir eine frische Kanne Tee und zog mich in meine Koje zurück, den Kopf auf einem Kissenstapel, unter den ich zusätzlich die Öljacke gepackt hatte, und mit dem Rücken zum Niedergang, wo das Licht herkam. Nachdem ich mir noch eine Zigarette angesteckt hatte, war ich meiner eigenen Definition nach „im Paradies". Hier gab es Wonne, eine Oase der Ruhe, nichts als Zufriedenheit und wahres Glück. Hier war ich Avalon oder den Inseln der Seligkeit so nahe, wie man es im Leben – und vielleicht auch danach – nur selten erwarten kann. Zu jener Zeit war mir unbekannt, dass es für einen „Mann der Tat" eigentlich verpönt war, Gedichte zu lesen. Niemand hatte je versucht mir einzureden, dass Poesie und Tatendrang unvereinbar wären. In der Unschuld meines walisischen Geistes kam es mir nicht in den Sinn, dass Poesie etwas anderes sein könnte, als der Ausdruck von Taten, oder dass Taten etwas anderes sein könnten als der Ausdruck von Poesie. Als ich noch in der Marine gewesen war, vor vielen Jahren, hatte man in den weniger kalten Nächten am Polarkreis droben im Heflavik Fjord den Soldaten an Deck Hollywoodfilme vorgeführt. Ich hatte mich manchmal gewundert, warum keiner der Filmhelden je ein Buch zur Hand nahm, es sei denn, es war ein Rinder- oder Ölmillionär, der in den Geschäftsbüchern seine Profite zusammenzählte. Aber ich hatte das damals als Ignoranz der Filmproduzenten abgetan.

Im richtigen Leben, und insbesondere unter Seglern, habe ich selten einen richtigen Kerl getroffen, der nicht, zumindest im Herzen, auch ein Poet war – generell könnte man sagen, dass je raubeiniger und salzbuckliger der Kerl sich gab, desto poetischer war er auch. Es müssen richtige Poeten im Herzen gewesen sein, denn keiner hatte eigentlich eine Rechtfertigung, das zu tun, was er machte. Ich meine damit nicht, dass Segler praktizierende Poeten sind – Gott hat uns zum Glück davor bewahrt, indem er die meisten ziemlich schweigsam machte – aber ich habe nie einen getroffen, egal wie rau und ungeschliffen er war, der nicht ein ausgeprägtes Gefühl für den

Rhythmus des Meeres und des Lebens hatte, der nicht das Geheimnisvolle liebte und das herrliche brausende Lied, das immer entsteht, wenn ein Boot und Seewasser zusammenkommen.

Das Leben, das wir tagtäglich leben, kann keiner ohne eine gewisse Poesie im Herzen bestreiten, oder bestimmt nicht für eine längere Zeit. Die, die es trotzdem versuchen, leben wie Fremde in einem fremden Land, sprechen und verstehen nicht die Sprache, es sind für sie sind es nur sinnlose Laute . Sie werden nie verstehen, dass wahres Segeln eigentlich reine Poesie ist, dass die Logik des Segelns nicht verglichen werden kann mit der Logik an Land. Auf See gibt es nur richtig oder falsch, und nichts dazwischen, gibt es noch etwas Vernünftigeres?

Während ich an diesem Morgen die Seiten von Wyatt und Spenser, Byron und Donne umblätterte, mir jeden einzelnen Happen auf der Zunge zergehen ließ, dazwischen hin und wieder einen Schluck Tee trank und Nelson zublinzelte, stellte ich mir vor, dass der Schatten einer an Land lebenden Person hinter mir stünde und die Frage stellte, die Landleute seit Ewigkeiten an Seeleute stellen – *warum?* Ich schaute mich in der Kabine um, alles grau gestrichen und ein wenig verräuchert vom Teekochen. Ich sah die glänzenden Messinglampen, die in ihren Aufhängungen schaukelten, wenn draußen ein Fischerboot von einer Arbeitsnacht auf See in den Hafen hereinkam, die Crew (wie ich es vor meinem geistigen Auge sah) schon im Sonntagsanzug und bereit für den Kirchgang. Ich schaute auf die Bilder an den Schotten: Nansen und Scott, Shackleton und die Queen; die Männer blickten ernst und entschlossen, die Queen lächelte. Ich fühlte, wie die Sonne langsam das Schiff erwärmte, während sie in den Himmel kletterte und sah, wie sie ihre Strahlen in die Kabine schickte. Ohne während des Lesens auch nur hinzusehen, spürte ich aufgrund des Einfallswinkels der Sonnenstrahlen genau, wie spät es war, so als ob ich die Uhr abläse. Dann hörte ich ein leises Stöhnen der Festmacherleinen und der Ankerkette, wie jedes Mal, wenn das Boot gestört wurde und hörte eine Stimme ... aus der Richtung meines neuen Nachbars, *Dreadnaught*.

„*Cresswell*! Ahoi, da drüben!“ Es war eine hohe Stimme, Nelson schreckte auf. Er hob den Kopf und starrte in Richtung Niedergang, seine Zunge hing heraus. Wieder die Stimme: „Jemand zuhause?“

Ich steckte einen Teelöffel zwischen die Seiten, in denen ich gerade gelesen hatte und fuhr blitzschnell in meine Hosen. Es war eine Männerstimme, aber man weiß ja nie, ob an einem späten Sonntagmorgen – oder wenn man so will auch zu jeder anderen Tageszeit – auf der Außenmole von Ibiza nicht auch Frauen zu finden sind. Ich schaffte mich den Niedergang hoch, blickte umher und sah den Besucher.

„Morgen“, sagte ich.

Es war ein untersetzter Mann mit einem roten, runden Gesicht, dekoriert mit dem größten Schnurrbart, den es seit den Jugendjahren von General Kitchener gegeben haben muss. Er war grau-schwarz und riesig. Er war so groß und gewaltig und herrlich, dass ich zunächst den Eindruck hatte, der Mann würde zum Schnurrbart gehören und nicht umgekehrt. An den Enden des Schnurrbarts waren Ohren, die den Eindruck erweckten, als würden sie sich zu Tragflächen entfalten, sobald der Schnurrbart zu rotieren begänne. Soweit ich sehen konnte, gab es unter dem Schnurrbart einen Overall, so mit Öl und Schmierfett getränkt, dass er von alleine hätte stehen können. Die nackten Füße waren ebenfalls mit Öl und Fett verziert. Auf dem Kopf trug er eine weiße Yachtkappe mit Schild, es war das einzig Saubere an ihm – diese Kappe war makellos. Die Goldverzierungen glänzten in der Morgensonne. Er sah aus wie eine Kreuzung zwischen einem Admiral, einem britischen Armeesergeanten (aus dem Burenkrieg) und einem barfüßigen, überarbeiteten Mechaniker eines Omnibusreparaturbetriebes. Ich blickte in sein Gesicht und schätzte ihn auf etwa fünfundsechzig.

„Ah ja, Morgen alter Kumpel“, sagte er mit Midlands-Akzent. „Ich mach’ mir gerade eine Tasse Tee, und ich wollte fragen, ob Du auch einen Schluck willst? Hab’ Dein Boot gestern gesehen, da drüben ...“ Er zeigte mit seinem Schnurrbart hinüber in Richtung des alten Schiffsfriedhofs. Dem Schnurrbart schien es nicht zu gefallen, dass mit ihm in Richtung des Schiffsfriedhofs gewinkt wurde, er fing vor Ärger an zu beben. Erst als er wieder in Richtung *Cresswell* zeigte, schien er sich zu beruhigen. „Herrliche alte Dame, nicht wahr? *Royal National Lifeboat Institute?*“

Ich nickte beiden zu, dem Mann und dem Schnurrbart. Er stand auf einer ehemals blau-weiß gestreiften Matratze, die inzwischen grau war und vollgesogen mit Regen und Feuchtigkeit auf dem Vorschiff der winzigen *Dreadnaught* lag.

„Darf ich mich vorstellen, ... Amyas Cupling.“

„Tristan Jones.“

Ja, ich weiß ... ich hab’ deinen Kumpel Pete Kelly in Monaco getroffen.“

Der kommt aber rum, schoss es mir durch den Kopf.

Amyas Cupling schaute hoch zu *Cresswells* Mastspitze, und während er sprach, musterte er mein Schiff und jede Einzelheit des Riggs. „Schwerwetter-Rettungsboot, das vom Strand aus in die See geschoben werden kann. Saubere Arbeit ... wirkliche Ingenieursarbeit. Wurden hergestellt wie Dampfer, wie Schlachtschiffe sozusagen." Er und sein Schnurrbart lächelten mit wahrer Wonne. „Lass' mal sehen, will das Jahr schätzen, in dem es gebaut wurde ..." Er hielt inne. Der Schnurrbart senkte sich in tiefer Nachdenklichkeit, als er der Linie des Vorstags mit den Augen folgte. Plötzlich strahlten seine blauen Augen, der Schnurrbart hinkte den Augen etwas hinterher, als ob er auf das Kommando des Maschinentelegrafen warten würde. Dann kräuselten sich die Enden noch weiter empor, als wenn er das Kommando dazu erhalten hätte, und die Ohren fingen an zu wackeln. Irgendwie erwartete ich das Klingeln einer Glocke, das Zischen von Pressluft und das Wimmern der Maschinen. „Hmm, mal sehen, kann nicht vor nullfünf gewesen sein, bis dahin hatten sie die Dreißigfüßer... ich würde sagen nullsieben oder nullacht."

„Goldrichtig", sagte ich. „Gratuliere, genau auf den Punkt, Amyas." Hätte ich den Namen gekannt, hätte ich auch dem Schnurrbart gratuliert.

„Thames Ironworks?"

„Haargenau", sagte ich, wirklich beeindruckt von seinen Kenntnissen über Rettungsboote.

„Phantastische Ingenieure", sagte Amyas Cupling. „Die verstanden ihr Handwerk, nicht wahr?" Ohne meinen Kommentar abzuwarten, fuhr er fort. „Zweifach-Diagonalplanken aus Mahagoni auf gewachsenen Eichenspanten. Mein Gott, die haben sich noch Zeit genommen. Kannst Du Dir vorstellen, wie viele Jahre es gedauert hat, bis die Eichenspanten in die exakte Form gewachsen waren, die sie brauchten?"

Amyas schaute wieder auf meinen Bootsnamen. *Cresswell* schien zu schnurren, als er sich herüberbeugte, um den Namen auf einem Rettungsring zu lesen. Nelson war jetzt oben auf dem Kajütdach und starrte auf den Schnurrbart. Er schien diesen für eine Art Katze zu halten, die sich an Amyas' Oberlippe festgeklammert hatte.

Herr Cupling fuhr fort: „Ah ja, *Cresswell*. Benannt nach einem Ort in Northumberland, he? Ja, man brauchte etwa achtzig Jahre, um diese Eichenspanten in die richtige Form wachsen zu lassen, sozusagen. Sie hatten Plantagen in Portugal, weißt Du, und das heißt ... mal sehen ... dass sie in

Wirklichkeit 1828 mit dem Bau begonnen haben. Das war, als sie die Eichen pflanzten."

„Erstaunlich, nicht wahr?", sagte ich. Ich ahnte schon, was er mir sagen wollte, aber ich wollte nicht unhöflich sein. Er war offensichtlich stolz auf sich selbst und erfreute sich am Anblick von *Cresswell.*

Amyas Cupling und sein Schnurrbart schauten jetzt beide auf Nelson. Mein Hund zuckte einen Moment lang mit den Schultern, als ob er erwartete, dass der Schnurrbart im nächsten Moment auf den Kai springen und in Richtung Dorf rasen würde.

„Dein Köter?", fragte Amyas.

Ich stellte Nelson vor. Amyas kam ganz nahe an *Dreadnaughts* Reling, die aus einem Stück rostigem Draht bestand, der sich durch die Löcher der Stützen kreuz und quer um das ganze Schiff herumringelte wie betrunkene Subjekte um eine Kneipentür.

„Schöner Kerl", sagte Amyas. Nelson wedelte voll Vergnügen mit dem Schwanz, als der Schnurrbart auf und ab wippte. „Hatte selbst einen Hund bis vor ein paar Monaten – natürlich keinen reinrassigen, so wie deiner, nur so eine Promenadenmischung zwischen Rauhaarterrier und King Charles Spaniel, sozusagen. Hab' ihn in einer Gasse in Tanger gefunden, wo diese verdammten Kerle ihn mit Füßen traten und mit Steinen nach ihm warfen. Konnte ich doch nicht mit ansehen, oder? Hab' ihnen ein paar auf die Ohren gehauen, und das arme Ding mit an Bord von *Dreadnaught* genommen. Hatte ihn ein ganzes Jahr. Lieber kleiner Kerl. Habe ihn Teddy gerufen ..."

Amyas versank einen Moment in Meditation, als plötzlich ein schriller Pfeifton seine Trauer um Teddy unterbrach. Amyas Cupling und sein Bart schreckten hoch. „Ah, der Teekessel pfeift, bitte komm' an Bord. Tee ist gleich fertig. Du musst Deine Schuhe nicht ausziehen ... ich bin am Umbauen, sozusagen. Kannst den Hund mitbringen, wenn du willst", rief er. Er zwängte sich durch eine rostige Eisenluke am Ende des rostigen Kabinendachs von *Dreadnaught.*

Nelson wollte mich natürlich nicht begleiten. Wann immer ich von Bord ging, war er sehr stolz auf sein Privileg, *Cresswell* zu bewachen. Es hätte eine ganze Panzereinheit gebraucht, ihn zur Seite zu schieben, wenn ich nicht da war. Wie der Polizeisergeant es gestern geschafft hatte, an Bord zu kommen, war mir immer noch ein Rätsel. Ich denke, dass Nelson gewusst hatte, dass es mir nicht gut ging. Aber dem Sergeanten gegenüber war er sicher nicht wohlgesonnen aufgetreten, sonst hätte der ihn nicht festgebunden.

Als ich über *Cresswells* stramme, glänzende Reling und anschließend über *Dreadnaughts* lockeren, rostigen Draht kletterte, betrachtete ich das einzige Segel, das immer noch an dem schwarzen, ungestrichenen, halbverrotteten rostigen Stummelmast des rostigen Bootes angeschlagen war. Das Segel war im gleichen Zustand, die Hälfte der Kauschen war aus dem Tuch herausgerissen. Es sah aus, als wenn ein betrunkener Riesensaurier es in den Krallen gehabt hätte. Vorsichtig tanzte ich über die feuchte Matratze an Deck, balancierte über und durch eine Rolle Fünfundzwanzigmillimeterkabel, suchte einen Weg durch die Ansammlung von Ölkannen und Fässern, alle angerostet, und erreichte schließlich den Niedergang.

Die Szene unter Deck war fast unbeschreiblich. Es war, als wäre ich durchs Moor gewandert und zu den verlassenen Überresten einer frühen, viktorianischen verlassenen Mine gelangt, Zinn oder Kupfer vielleicht, aber seit langer, langer Zeit ausgeräumt und verlassen.

Drunten in der Dämmerung, im schwachen Schein einer elektrischen Glühbirne (es gab keine Bullaugen) lag ein Haufen auseinandergenommener Maschinenteile – Kolben, Pleuel, Ventile, Zahnräder, Gewindestangen, Hähne, Schrauben, Muttern, Bolzen und Pumpen, alle knochentrocken und verrostet. Altertümliche, vergilbte Elektrokabel spannten sich in alle Richtungen. Batterien – eine ganze Batterie davon – alle schwarz und schmutzig, und überall lagen Werkzeuge – Zangen, Schraubenschlüssel, Hämmer, Bohrer, Schraubenzieher, alles verrostet. Die Kabinenwände waren rostbedeckt und glänzten vor Feuchtigkeit. In der Mitte der Kabine stand offensichtlich Amyas' ganzer Stolz – eine graue, rostig-fleckige Kiste, aus der an allen Seiten dicke schwarze Kabel herauskamen und in der Finsternis des Vorschiffs verschwanden. Während ich noch die Kiste betrachtete, rutschte ich auf einem rostigen Zylinderkopf aus, der am Fuß der rostigen Niedergangsleiter lag. Ich starrte auf die Kiste, bis mir endlich klar wurde, dass es eine tragbare Schweißanlage war.

Als ich die Balance wiedergefunden hatte, schaute ich mich um. Außer den herumliegenden Maschinenteilen, Batterien, Werkzeugen, Elektrokabeln, der Schweißanlage, dem dampfenden Teekessel, den Amyas in der Hand hielt, und Amyas selbst, war alles in der Kabine geschweißt. Der Kabinentisch war eine Stahlplatte, die auf zwei gebogene Stahlrohre geschweißt war, die wiederum an die stählernen Spanten des Rumpfes geschweißt waren. Die Kojen, eine davon gefüllt mit rostigem Maschinenschrott und Werkzeug, bestanden aus Stahlplatten, die untereinander und mit dem Rumpf verschweißt waren, die Regale bestanden aus Sechsmillimeterstahl und waren an die von Feuchtigkeit triefende Kabinenwand geschweißt.

Ich schaute nach dem Bücherschapp und erwartete, verrostete Bücher aus Stahl zu finden, die mit dem Schapp verschweißt waren. Ich stolperte hinüber und las die Titel. *Das Handbuch des Ingenieurs zur See, Notreparaturen auf See, Marinediesel und ihre Wartung, Praktisches Handbuch des Marinemechanikers,* und so weiter. Als ich mich nach der Lektüre der Titel auf den Buchrücken umdrehte, lächelte mich Amyas an. Im Schein der einzigen, winzigen Glühlampe erschien die ganze Szenerie wie die Handschellenwerkstatt in einer düsteren Ecke von Dantes Inferno, deren Arbeiter fünf Jahre vorher in Streik gegangen waren und die Kontrolle einem irren venezianischen Schmiedemeister übergeben hatten. Wäre Isambard Kingdom Brunel in diesem Moment an Bord gekommen, so stellte ich mir vor, hätte er sicher seinen Hut gezogen und das einzige Mal in seinem Leben gelächelt.

Amyas schenkte Tee ein in zwei rostfleckige Metallmugs auf dem Stahltisch. Er zog eine buschige Augenbraue hoch und richtete den Schnurrbart gegen mich. „Gefällt Dir, he?“ Ohne meine Antwort abzuwarten, sprach er weiter: „Natürlich, ich bin gerade am Umbauen, sozusagen. Hab' in Gibraltar angefangen. Bleib' natürlich nicht an einer Stelle liegen während ich umbaue, segle dabei herum, sozusagen. War in Sardinien, Korsika, Griechenland, Jugoslawien, Italien, Südfrankreich und Mallorca während dem Umbau. Kann es nicht zu lange in einem Hafen aushalten. War ein paar Jahre in der Handelsmarine ... hab' es bis zum Zweiten Ingenieur gebracht. Dann kam die Suezkrise, die Reederei ging pleite, und ich saß hoch und trocken, sozusagen.“

Während er sprach, nahm er seine makellose weiße Kappe ab und hängte sie sorgfältig an einen rostigen Stahlbolzen über seiner Koje. Sein angegrautes Haar, das in ziemlich langen Strähnen von seinem Kopf hing, gab ihm das Aussehen eines glücklichen Walrosses, das gerade aus einem Gewirr von langfaserigem Seetang auftaucht.

„Das war sicher ein großer Trennungsschmerz“, witzelte ich.

„Was viel schlimmer war, im selben Jahr hab' ich meine Frau verloren“, sagte er. Der Schnurrbart senkte sich einen Moment lang und kam dann wieder hoch. „Egal, man kann nicht den Kopf hängen lassen, sozusagen, nicht wahr? So hab' ich mich entschieden, zur Abwechslung wieder auf See zu gehen. Die Reederei war kaputt, und mein altes Schiff hat man versteigert. Die *Princess of India* – war ein schönes altes Mädchen. Machte viermal im Jahr die Route London-Bombay, bei jedem Wetter, sechzig Jahre lang. Und ich hab's geschafft, eines ihrer Rettungsboote zu ergattern – zu meiner eigenen Rettung, sozusagen. Das hier ist es."

„Was? *Dreadnaught*?"

„Natürlich, alter Kumpel. Sie war das vordere Rettungsboot auf der Steuerbordseite. Nur für die Offiziere. In den guten, alten Zeiten hab' ich sie im Hafen von Bombay ausprobiert. Feiner Spaß. Hab' die Leute herumkutschiert, sozusagen."

„Und wie hat es dich dann hierher verschlagen?" fragte ich fasziniert.

„Ach, ich hab' sie in Inverkeithing erstanden, in Schottland, vor drei Jahren. Sie war in einem fürchterlichen Zustand. Die haben all die schönen Rettungsboote vergammeln und verrotten lassen."

„Hast Du sie dort umgebaut, in Inverkeithing? Kenne ich gut ..."

„Nein, nein, das war im Herbst, weißt Du, und das Sauwetter und der Nebel hätten mich nur aufgehalten. So hab' ich nur schnell die Masten reingehauen und bin direkt nach Gibraltar gesegelt, um sie dort richtig umzubauen. Schon ein wenig wärmer, sozusagen."

„Aber das sind über tausend Meilen!"

„Ja, am Anfang war sie ein wenig schwerfällig, aber in der Biskaya nahm der Wind zu. Haben nur sechs Wochen gebraucht, knapp unter sieben, sozusagen."

„Wie ging's dann weiter in Gibraltar, ich meine mit dem Umbau?"

„Ach, wir konnten nicht allzu lange bleiben. Die Hafengebühren waren uns zu hoch, und so machten wir einen Abstecher ins Mittelmeer, sozusagen. Gingen zuerst nach Malta, aber in Griechenland war's billiger, also gingen wir dort hin."

„Aber das sind noch mal tausend Meilen, oder mehr?"

„Haben nur achtzehn Monate gebraucht. Natürlich hatten wir's nicht eilig, das Mittelmeer ist zu interessant dafür, ich meine so abwechslungsreich, sozusagen."

„Wann hast Du denn dann den Umbau gemacht, Amyas?"

„Also, wie Du siehst, bin ich immer noch dran. Eile bringt da gar nichts, es sei denn, es gibt eine Notsituation, sozusagen. Weißt Du, kein Ingenieur, der etwas auf sich hält, will Pfusch machen. Ich weiß, manchen Landratten kommt das etwas langsam vor, aber drei Jahre sind eigentlich nicht so eine lange Zeit, besonders wenn man alleine dran arbeitet, oder? Das Boot segelt ganz gut, selbst wenn es im Vergleich zur *Princess of India* ein bisschen langsam ist. Hab' nicht viel ausgelassen im Mittelmeer. Waren in Spanien, Italien, Frankreich, Malta, Marokko, Griechenland, Jugoslawien ... die kleine *Dreadnaught* und ich, und überall haben wir ein wenig umgebaut. Habe auch eine Menge Bootsdiesel von anderen Leuten repariert. Natürlich helfe ich in erster Linie den einheimischen Fischern, dann erst den Yachten. Ich meine, die arbeiten für ihren Lebensunterhalt, sozusagen."

„Bezahlen sie dich?"

„Oh nein, ich nehme kein Geld dafür, das fällt mir nicht im Traum ein. Ich bin doch ein professioneller Schiffsingenieur und halte mich an die goldene Regel die lautet... wenn irgendwer Probleme hat ... sozusagen."

Amyas und ich tranken unseren Tee aus. Ich schaute mich in seiner Kajüte um. Es war solch ein fürchterliches Durcheinander – verrostete Bratpfannen hingen über einer verrosteten Kombüse, und die verrostete, braungefleckte Senfdose würde bei Maître Escoffier einen Ohnmachtsanfall hervorgerufen haben. Ich lud meinen Ingenieursfreund zu einer Fischsuppe auf *Cresswell* ein.

„Das klingt wahnsinnig gut", nahm er meine Einladung an, „außerdem ist heute Sonntag, und am Sabbat sollte man nicht allzu viel arbeiten, sozusagen."

Wir aßen unsere Fischsuppe. Begierig leckte Nelson unsere Teller ab. Gesättigt machten wir es uns in *Cresswells* Cockpit bequem. Amyas erzählte von Umbauten und Kolbenzapfen, und ich betrachtete die Einwohner Ibizas, die auf der Mole ihren sonntäglichen *paseo* absolvierten. Das war immer ein Ereignis. Ganze Familien, von Großvater und Großmutter bis hin zu winzigen, nur wochenalten Babys in kostbaren, mit Seidenquasten verzierten Kinderwägen mit Sonnenschutz und verchromten Rädern spazierten vorbei. Die Erwachsenen trugen ernst ihre schwarzen Anzüge und schwarzen Kleider mit schwarzen Schals. Die älteren Frauen trugen ihren besten Schmuck, und die älteren Männer taten ihr Bestes, den jungen Frauen nicht hinterher zu schauen. Alle jungen, ledigen Mädchen promenierten in Gruppen zu fünft oder zu sechst, lächelten und warfen sich gegenseitig strahlende Blicke zu. Die jungen Männer promenierten ebenfalls in geschlossenen Gruppen, bis sie in etwa vier bis fünf Meter Abstand zu einer Gruppe junger Mädchen kamen. Dann löste sich die Gruppe in einen Gänsemarsch auf, und es wurde ein Bündel unausgesprochener Fragen auf die Mädchen abgeschossen. Die Mädchen kicherten, einige drehten sogar den Kopf und schauten den Jungen hinterher, doch man konnte leicht erkennen, wenn ein Mädchen einen Jungen besonders mochte. Dann hielt sie beim Vorbeimarsch ihren Kopf steif und schaute geradeaus nach vorn.

Es machte Spaß, dieses älteste Spiel der Welt zu beobachten. Es war interessanter und besser, als jede Show im Westend oder am Broadway sein kann. Die Einheimischen schienen die fremden Schiffe im Hafen oder die Leute darauf überhaupt nicht wahrzunehmen. Das Spiel wurde schon gespielt, bevor das erste Schiff zu Wasser gelassen wurde. Es schien, als würden wir überhaupt nicht existieren. Das war uns ganz recht, Amyas und ich hatten die besten Sitze im Theater und konnten ohne jede Verlegenheit zuschauen und zuhören.

Amyas redete über Kompressionsverhältnisse, Propellersteigungen und andere Ingenieurleckerbissen, die für mich alle Rätsel sind und bleiben. Aber irgendwie war es doch poetisch. Was klingt hilfreicher als „Kurbelwelle"? Was klingt solider als „Zylinderkopfdichtung"? Die Worte die Amyas aussprach, wie „Ansaugprozess", „Kompression", „Initialzündung" und „Abgasausstoß" klangen viel romantischer als meine Ausdrücke für die gleichen Vorgänge wie „saugen", „drücken", „knallen" und „blasen". Amyas war ein poetischer Ingenieur, ein Poetingenieur, *sozusagen.*

Gegen drei Uhr bewegte sich das kleine, umgebaute spanische Fischerboot auf der anderen Seite von *Cresswell* sachte in Richtung Kai. Ich drehte den Kopf, um zu sehen, ob jemand mit den Festmachern spielte, und sah, dass es ein kleiner alter Mann in einem schwarzen Anzug war, genau so wie Hunderte anderer kleiner Männer, die auf der Mole promenierten. Als ich in seine Richtung blickte, machte der kleine alte Mann nach alter kastilischer Sitte eine kleine Verbeugung. Irgendwie wusste ich, dass er der Bootseigner war.

Ich sprang auf – Amyas erklärte gerade die Geheimnisse der dreistufigen Expansion – und kletterte über *Cresswells* Heck auf die Mole. Ich zog an den Fertmacherleinen des kleinen Mannes, um das Schiff näher heranzubringen, und half ihm über den Spalt zwischen Heck und Kai an Bord. Als er sicher drüben und im Cockpit war, drehte er sich um, lächelte und machte wieder eine kleine Verbeugung. *„Muchas gracias, señor“*, sagte er, „Alfredo Ramero Gonzales Rodrigues de Valdez y Compostella.“ (Oder jedenfalls so ähnlich, für mich klang es eher wie der Name einer spanischen Fußballmannschaft als wie der eines Mannes). „Mein Schiff, *Estrellita del Mar*, und ich, möchten uns auf das Herzlichste bei Ihnen bedanken.“ Sein Kastilisch war so klar wie ein Bergbach.

Ich stellte mich und Amyas Cupling dem alten Mann vor. „Kleiner Stern des Meeres! Was für ein schöner Name, *senõr*“, sagte ich.

Der alte Mann verbeugte sich wieder. „Ich danke Ihnen vielmals“, sagte er, jetzt in perfektem Englisch mit Oxford-Akzent und nur ganz leichten spanischen Untertönen. „Wenn Sie irgendwelche Hilfe benötigen, sind Sie herzlich eingeladen, an Bord zu kommen. Ich werde nach besten Kräften zu Ihren Diensten sein.“ Er drehte sich um, entriegelte das kleine Niedergangsluk seines Schiffes und ging nach unten.

Ich lächelte Amyas an, der eine Augenbraue hochzog. Wir sagten nichts, bis ich wieder an Bord von *Cresswell* war. Dann sprach ich mit leiser Stimme – Schall verbreitet sich leichter über das Wasser als sonst was.

„Lustiger, kleiner Mann“, war mein Kommentar.

„Scheint eine gute Ausbildung zu haben, sozusagen“, sagte Amyas im Flüsterton.

„Schönes kleines Schiff, sieht aus wie ein Umbau, wenn man es das erste Mal sieht“.

„Aber das ist kein Umbau“, flüsterte Amyas.

„Nein, es wurde so gebaut. Nachbau eines Fischerbootes aus Mallorca, aber als Yacht. Das haben sie sehr gut hingekriegt, und es ist sehr gepflegt. Mein Gott ...“. Ich erinnerte mich, dass ich Amyas nie lästern gehört hatte. „Tschuldigung!“

„Das ist schon in Ordnung, Kumpel, ich weiß, dass Du den Namen des Herrn nicht böswillig in den Mund genommen hast. Vergiss nicht, dass ich achtunddreißig Jahre zur See gefahren bin.“

„Ich meine, schau Dir nur mal den Anstrich an. Die haben sich Zeit genommen, wer immer das gemacht hat, und die Blattgoldeinlagen am Kajütdach. Donnerwetter, das muss allein einen Monat gedauert haben, die Linie um die ganze Kajüte herum.“

„Ja“, sagte Amyas, „bei *Dreadnaught* werde ich das auch so machen ...“, er dachte einen Moment lang nach, „... wenn ich mit dem Umbau fertig bin, sozusagen“.

„Es würde keinen Sinn machen, mit dem Streichen anzufangen, bevor sie ganz fertig ist, nicht wahr?“ sagte ich mit einem Blick auf die traurigste, ungepflegteste und dreckigste Rostlaube eines Schiffes, die ich je außerhalb einer Kohlenverladestation gesehen hatte. Unter meinem Blick schien die arme alte *Dreadnaught* zu schrumpfen und nach der Seite auszuweichen, als wenn sie mir sagen wolle, es wäre doch nicht ihre Schuld. Was erwartete Amyas Cupling denn nach der Herrlichkeit der *Princess of India*? Etwa Tommy Liptons *Endeavour*?

Wir gingen wieder nach unten in *Cresswells* Kabine. Ich wollte Amyas meine Bibliothek zeigen, damit er sich ein Buch ausleihen konnte. Als er sich die Titel ansah, kam ein tiefes Brummen von draußen. Amyas drehte sich fragend nach mir um. „Das ist in Ordnung, ein Motorboot kommt herein. Genug Leute da draußen, um ihm beim Festmachen zu helfen. Lass dir nur Zeit, du kannst jedes Buch haben, das dir gefällt.“

Nach ein oder zwei Minuten meinte Amyas: „Ja ... ich denke, die habe ich alle schon gelesen, sozusagen.“

„Shakespeare?“, fragte ich.

„Oh, vor Jahren. Ich las immer auf Wache in der Nacht, als ich noch Dritter Ingenieur auf der alten *Princess of Burma* war.“ Amyas legte den Dichter zurück. „Aber das hier, wenn du das heute und morgen nicht brauchst ...“

„Ich hab’ schon mein Buch für morgen. Gedichte. Schau, es liegt auf meiner Koje. Du kannst jedes Buch aus meiner Buchsammlung haben.“

„Es ist nicht aus der Buchsammlung. Es liegt hier drüben...“ Er hob mein ölverschmiertes Maschinenhandbuch hoch und las den Titel vor: *„Volvo Penta MD2 – Handbuch für Betrieb und Wartung“*. „Das möchte ich sehr gerne durchlesen, darf ich es ausleihen, sozusagen?“

Ich war gerade dabei zu sagen „aber sicher“, als *Cresswell* so stark gierte, dass mir der dampfende Teekessel aus der Hand flog und an der Kabinenwand landete. Amyas erstarrte. Ich schoss den Niedergang hoch. Ärgerlich schaute ich umher. In dem Sekundenbruchteil, den ich gebraucht hatte, um nach oben zu kommen, hatte ich bereits geahnt, was los war. Jetzt sah ich, dass ich recht gehabt hatte.

Ein monströses, großes Motorschiff, vielleicht achtundzwanzig Meter lang und silbern, war rückwärts mit dem Heck in die Ankerkette des alten Mannes, der *Estrellita del Mar*, hineingeraten, die dünne Sechs-Millimeter-Ankerkette war gebrochen, und das Fischerboot war in die Steuerbordseite von *Cresswell* hineingedonnert. Da *Cresswells* Seiten gebaut waren wie die Wände der Kathedrale von Durham, gaben sie nicht nach, als die Yacht sich immer noch weiter rückwärts auf das Fischerboot drückte und es auf *Cresswell* schob. Irgendetwas musste nachgeben. Die Kraft- und Bewegungsgesetze verlangten das. Obwohl sie aus zehn Millimeter verzinktem Stahl bestand, befolgte *Cresswells* Ankerkette diese Gesetze und brach wie ein dünner Faden Wolle, während ich entsetzt zusah. Der riesige Sauhund aus Barcelona ließ seine Maschinen immer noch mit voller Kraft rückwärts laufen, und *Cresswell* donnerte in *Dreadnaught*. Schreien half nichts, die Maschinen der Achtundzwanzigmeteryacht übertönten jede Stimme. Dann sah ich die Leine.

Das Monster hatte eine lange, dicke Nylonleine ausgebracht, die von der Backbordseite des Hecks über die drei Vorschiffe von *Estrellita, Cresswell* und *Dreadnaught* zu einem Poller auf der Mole verlief. Während er mit der Kraft seiner tausend Pferde rückwärts lief, holte er die Leine mit der Motorwinsch dicht! Es war, als wenn sich ein riesiger, ungehobelter Kerl nicht nur in eine Reihe kleiner alter Damen zwängt, sondern diese auch noch mit seinem Bauch zu Tode drückt, während er sich mit langen Trossenarmen an die Wand zieht.

Völlig außer mir, schaute ich hinauf zur Brücke des Killerschiffs. Drei Figuren standen dort, eine davon hatte ein geblümtes Hawaiihemd an und eine dunkle Sonnenbrille auf. Der Eigner, sagte ich mir. Eine weitere mit weißem Haut und dunkler Brille – der Gast. Die dritte trug weiße Kappe und weißes Jackett, ebenfalls eine dunkle Brille und einen Zahnbürstenschnurrbart. Der Kapitän, mutmaßte ich. Keiner verzog eine Miene, sie schienen Recht und Macht gepachtet zu haben.

Alles fand in Sekundenschnelle statt. Ich schoss die Leiter hoch, erkannte die Situation, beugte mich hinunter ... und dann tat ich etwas, das ich nie zuvor getan hatte und hoffentlich nie wieder tun muss.

Ich riss mein doppelschneidiges Royal-Navy-Tauchermesser – es war mehr ein römisches Kurzschwert als ein Messer – aus seiner Messingscheide von Siebe Gorman im Niedergang und sprang an Land. Ich erinnere mich nicht mehr, ob ich sprang, klomm, kletterte oder stolperte. Das

Nächste, an das ich mich erinnere ist, dass ich an Land war und das Messer an die Kehle eines großen, dunklen Seemanns mit weißem Pullover hielt, der an der Festmacherleine des Killerschiffs stand. Mit weit aufgerissenen Augen rannte er weg. Ich säbelte mit der Sägeseite des Tauchermessers die dicke Festmacherleine durch. Die Leine riss und schoss mit einem Zischen zurück ins Hafenwasser, gerade als *Dreadnaught* mit dem Heck auf die groben Steine der Mole donnerte. Irgendwo gab es einen Schlag, der sogar über das Donnern der Maschinen des Killerschiffs hinweg zu hören war. Amyas sah von *Cresswells* Deck aus zu, wie *Dreadnaught* zu sinken begann. Wir warfen uns wilde Blicke zu. Irgendwie wussten wir beide sofort, dass *Dreadnaughts* Propeller auf einen Felsen gedonnert war. Das hatte die Propellerwelle so verbogen, dass das Boot unten am Wellenlager aufgerissen wurde und schmutziges Hafenwasser von unten in das arme Schiff hineinströmte, so schnell wie das Blut wild durch Amyas' Herz gepumpt wurde.

Mit gezücktem Messer raste ich die Mole hinunter zu dem anderen Luxusdampfer-Matrosen, der verwirrt bei der Steuerbord-Festmacherleine stand. Als ich in seine Richtung rannte, sah ich aus dem Augenwinkel, wie das Heck des Monsters von *Cresswell* freikam, aber nicht ohne mein Bugspriet mitzunehmen.

Ich hechtete auf den Matrosen zu. Ich muss mir die Lunge aus dem Leib geschrien haben, aber ich hörte keinen Ton. Der Lärm der Maschinen übertönte alles. Kurz bevor ich den kleinen Matrosen erreichte, erblickte er das drohende Unheil und sprang ins Hafenwasser. Ich zersägte die zweite Leine, gerade als das Schiff seine Maschinen abgestellte. Dann drehte der Bug des Monsters in den Wind, nach Osten. Ich brüllte die Männer auf der Brücke an: „Ihr verfluchten, unbeholfen Sauhunde. Wenn ihr an Land kommt, schneide ich euch eure verdammten Eier ab!"

Dann kam ich so schnell wieder zu Verstand, wie ich ihn offensichtlich verloren hatte. Bis heute denke ich, dass ich richtig gehandelt habe. Hätte ich nicht die Leinen gekappt, wären letztendlich alle drei kleinen Schiffe an die Kaimauer gedrückt worden und womöglich gesunken.

Der kleine Mann von *Estrellita* war jetzt an Deck. Er starrte ruhig, ernst und wortlos auf die Trümmer der Zerstörung um ihn herum. Amyas war immer noch an Deck von *Cresswell* und hielt sich an der Seereling fest, während er leise weinte und in das schmutzige Hafenwasser starrte, wo *Dreadnaught* mit einem Gurgeln komplett versunken war. Ich schaute ebenfalls auf die letzten Luftblasen aus ihrem Rumpf, die an die ölige Oberfläche kamen und zerplatzten. Ich schaute fast eine Minute lang auf Amyas. Er war ein gebrochener Mann.

Eine blecherne Stimme dröhnte durch den Hafen. Sie kam von dem Killerschiff, über Lautsprecher. „Ich habe Sie über Funk bei der Hafenverwaltung und der örtlichen Polizei angezeigt. Sie dürfen den Platz nicht verlassen ..."

„Leck' mich!" brüllte ich, „LECK MICH AM ARSCH, DU VERDAMMTER DRECKSKERL!"

„SIE MÜSSEN BLEIBEN WO SIE SIND – POLIZEIANORDNUNG!", kam wieder die Lautsprecherstimme.

„POLIZEISCHEISSE!", brüllte ich zurück, und kletterte wieder auf *Cresswell*. Wenn die mich schon festnehmen wollten, war ich jedenfalls an Bord eines in Großbritannien registrierten Schiffes, dachte ich. Sollen sie doch dem da die Knochen brechen!

Amyas warf mir einen tieftraurigen Blick zu. Er sank auf dem Deck zusammen, den Kopf in den Händen. Ich legte meine Hand auf seine Schulter. „Verdammte Sauhunde ... Oh, tut mir leid, Amyas, ich bin ein wenig aufgeregt."

„Schon in Ordnung, Tristan", seufzte seine Stimme, „ich versteh' schon."

„Du kannst bei mir an Bord von *Cresswell* bleiben, wenn Du willst, Kumpel, bis wir herausfinden, wie wir *Dreadnaught* heben werden."

Ich schaute mich wieder um. Die drei arroganten Figuren auf dem Killerschiff starrten alle in meine Richtung, die beiden Zivilisten mit den Armen auf der Reling verschränkt. Der Skipper inspizierte mich durch ein riesiges Fernglas. Immer noch außer mir, zeigte ich ihm ein britisches Zweifingerzeichen, dann ein italienisches Dreifingerzeichen, und schließlich ein französisches Vierfingerzeichen.

Ich drehte mich um und schaute nach dem alten Mann, doch der war wieder hinuntergegangen, sicher, so dachte ich, um zu kontrollieren, dass der Rumpf seines kleinen Fischerboots nicht leckte. Das erinnerte mich daran, das Gleiche zu tun, obwohl ich wusste, dass *Cresswell* einiges aushalten konnte, so wie sie gebaut war.

Ich ließ Amyas, der immer noch seinen Kopf in den Händen hielt, an Deck zurück. Schnell inspizierte ich mein Schiff, kontrollierte die Spanten und den Pegel des Bilgenwassers, um mich zu vergewissern, dass der Kiel nicht beschädigt war; dann die Kniebalken der Kajütdecke, die Püttinge und die Randleisten, um zu sehen, ob etwas verschoben war. Wenn ich schon ins Gefängnis komme, so dachte ich, wollte ich wenigstens wissen, dass *Cresswell* in Ordnung war, und Amyas nach ihr sehen konnte, bis Sissie von Mallorca zurückkam.

Während ich noch nachdachte, kam eine harte, befehlende Stimme von der Mole oben. „*Cresswell*", brüllte sie, dann in Spanisch: „Mit erhobenen Händen an Deck kommen. Sie stehen unter Arrest!"

Das war's dann, dachte ich. Nach guter alter Texas-Sitte hob ich die Hände hoch, stieg den Niedergang hinauf und sagte Nelson leise, dass er unten bleiben solle. Als ich die Leiter des Niedergangs hochkam, sah ich hinter *Cresswells* Heck auf der Mole etwa zwanzig Marinesoldaten stehen, einige junge Offiziere und ein Dutzend *Guardia Civil* mit schwarzen Lederhüten und grauen Uniformen. Jeder mit Ausnahme der Offiziere hatte ein Gewehr, eine Maschinenpistole oder so etwas Ähnliches in der Hand, und jede einzelne Waffe war genau auf mein Herz gerichtet. Schweigend erstarrte ich an Deck.

„Sie haben mitzukommen. Sie sind festgenommen!" Das sagte ein Marineleutnant, der so finster dreinschaute, wie er es mit seinem höchstens zwanzigjährigen Gesicht nur konnte. Hinter ihm starrten mich die Polizeibeamten und die Marinesoldaten bedrohlich an. Der Leutnant winkte mit seiner Pistole nach Amyas. „Sie auch!", befahl er.

Amyas erhob sich schwerfällig vom Deck, als es plötzlich Aufregung bei den vier Offizieren auf der Mole gab. Bestürzt musste der junge Leutnant, der gerade die Festnahme ausführen wollte, innehalten. Plötzlich stand er aufrecht, als hätte ihn ein elektrischer Schlag getroffen und salutierte. Er rief: *„Marineros, aten ... cion!"*, „Marinesoldaten, Achtung!" Alle uniformierten Soldaten nahmen Haltung an und salutierten. Alle *Guardia Civil* schlugen die Hacken zusammen und blickten geradeaus auf das kleine Fischerboot. Ich drehte mich um und schaute, was diese Veränderung hervorgerufen hatte. Es war so unglaublich! Eine Feder hätte mich umwerfen können.

Der alte Mann war jetzt in der kompletten Ausgehuniform eines Generals der spanischen Armee, komplett mit Säbel und einer breiten Schärpe um die Schulter. Um seinen Hut herum verlief ein rotes Band mit einem riesigen goldenen Rangabzeichen.

Das Spanisch des kleinen Generals war zu schnell für mich. Ich konnte nicht alles verstehen, aber ich bekam den Sinn von dem, was er sagte mit, als er lässig mit seiner weiß behandschuhten Hand auf das treibende Motorboot zeigte. „Herr Leutnant, Sie werden diesen Verbrecher festnehmen, er hat gegen die Gesetze Gottes und die Regeln des allgemeinen Anstands verstoßen, und er hat die Menschenwürde beleidigt. Sie werden eine bewaffnete Wache an Bord des Schiffes zurücklassen, und Sie werden ihn so lange festhalten, bis das Boot dieses *caballero* gehoben ist.“ Er wedelte wieder lässig mit der Hand, diesmal in Richtung Amyas, der ihn genau so entgeistert anstarrte wie ich.

Der kleine General fuhr fort: „Sie werden uns alle drei morgen früh hier erwarten, um die Berechnung der Schäden an unseren Schiffen zu bestätigen, die dieser *moron* durch seine Aktionen hervorgerufen hat.“ Er winkte wieder geringschätzig mit einem weißen Handschuh in Richtung Motorschiff. „Und Sie werden diese Summe mit drei multiplizieren. Das ergibt den Betrag der Strafe, die dieses *animal* zu zahlen hat. Nachdem das Schiff dieses Herrn gehoben ist und alle Reparaturen ausgeführt sind, werden Sie sicherstellen, dass der überschüssige Betrag dem örtlichen Waisenhaus zugute kommt. Ist das klar?“

„Si, Señor Gobernador-General ...“ Der Leutnant zögerte, stand aber immer noch stramm.

„Nun, wo ist das Problem?“, höhnte der kleine General.

„Es gibt keine Bergungsfirma auf der Insel ... es wird einige Zeit dauern, bis jemand aus Barcelona kommt.“

„Es muss schnell gehen. Das Schiff muss morgen oder übermorgen gehoben sein!“

„Aber ...?“ Der Leutnant zitterte.

Ich drehte mich um und sprach zu dem General. *„Perdoneme, Señor General ...“*

Der General schaute mich an, und sein Gesicht nahm einen freundlichen Ausdruck an. „Ja, mein Freund?“

„Ah, ... es gibt eine Bergungsfirma auf der Insel ... aber es ist eine ausländische.“

Der General lächelte. „Das ist mir ganz egal, selbst wenn sie den Russen gehört. Ich will die ganze Sache erledigt haben, ehe ich morgen Ibiza verlasse. Egal, wo ist diese Firma und wem gehört sie?“

„Sie ist genau hier.“ Ich drehte mich um und schlug Amyas auf die Schulter. „Cupling & Jones GmbH, Marine-Technik und Bergungen. Die Eigentümer sind Engländer, *señor*“, sagte ich zu dem General, dessen Augen vor Vergnügen glänzten. „Wir haben Filialen in Chatham, Portsmouth, Plymouth, Hongkong und Singapur!“ Gibraltar ließ ich aus, das gab zu jener Zeit politischen Zündstoff in Spanien.

Der kleine General warf seinen Kopf zurück und lachte. Die Gesichter der Soldaten und der Polizisten auf der Mole entspannten sich. Sie begannen zu grinsen. Der General wurde wieder ernst. „Glaubt ihr, dass ihr das schafft? Glaubt ihr, dass ihr Herrn Cuplings Schiff heben könnt?“

„Ja, *señor General*, aber wir brauchen die Erlaubnis des Hafenmeisters, einige Einrichtungen und Sachen zu benutzen, die es hier im Hafen gibt.“

Der General winkte ungeduldig mit der Hand ab. „Kein Problem“, sagte er, „mit dem bin ich heute Abend zum Essen verabredet. Machen Sie mir eine Liste, was Sie brauchen. Dieser junge Mann hier ...“, er zeigte mit der Hand auf den Leutnant, „... ist dafür verantwortlich, dass ihr alles bekommt, was immer es ist – und dass ihr jede Hilfe von unseren Hafenbehörden erhaltet.“

„Ich danke Ihnen, *señor*.“

Er verbeugte sich leicht. *„No hay de que.* Keine Ursache. Ich stehe in Ihrer Schuld, nachdem Sie mir heute an Bord geholfen haben, *Señor* Jones. Sie sehen, manchmal hat Höflichkeit auch etwas Gutes ... und außerdem ...“

„Señor?“, ich grinste ihn an.

„Wenn ihr die Schätzung macht, für eure Reparaturen und die Bergung, denkt bitte daran, dass das Waisenhaus hier ziemlich arm ist. Ich war heute dort, bevor ich an Bord gekommen bin. Ich denke, ihr könnt sicherstellen, dass die armen Würmchen etwas von dem Unglück des heutigen Nachmittags profitieren ...“

Eines seiner dunklen Augen blitzte ein ganz klein wenig, oder war es ein Zwinkern?

Mit meinem Beiboot und einem kleinen Draggen fischte ich nach *Cresswells* Ankerkette und machte wieder sicher fest. Dann, während des Abendessens mit *Beef and Kidney Pie*, kam bei Amyas wieder Freude auf. Wir hatten einen Plan. Am nächsten Morgen würden wir dran gehen, *Dreadnaught* aus ihrem nassen Grab zu heben.

„Wie hat ihn der Offizier genannt?, Es war nicht nur General, sozusagen?“, fragte mich Herr Cupling.

Nelson jaulte vor Wohlbehagen. Er liebte Nierchen.

„Nein, Amyas, es war der Gobernador-General. Er ist der Boss aller Bosse hier auf den Balearen. Das zeigt wieder einmal, dass man nie weiß, mit wem man es zu tun hat, Amyas, nicht wahr, sozusagen?“

I'll fire this trip, but I'll fire no more,
Chorus: *O-ho, O-ho ho!*

I'll take my money and I'll go ashore,
Chorus: *Fire down below!*

Miss Nancy Bell, oh, fare you well,
I'll pay my money and I'll go ashore.

A bully boat, and a bully crew,
And a bully-raging captain, too.

The possum jump and the panther roar,
I awoke this morning at half-past four.

I crept out safely from my hive,
and took a dram at half-past five.

Says I, „Old boat, let's have no tricks!"
Her boiler burst at half-past six.

So now I travel under sail,
'Cos Jonah's the man who swallowed the whale.

I'll fire this trip, but I'll fire no more,
I'll take my money and I'll go ashore.

(Ich feure diese Reise, aber dann nicht mehr,
Chor: O-ho, O-ho ho!

Ich nehme mein Geld und geh' an Land
Chor: Da unten ist Feuer!

Miss Nancy Bell, oh, so leb' denn wohl,
Ich bezahl mein Geld und geh' an Land.

Ein brutales Boot, eine brutale Crew,
Ein brutaler brüllender Kapitän.

Das Opossum springt, der Jaguar brüllt,
Ich erwachte heut morgen um halb Fünf.

Ich schlich mich leise aus meinem Bau
Und nahm einen Schluck um halb sechs.

Ich sag': „Du Schiff, mach' keine Tricks!",
Der Kessel platzte um halb Sieben.

Jetzt fahren wir unter Segel dahin,
Denn Jonas hat den Walfisch verschluckt.

Ich feure diese Reise, aber dann nicht mehr,
Ich nehme mein Geld und geh' an Land.)

Der segelnde Feuerwehrmann

Das ist vielleicht das bekannteste von den wenigen Liedern der Heizer; es kam auf, als die ersten Maschinen in die Segelschiffe eingebaut wurden. Wie das Wort „Opossum" verrät, stammt das Lied wahrscheinlich aus den Vereinigten Staaten, entstanden in der Mitte des 19. Jahrhunderts.

11 Der segelnde Feuerwehrmann

Der kleine General war am nächsten Morgen früh auf. Schon vor Anbruch der Dämmerung hörte ich ihn drüben an Deck von *Estrellita del Mar* herumhantieren. Gerne nahm er die Einladung zum Frühstück an Bord von *Cresswell* an. Es gab Eier und geräucherten Fisch, alles zusammen von Amyas in der Pfanne gebraten. Der hatte mein Reservepaar Arbeitsjeans und eines meiner T-Shirts an. Vorher hatte er sich die Füße gewaschen.

Nachdem wir eine Weile über das kleine Boot des Generals geredet hatten, fragte ich ihn, wie lange er schon allein herumsegelte.

„Ah, *Señor Tristan*, seitdem ich vom Pferd gefallen bin, segle ich viel mehr. Ich hatte eine schlimme Verletzung, wissen Sie. Früher habe ich Pferde geliebt – eigentlich immer noch, aber jetzt kann ich nicht mehr so gut reiten. Ich bin jetzt dreiundsiebzig. So segle ich halt in meinem kleinen Boot umher, aber nicht viel. Mein Boot hat eine gute Maschine, und ich segle eigentlich nur an ausgesprochen ruhigen Tagen. Aber ich mag es."

Der General, der heute wieder seinen schwarzen Anzug anhatte, dachte einen Moment lang nach, als wenn er die Worte aus seinem Unterbewusstsein holen müsste. „Es ist das ... totale Gegenteil zum Armeeleben, in vieler Hinsicht – das Zwanglose, die Kameradschaft mit den verschiedensten Leuten. Und doch ist es irgendwie ähnlich wie im Militär – aufeinander angewiesen zu sein, die Notwendigkeit, Ordnung zu halten und sich an Vorschriften zu halten, und das Schiff in guter ..." Er sah aus, als suche er nach einem Wort.

„Verfassung", half ich ihm.

„Was ist das für ein Ausdruck?" Der kleine alte Mann riss die Augen weit auf.

„In guter Verfassung. Das ist das Gegenteil von Chaos und Anarchie. Es bedeutet, alle Dinge in Ordnung zu haben, so wie es ein Segler liebt, so wie es sein muss, um auf See zu überleben. Was meinst du dazu, Amyas?" Ich schaute Herrn Cupling an und wollte ihn an der Unterhaltung beteiligen.

„Ordnung? Ich denke, das fasst alles in einem Wort zusammen, sozusagen. Man kann ja nicht einfach so in einem Schiff so umhersegeln, das nicht in Ordnung ist, für längere Zeit – nicht wahr?"

Eine Vision von *Dreadnaught*, wie sie im Stadium des unaufhörlichen Umbaus von Schottland nach Griechenland segelte, ging mir durch den Kopf. „Ja, du hast schon recht, Amyas", antwortete ich.

Kurz nach halb sieben kam der junge Marineleutnant, in Begleitung eines stämmigen Maats und zwei einfachen Matrosen. Der Leutnant war zunächst etwas verwirrt und enttäuscht, dass wir alten Männer schon vor ihm auf waren, lebendig, wach und agil. Dann wurde auch er munter und eilte an Bord von *Cresswell* wie ein Junge, der auf den Jahrmarkt geht, mit rosa Wangen, grau-grünen Augen und voller Begeisterung.

„Der muss aus Galizien sein", brummte der General, „und er will unbedingt Erfolg haben."

Drunten in der Kabine von *Cresswell* erblickte er den General. Sofort nahm er Haltung an, seine Männer ebenfalls.

Der General blickte ernst, aber mit einem kleinen Zwinkern in den Augen. „Also, Mann, stehen Sie nicht einfach so da, sagen Sie etwas! Wie heißen Sie?"

„Francisco Alvarez Dominguez ..." usw, usw, usw. Der Name dauerte fast eine Minute und hörte sich an wie die Passagierliste eines Kreuzfahrtschiffes.

„Gut Leutnant, *Señores* Cupling und Jones ... Gesellschaft mit beschränkter Haftung ... haben ausgearbeitet, was sie für die Reparaturen und die Bergung brauchen. Sie haben es mit mir besprochen, und ich habe den Plan und die Kosten genehmigt und auch die Geräte, die benötigt werden. Ich werde heute nach Barcelona fliegen und bin in drei Tagen zurück. Wenn ich zurückkomme, will ich *Señor* Cuplings Schiff wieder flott sehen."

„Señor!"

Der Kopf des Leutnants schnellte hoch.

Der General schlenderte zur Niedergangstreppe und gab Francisco ein Blatt Papier. „Also, wenn Sie Ihren Wachposten von dem schwimmenden

Schweinestall da draußen abziehen, geben Sie ihm das hier. Sagen Sie ihm, er solle es diesem *Tier* geben, das mit diesem *Ding* da herumfährt. Er soll ihm sagen, es käme von mir, und er hätte genau achtundvierzig Stunden, um diesen Betrag aufzutreiben und ihn den *Señores* Cupling und Jones auszuhändigen. Falls er dem nicht Folge leistet, kann er ihm sagen, würde sein Schiff nach Palma zu den Kavalleriebaracken geschleppt und mit Haferkleie vollgepumpt!"

„Señor!"

Der General stieg die Leiter hoch und kletterte hinüber auf sein eigenes Schiff. Bevor er nach unten ging, drehte er sich noch einmal zu dem jungen Leutnant um, der immer noch stramm stand. „Und noch etwas, mein Sohn, mach' einen guten *spanischen* Job draus – he?"

„Señor!", rief der Leutnant. Als der General verschwunden war, schaute er auf das Papier. Er pfiff leise durch die Zähne, dann schaute er mich an. „Meine Männer sind bereit, *Señor*, ganz zu Ihrer Verfügung. Was sollen wir machen?"

Ich stellte zunächst noch einmal Amyas und mich vor, um ihn bei Laune zu halten. Dann stellte er sich noch einmal vor. Nachdem Amyas ihm eine Mug Tee und seinen Männern auf der Mole draußen eine Thermoskanne („Wird sie ein wenig aufmuntern, sozusagen?") gegeben hatte, legte ich dem Leutnant die Hand auf die Schulter und begann die Liste vorzulesen, die Amyas und ich am Vorabend beim Abendessen vorbereitet hatten. Als ich anfing, und ihm unsere Absichten erklärte, war sein Gesicht noch sorgenvoll; dann spulte ich meine Liste ab und machte einige Skizzen auf der Rückseite einer alten Karte. Nach und nach hellte sich sein Gesicht auf, wurde gespannt, erwartungsvoll und schließlich heiter – zum Schluss musste er sogar lachen.

„Phantastisch!", sagte er. Er schaute mich an, in meinem bretonischen Fischerhemd, eine Mug Tee in der Hand und ein hinterlistiges Leuchten in den Augen. Dann blickte er einen Moment lang auf Amyas und dessen Schnurrbart, der zitternd und grinsend über unseren Köpfen schwebte. *„Señores"*, sagte er, „wisst ihr, langsam glaube ich, dass ihr wirklich berufsmäßige Bergungsexperten seid!"

„Speziell für die Bergung geistiger Dinge, sozusagen", knurrte Amyas mit einem Blick auf mich. Sein Schnurrbart wippte zustimmend.

„Ja, besonders *Johnny Walker Black Label*", murmelte ich. „Also los, lasst uns *Cresswell* und *Estrellita* aus dem Weg bringen."

Viele Leute glauben, dass Schiffe nur Haufen toter Materie sind und nur aus Holzplanken, Nägeln, Eisenteilen, Draht und Tuch bestehen. Sie mögen ja recht haben, aber wenn dem so ist, dann waren die alte sterbende Hulk *Rosalinda* und ihre Nachbarin die aufgeregtesten Haufen toter Materie, die es je gegeben hat, als sie merkten, dass Amyas und ich bei ihnen an Bord sprangen.

Als wir auf dem Stadtkai in Richtung Hulks gelaufen waren, hatten sie unendlich traurig und deprimiert ausgesehen, schwermütig und fürchterlich elend, wie alte Damen mit Migräne, die keine Lust haben, ihr Haar zu kämmen, und zu alt und zu abgearbeitet sind, um es jemand anderes für sie tun zu lassen.

Aber sobald mein Fuß *Rosalindas* Deck berührte, Amyas direkt hinter mir, fühlte ich die Veränderung in dem alten Wrack. Einige Leute werden sagen, es wären nur die Vibrationen gewesen, die unser Gewicht auf den alten verrotteten Planken ausgelöst hatte, die die alten Fallen und Drähte zittern und beben ließen, und dass es nur ein Windstoß gewesen wäre, der die zerrissenen Fetzen ihres verschimmelten Großsegels flattern ließ, als Amyas und ich in Richtung des Lukendeckels zum Laderaum strebten und hinunter in das schmutzige Brackwasser schauten. Andere werden sagen, dass die Stimmen, die ich hörte als wir diskutierten, wie wir das Wasser rausbekommen könnten, nur das Echo unserer eigenen Worte war, das von den großen Eichenspanten im geisterhaften Schatten der Seitendecks zurückgeworfen wurde. Wieder andere werden behaupten, Seeleute seien abergläubische Naturen, und (unter uns), es stimmt ja wirklich, dass Reisende in kleinen Schiffen alle ein wenig überdreht sind und die Phantasie manchmal mit ihnen durch geht.

Aber ich sage trotzdem – ich schwöre es – dass der Puls der alten Dame zu rasen anfing; es schien, als ob der Geist jedes einzelnen Mannes, der je auf ihr gesegelt war, mit überschäumender Freude auf und ab sprang. Wir waren nicht wie neugierige Touristen zu ihr an Bord gekommen. Wir hatten auch keine Kameras um den Hals hängen. Wir suchten nicht nach Antiquitäten oder bizarren Andenken aus einer längst vergangenen Zeit. Wir hatten wenig Platz in unseren Köpfen für die „Romantik" des Segelns. Wir träumten nicht von ihren vergangenen Reisen – und sie wusste es. In dem Moment, als wir an Bord kamen, raste das letzte Blut des alten Mädchens. Sie wusste, dass wir ihre verbliebenen Kräfte abschätzten. Sie wusste, dass wir sie haben wollten. Sie wusste, dass sie auf ihre Art noch zu etwas zu gebrauchen war. Wir starrten hinunter in ihren Frachtraum. Sie hob sich und stöhnte, sie hieß uns willkommen – aber es war natürlich nur die Bugwelle eines vorbeifahrenden Fischerbootes.

Ihr direkter Nachbar, eine noch ältere Ruine mit Stummelmasten, die nur ein wenig gezappelt hatte, als wir *Rosalinda* besuchten, schien vor Aufregung und Erwartung fast ohnmächtig zu werden, als Amyas über ihr verwittertes Schanzkleid kletterte. Zuerst ging er nach achtern und schaute am Spiegel herunter. „Die hier hat keinen Namen, sie ist namenlos, sozusagen", rief er.

Ich rammte gerade mein Messer in Rosalindas Hauptmast: er schien noch ganz haltbar zu sein. „Gut", sang ich zurück, „dann taufen wir sie *Bloody Neverbudge*, die „Verdammt Unbewegliche".

Ich sprang auf das unbewegliche Wrack, Amyas grinste. „*Bloody Neverbudge*, genau so sieht sie aus. Hat sich seit Jahren nicht mehr bewegt, würde ich sagen, aber sie ist gebaut wie der Felsen von Gibraltar, sozusagen. Hat fast kein Wasser innen drin, nur ein paar Tropfen, vielleicht dreißig Zentimeter – sicher Regenwasser."

„Das ist ein Wunder, Amyas, weil sie so fest liegt", sagte ich. „Aber ich glaube, ihr Kiel ist krumm, ich meine, er fällt vorne und achtern ab." *Bloody Neverbudge* schien das als Kompliment aufzufassen. Ihr verrotteter Gaffelbaum, der lose über meinem Kopf schwang, stöhnte plötzlich in freudiger Erregung.

Nachdem Amyas und ich mit unseren Messern über eine Stunde lang in den Hulks und ihren Festmacherklampen herumgestochert hatten, fauliges Material ausgemustert und gesundes mit dicken Kreidekreuzen markiert hatten, tauchte die spanische Marine auf. Sie brachten zwei bemannte Fischerboote mit. Eines davon gehörte Josélito, meinem einheimischen Fischerfreund. Ich winkte José zu, als er langsam tuckernd an den Wracks längsseits kam. Er grinste breit zurück. Offensichtlich war er bester Laune. Er würde für seine Arbeit gut bezahlt werden, und es schien, als ob er sich an den Tag des Friedhofsbesuchs mit Rory O'Boggarty, Irlands Hoffnung und Englands Schrecken, erinnerte. Ich blinzelte ihm zu.

Beide Fischerboote hatten transportable, dieselbetriebene Wasserpumpen an Deck, und beide hatten zwanzig Faden Fünfzigmillimeterkette an Deck ausgelegt. Jedes hatte einen spanischen Marinetaucher an Bord. Diese legten gerade ihre Tauchausrüstung an und rissen Witze darüber, wie sie es trotz der Gummianzüge mit den Meerjungfrauen treiben würden.

Schnell waren *Rosalinda* und *Bloody Neverbudge* (sogar die Spanier nannten die alte Hulk inzwischen bei diesem Namen) leergepumpt. Mit Hilfe von ein paar Matrosen legten Amyas und ich lange Ketten um die beiden Mastfüße, und die Fischerboote wurden solide an den Seiten der beiden Wracks festgemacht. Durch die Menge des herausgepumpten Wassers hatte sich *Rosalindas* Rumpf ein paar Fuß aus dem Hafenwasser herausgehoben. Nun hatten die beiden alten Damen am Bug weniger als einen Meter Tiefgang.

Bald war unsere kleine Schwadron fertig zum Ablegen. Bevor wir aber den alten Hulks die Handschellen in Form ihrer Festmacherleinen abnahmen, hatte Francisco auf meinen Wunsch hin spanische Flaggen am Heck beider Wracks aufgeriggt. Die betagten Mädchen zitterten vor Vergnügen und schienen hocherfreut zu sein, mit einem jungen, gutaussehenden Offizier ihrer eigenen Marine auf die Reise zu gehen – aber das waren natürlich nur die Vibrationen von den Motoren der Fischerboote. Soll nur keiner denken, sie seien bis in ihre Kiele hinunter entzückt gewesen, mit einem rotgelben Schal um die Schultern wieder tanzen zu gehen.

Mit einem lauten Röhren liefen die Maschinen der Fischerboote an, und in einem mächtigen Strudel aus dreckigem Hafenwasser setzten sich die Hulks in Bewegung, scheu und verhalten zunächst, dann aber, als die Fischerboote drängten und die Springs steif kamen und die alten Damen und wir vorsorglich geschaut hatten, ob ihre Unterröcke nicht hervorschauten, bewegte sich die ganze Flotte gleichmäßig im Sonnenschein des frühen Morgens über das spiegelglatte Wasser des Hafens. *Rosalinda* und *Bloody Neverbudge* spürten den Wind in ihren Haaren – oder was davon übrig war, zerrissene, verschimmelte Stücke Segeltuch, die an Deck flatterten. Sie stöhnten vor Freude und Vergnügen. Ich war auf *Rosalinda* und Amyas war auf dem älteren Schiff. Es hatte keinen Zweck zu steuern, denn ihre Ruder waren schon vor langer Zeit abgefallen oder jemand hatte sie gebrauchen können.

„Auf Wiedersehen in Miami, Amyas", brüllte ich.

„Nachdem ich mich in den Bahamas umgesehen habe, sozusagen!", sang er über die paar Meter rauschendes Wasser zwischen uns zurück. Beide alten Damen fingen ein wenig zu zittern an, als stellten sie sich vor, wir meinten es ernst – aber es war natürlich nur die Bugwelle der Fähre aus Formentera. Natürlich können sich Schiffe nichts vorstellen, natürlich träumen sie nicht. Jede vernünftige Landratte weiß das doch! Was glauben denn diese Segler, diese blöden Herumtreiber, was die Leute aus den Städten sind? Idioten? Romantiker?

Bald hatten wir die Bugs der beiden Hulks längsseits der Stelle mit der gesunkenen *Dreadnaught* manövriert. Je eine Kette führte durch *Dreadnaughts* Achterluk, durch dieses hindurch zum Vorschiffluk und dann zurück zu den Wracks. Die waren jetzt beide so voll mit Seewasser, dass sie mit den Kielen auf dem Hafengrund saßen. Beide Ketten spannten sich. Die transportablen Pumpen begannen, das Wasser wieder aus den tiefliegenden alten Damen herauszupumpen begannen. Es war Zeit zum Mittagessen.

Amyas, Francisco und ich, wir drei dreckigen Schiffskumpel, machten uns auf den Weg hinüber zu Antonios Bodega. Wir nahmen einen der Seeleute mit, um belegte Brötchen für seine Kollegen zu holen, die zuschauten, wie das Wasser aus den Dieselpumpen spritzte, die Wracks langsam wieder hochkamen und die Ketten zu der gesunkenen *Dreadnaught* langsam, langsam steifer kamen. Francisco hatte angeordnet die Pumpen zu stoppen, wenn die Ketten ganz gespannt waren, und auf uns zu warten. So ist halt das Leben von Eigentümern einer Bergungsfirma und das eines Marineoffiziers.

Als wir Antonios Bodega erreichten, war es offensichtlich, dass die Ereignisse des Vortags und des Vormittags allgemein bekannt waren, aber natürlich auch wahnsinnig übertrieben wurden. Von den herumhängenden Alten außerhalb der Eingangstür lernten wir, dass „Kommunistenschweine“ einen „Attentatsversuch auf den Gobernador-General verübt hätten und dafür kastriert werden sollten“. Antonio beharrte darauf, dass man eine Bombe in *Dreadnaught* platziert hatte, weil die feigen Mörder sie mit dem Schiff von *El General* verwechselt hatten. Und Rory O'Boggarty der, wie immer, mit seiner Flasche Bier im düsteren Schatten hinten in der Bar saß, lieferte das passende Zitat von W.B. Yeats: „Sicherlich, *der Mittelpunkt wird nicht halten ... und die Zeremonie der Unschuld wird ertrinken ...*“

„Oh, um Gottes Willen, Rory, hör' auf, mir auf den armen Geist zu gehen. Hast du nichts Besseres zu tun, als deine verdammte Poesie über hart arbeitenden, armen Seeleuten auszukippen?“, schnarrte ich. „Wir kommen her, um schnell ein Bier und einen Happen zu uns zu nehmen, und du bedeckst uns mit deiner Höllenfinsternis.“

„Nach alter keltischer Tradition", summte er, „begrüßt der Barde die heimkehrenden Krieger."

„Zusammen mit den Frauen", sagte ich. Das ließ ihn verstummen. Sie sind schon recht auf die Rolle der Geschlechter bedacht, im Lande der Limericks.

Eine halbe Stunde später kehrten wir wieder zurück zur Bergungsstelle. Die Pumpen arbeiteten immer noch, aber bald waren die Ketten voll durchgespannt, und die Mastfüße der beiden Hulks nahmen das Gewicht von *Dreadnaughts* zehn Tonnen auf. Die Festmacherdrähte und Ankerketten, die sie an der Stelle hielten, knarrten und quietschten. Das war der kritische Moment. Wir starrten hinab ins trübe Hafenwasser, wo *Dreadnaught* sich vor Schmerzen wand. Während der Nacht hatte ein frischer Wind aus Süden geweht und, obwohl er es nicht fertig gebracht hatte, die Ölschmiere von der Außenmole wegzublasen, hatte er doch einen Teil des Hafenwassers mitgenommen und an die Nordmole gespült. So konnten wir *Dreadnaught*, oder vielmehr den Schatten ihres Decks, anderthalb Meter unter Wasser sehen.

Wir schauten hinunter wie auf die Umrisse eines riesigen Seemonsters. Plötzlich bewegte sich der Schatten. Nur ein kleiner Ruck, aber er bewegte sich. Die Ketten zuckten und wurden wieder schlaff. Die Seeleute an Deck der beiden Hulks nahmen sie mit ihren Kettenspannern, ihren Kettengliederfressern, wie sie sagten, wieder dicht. Die Pumpen brummten weiter.

José saß auf den Stufen seines Ruderhauses und aß heißhungrig die Fischpastete, die ihm seine Frau und seine Brut gebracht hatten. Während sein ältester Sohn, der Schweineabstecher, darauf wartete, dass er den Kübel mit Mittagessen leerte, drehte ich mich um und sah das fette Baby. Es winkte mit der verdammten Rassel und runzelte die Stirn. Obwohl Amyas, Francisco, der Maat und seine Mutter es unbedingt zum Lachen bringen wollten, sah es aus wie Churchill im Jahre 1940.

Ich starrte wieder hinunter auf den Schatten von *Dreadnaught*. Plötzlich, unter Knirschen und Knarren, verschwand der Schatten. Die Hulks hoben sich und stöhnten. Die Ketten waren so steif wie die Spannseile eines Zirkuszeltes. Das fette Baby war jetzt von allen vergessen, nur von seiner Mutter nicht, natürlich. Aller Augen waren jetzt auf die Ketten und die Hulks gerichtet. Francisco und Amyas standen an meiner Seite, und die Mole war übersät mit wohlgesinnten Zuschauern. Das *Schwein* auf dem beschlagnahmten Killerschiff starrte herüber.

„Wir haben sie!“, sagte ich. „Schau, die Ketten hängen jetzt fast senkrecht. Wir pumpen noch ein paar Tonnen Wasser raus, und dann kommt sie hoch.“

„Sie kommt zurück ins Leben, sozusagen“, sagte Amyas.

„Felicidades“, kam von Francisco. Glückwunsch!

„Noch nicht, es ist noch zu früh“, erwiderte ich und fügte in Pidgin-Englisch hinzu: „Softlee, softlee, catchee monkey“; „langsam, langsam fängt man den Affen.“

Während ich noch sprach, bewegten sich *Rosalinda* und *Bloody Neverbudge* leicht in die Höhe. Wieder gaben die Ketten nach, und wieder wurden sie von den Seeleuten dicht genommen. Wie Gläubige, die der Auferstehung beiwohnen, sahen wir, wie beide Hulks sich hoben. Alle sahen schweigend, fast atemlos, zu – jeder, außer dem fetten Baby, das sich vernachlässigt fühlte und sich hinter unserem Rücken die Seele aus dem Leib brüllte.

Langsam, Zentimeter um Zentimeter, nahm der Freibord der beiden Hulks zu. Zentimeter um Zentimeter, zehn ... zwölf ... sechzehn ... dreißig ... ein halber Meter ... ein Meter ... zwei ... bis plötzlich *Dreadnaughts* rostiges Kabinendach durch die Oberfläche brach. Bald danach kam das Deck frei. In Minutenschnelle war Amyas an Bord seines geliebten Schiffes, hing über dem Heck, und stopfte einen Pfropfen aus alten Lappen in das kaputte Wellenlager. Sobald *Dreadnaughts* Deck wenige Zentimeter über Wasser war, wurde ein Pumpenschlauch übergenommen, hineingehängt und gepumpt, was das Zeug hielt. Nach ein paar Minuten schwamm sie wieder. Ein paar hundert Zuschauer aus einem Dutzend Nationen jubelten.

Dreadnaughts Inneneinrichtung erschien mir nur unwesentlich jämmerlicher als vor dem Sinken. Die Matratze war nur ein wenig feuchter, und aus der ölverschmierten Flagge tropfte nur ein wenig schmutziges Hafenwasser. Aber sonst, von dem kaputten Wellenlager einmal abgesehen, konnte ich keine großen Unterschiede entdecken. Natürlich, die Menge und die Seeleute, die meisten jedenfalls, sahen das anders, und so gab es lange „Ahs“ und „Ohs“ der Anteilnahme und des Mitleids für Amyas, obwohl der mich angrinste wie die Katze aus der Werbung für Kittekat. Die Pumpe saugte die letzten Liter dreckiger Brühe aus *Dreadnaughts* Bauch und spuckte sie aus. Als das letzte Gurgeln verstummt war, verholte er

Dreadnaught dicht zur Mole und schaute mich an. Seine Schnurrbartenden zeigten wieder nach oben.

Ich ging in die Hocke. „Okay, Amyas, ich denke, sie ist ganz in Ordnung. Wir bringen dich hinüber zum Schienenslip, wenn wir die beiden Wracks zurückgebracht haben", sagte ich leise für den Fall, dass die beiden Hulks mich hören konnten. „Ist unter Deck alles in Ordnung?"

„Oh, ja. Ein wenig durcheinander, und alles muss getrocknet werden. Man muss die Düsen des Ofens wechseln, aber sonst ist alles beim alten, sozusagen", antwortete er, auch mit leiser Stimme, denn als er angesetzt hatte, hatte ich einen Finger an die Lippen gehalten. Das spanische Gehör ist ausgezeichnet.

Allmählich löste sich die Zuschauermenge auf. Die alten Hulks wurden traurig aber stolz, wie mir schien, zurück an ihren Friedhofsplatz eskortiert. Als die Fischerboote sie über das ruhige stille Hafenwasser schoben und zogen, trugen sie immer noch ihre Flaggen. Sie waren irgendwie verändert. Es war, als hätten sie eine neue Geschichte, die sie den anderen alten Schwestern erzählen konnten, wenn der Nachtwind leise durch ihre vergammelten Riggs wehte. Es war, als wenn alte Leute nach einem Tagesausflug mit den Kindern nach Hause kommen. Ihnen war neues Leben eingeflößt worden. Sie wussten, dass man sie gebraucht hatte und sie anderen Schwestern geholfen hatten – und sie wussten, dass sie und andere sich an die Geschichte erinnern würden, und vielleicht würde man sie ja noch einmal brauchen, und sie könnten wieder einem anderen Schiff helfen. Aber, natürlich, waren es nur zwei verrottete, verfaulte, alte Hulks, die man für ein paar Stunden als Pontons benutzt hatte ... das war alles.

Aber nicht ganz! Francisco hatte mir versprochen, dass er die Flaggen dran lassen und einer seiner Leute sie jeden Abend bergen und jeden Morgen hissen würde. In roten Buchstaben hatte Amyas dem ältesten Wrack seinen neuen Namen ans Heck gepinselt: *Bloody Neverbudge*. Er stand in Großbuchstaben am Spiegel, und jeder der vorbeiging konnte ihn lesen. In weißer Farbe hatte er darunter geschrieben: „Retter von *Dreadnaught* – November 1965."

In der Abenddämmerung wurde *Dreadnaught*auf der anderen Seite, bei der Strasse nach Santa Eulalia, mit Pferden auf den Reparaturslip für Fischerboote gezogen. Dort war sie sicher und konnte in Ruhe austrocknen.

Nach dem Abendessen lud Francisco uns beide zu Antonio auf ein paar Bier ein. Am Nebentisch in der Ecke saß O'Boggarty zusammengesunken und schlief fest.

„Du kannst gerne wieder an Bord von *Cresswell* schlafen", sagte ich zu Amyas. „Sissie – sie ist mein Matrose – kommt nicht vor morgen zurück. Es wird sie auch sonst nicht stören, wenn du an Bord schläfst, und wenn sie's stört, ist's ihr Bier."

„Oh, das wird nicht nötig sein. Für heute Nacht wäre ich dankbar, aber morgen gehe ich mit dem Schweißbrenner um *Dreadnaught* herum – das macht sie blitzschnell wieder trocken, sozusagen."

„Was macht dein Schweißgerät? Meinst Du, es ist hinüber?"

„Ach, mit dem kenn' ich mich aus, sozusagen, das kriege ich schon wieder hin. Gib' mir nur etwas zu tun ..." Der Schnurrbart wippte.

Auf Franciscos Drängen hin redeten wir vom Krieg, von den Geleitschutzfahrten und den Schlachten in der Arktis. Wie sich herausstellte, hatte Amyas weniger Glück gehabt als ich. Man hatte sechs Mal das Schiff unter ihm versenkt. „Jetzt kann ich natürlich sagen sieben Mal, oder etwa nicht?", sagte er. Der junge Francisco starrte ihn fasziniert an, und ich grinste.

Am folgenden Tag begleitete ich Amyas hinüber zum Slip und half ihm, alle seine tropfnassen Sachen – seine Decken, Bücher, Werkzeuge, Maschinenteile, Kochutensilien und Kleider aus dem Schiff zu holen. So gut wir konnten, legten wir alles zum Trocknen in die Sonne. Es war eine traurige Ansammlung, so eine Mischung zwischen Flohmarkt und Schrottplatz. Am Nachmittag fing es an zu regnen. Wir deckten eine große Plane über das Ganze und zogen uns in die kleine Bar der Dockarbeiter hinter der Straße zurück. Das ist etwas, was Seeleute lernen – nicht gegen das Wetter zu kämpfen. Besser, es einfach hinzunehmen, besonders an Land. Würden wir das nicht machen, wären wir schneller nass als man „Schönes Entenwetter" sagen kann.

„Es macht mir natürlich nichts aus, alleine zu sein", sagte Amyas über unserem dritten Bier, „aber ich vermisse meine Frau schon sehr. Schon lange vor meiner Rückkehr planten wir unsere Reisen zusammen, aber sie wollte immer ein Holzschiff. Vielleicht ist es aber besser so. Sie konnte Metall nie verstehen ... und sie hasste Maschinen. Ich reparierte immer die Autos der Nachbarn, ihre Rasenmäher und so, wenn ich zwischen den Fahrten zuhause war ... also, wenn einer ein Problem hatte, sozusagen, ...

und sie machte ihre eigenen Sachen. Sie hat nie verlangt, dass ich sie ins Kino ausführe oder so ... blieb zu Hause und hat meine Pantoffeln an den Kamin gestellt. War ein liebes Mädchen, aber richtig häuslich, sozusagen. Weiß nicht, ob *Dreadnaught* ihr wirklich gefallen hätte ... was meinst du?"

„Ja weißt du, Frauen sind ein bisschen komisch", antwortete ich, „den einen gefallen Stahlboote, anderen nicht."

„Ja, es sind schon eigenartige Kreaturen. Ich denke, man lernt sie nie ganz kennen, erst wenn man einige Zeit mit ihnen zusammenlebt?"

„Mein weiblicher Matrose ist gar nicht so schlecht. Ich halte sie im Vorschiff, wenn es nichts zu tun gibt, und sonst kann ich sie an Land schicken, zum Einkaufen und so. Das schafft sie aus dem Weg und macht uns beide froh. Der verdammte Hund kann sie aber trotzdem nicht ausstehen. Ich glaube, er denkt, sie würde eines Tages das Schiff klauen, wenn ich an Land bin. Aber sie ist eigentlich ganz in Ordnung, besonders wenn sie den Mund hält ..."

Amyas lachte. „Ah, das ist ganz normal. Es scheint, dass alle so sind, wie man mir gesagt hat, wenn sie dich erst einmal kennen und dich durchschaut haben, sozusagen. Aber irgendwie finde ich solche Sachen erfrischend. Zumindest ist es ein Unterschied zum Alten, der sich immer beklagt, dass er nicht genug Umdrehungen hat ... zu wenig Geschwindigkeit, oder die Dampfwinde müsste mal wieder überholt werden."

Für eine Minute war er still, dann sagte er: „Ja, ich denke Frauen sind so ähnlich wie schottische Kapitäne, wirklich. Man muss sie einfach ertragen, denke ich, aber ..."

Er seufzte.

Plötzlich hatte ich eine glänzende Idee, aber irgendwie verblasste sie dann wieder. „Jedenfalls", sagte ich, „wollte ich dir gerade vorschlagen, Sissie zu übernehmen. Sie ist kein schlechter Matrose, sie liebt es, den Anker aufzuholen und die Festmacher dicht zu nehmen, besonders wenn ein kalter Wind pfeift und wenn's regnet – dann macht sie ganz schnell."

Über unseren Köpfen trommelte der Regen auf das Blechdach der Hafenbar. Amyas schaute mich interessiert an.

Ich fuhr fort: „Das Problem ist, dass sie in ein paar Monaten nach Marokko geht", ich machte einen Moment Pause, „ich werde es ihr jedenfalls sagen, wenn sie aus Mallorca zurückkommt. Mal sehen, was sie meint."

Dann redeten wir wieder über Schiffe, und Amyas erteilte mir eine einstündige Lektion über die Funktion von Gasturbinen.

Frühmorgens am nächsten Tages kam Leutnant Francisco an Bord von *Cresswell*. Er trug einen Umschlag in der Hand. Er zeigte über seine Schulter nach hinten, als er die Leiter runterkam. „Er wartet auf der Mole", sagte er, nachdem er uns begrüßt hatte.

Amyas briet gerade Kabeljauleber mit Kartoffeln zum Frühstück. Während Sissies Abwesenheit konnten wir uns wieder den unter Seglern üblichen Leckerbissen zuwenden. Keine verdammten, krankhaft bleichen Eier mit halbgebratenem Speck für uns. Ich saß auf meiner Koje und kraulte Nelsons Ohr. Ich schaute Francisco an. „Wer? Wer wartet?"

„Der Eigner des Motorschiffes. Schau, er hat gestern das Geld bekommen. Alle vier Banken mussten zusammenlegen, um es aufzubringen. Er will eine Quittung."

Ich stand auf und schaute über Franciscos Schulter. Auf der Mole stand der Mann mit Schildkappe, Zahnbürstenschnurrbart und dunkler Sonnenbrille. Sein Gesichtsausdruck war nichtssagend, und die Brille zeigte in meine Richtung. Ich wäre gerne mit meinem Messer an Land gesprungen. Stattdessen griff ich unter den Herd der Kombüse, zog eine Rolle Toilettenpapier heraus – spanisches, mehr wie Packpapier als sonst was – und riss zwei Blätter ab. Ich schrieb eine Quittung aus und drückte sie Francisco in die Hand. Der schaute drauf und las: „Betrag erhalten für die Bergung von *Dreadnaught* und die Reparaturen an *Cresswell* und *Estrellita del Mar*. Dann meine Unterschrift."

„Sie haben keine Summe eingesetzt, *señor*".

„Oh Gott ...", ich schnappte wieder das Papier, meine Hand zitterte vor Ärger bei dem Gedanken an den Sauhund auf der Mole. „Wieviel ist es", fragte ich ungeduldig.

„Einhunderttausend Pesetas ... ich hab's hier", antwortete er.

„Richtig ... Einhun ... was?" Ich fiel fast gegen Amyas, der seine Bratpfanne fallen ließ, zum Glück auf den Herd.

„Ein-hundert-tausend Peseten, *señor*. Das hat der General auf eure Liste geschrieben, nachdem er gesehen hatte, was ihr braucht und welche Arbeiten anfallen."

Schnell setzte ich diese Summe auf der Quittung ein, während ich für mich rechnete ... 2000 Dollar ... teile das durch drei ... meine Hand zitterte noch mehr ... 600 Dollar und ein paar Zerquetschte für *Dreadnaught* und über 1300 Dollar für das Waisenhaus ... und die angefallenen Kosten waren nur ein paar Bier, mit Ausnahme der Fischerboote ... zwei Boote zu je zwanzig Dollar ... blieben mir und Amyas mehr als 600 Dollar.

Ich rammte die Quittung in Franciscos Hand.

„Was soll ich ihm sagen?“, fragte der Leutnant.

„Sag’ ihm, die kann er sich irgendwo reinschieben!“

Francisco drehte sich um und kletterte die Leiter hoch, ohne ein Wort zu sagen. Ich schaute Amyas an. Er stand offensichtlich unter Schock. Sein Schnurrbart zuckte, seine Hände zitterten. Ich rief dem Leutnant zu: „Nein ... sag’ ihm lieber, er soll bald wieder mal vorbeischauen!“

Francisco blickte über die Schulter und grinste, bevor er zum Heck ging.

Amyas kam zu mir auf die Koje. Er blickte starr geradeaus, bevor er mich ansah. Dann fingen seine Augen an, sich zu kräuseln und der Schnurrbart folgte dem breitesten Grinsen, das man sich vorstellen kann. „Tristan, weißt Du wie viel das ist?“ Seine Stimme klang rau und belegt.

Ich wedelte mit dem Umschlag, den mir Francisco gegeben hatte. Ich riss ihn auf. Heraus kam ein Bündel Banknoten, fünf Zentimeter dick, das auf den Deckel der Keksdose fiel, der auf *Cresswell* als Navigationstisch diente.

Zweitausend Dollar, mein alter Kumpel, und sechshundert davon für dich! Mein Gott ... entschuldige Kumpel ... beim heiligen Neptun ... jetzt kannst Du *Dreadnaught* ausbauen wie eine Admiralsbarkasse.“

„Oh, ich kann doch nicht unseren ganzen Anteil nehmen, Tristan, du hast ja mehr als die Hälfte der Arbeit gemacht. Und außerdem war es ja deine Idee.“

„Nein, Amyas, du nimmst alles was übrig ist, nachdem wir die Fischerboote und das Waisenhaus abgerechnet haben. Ich meine, du kannst deine Maschine an Land reparieren lassen. Ich mach’ dir einen Vorschlag, wenn du willst. Du kannst Sissie und mich an einem Abend zum Essen einladen, wenn wir nächste Woche von Formentera zurück kommen. In Ordnung?“

Eine Minute lang starrte Amyas ins Leere. „Nun, das ist sehr großzügig von dir, Kumpel, aber das kann ich wirklich nicht ... Ich meine, was soll ich machen, wenn ich rumsegle und es nichts an der Maschine zu reparieren gibt, sozusagen?“

Das nahm mir für einen Moment den Wind aus den Segeln, während ich versuchte, nicht zu lachen. Dann sagte ich: „Also, Amyas, jedenfalls kannst du dein ganzes verdammtes Schiff streichen, neue Segel und sowas, und dann hast du immer noch genug, um ein paar Monate rumzusegeln."

„Oh, das kann ich nicht machen ... das wäre nicht gerecht ... ehrlich ..."

Ich verlor die Geduld. „Also gut dann, Herr Cupling, als Partner der Cupling und Jones *Dreadnaught*-Bergungsgesellschaft mit begrenzter Haftung, die ich hiermit als aufgelöst betrachte, und als Finanzchef dieser Firma, zahle ich Ihnen hiermit Ihr Honorar für die Beratung während der vorangegangenen Bergungsoperation und einen Extrabonus für Ihre Pensionierung. In Ordnung?"

Amyas' Gesicht nahm einen würdevollen Ausdruck an. Die Schnurrbartenden kringelten sich nach oben. Seine Augen leuchteten. „Das klingt annehmbar, sozusagen", sprach er, „wie viel ist das?"

„Einunddreißigtausenddreihundert Peseten. Hier, unterschreib' die Quittung bitte, damit ich die Bücher der Firma abschließen kann."

Ich schrieb noch eine Quittung auf ein Blatt Toilettenpapier, und Amyas unterschrieb. Dies war das Ende einer Bergungsfirma mit sehr kurzer Firmengeschichte.

„Vergiss nicht, Deine Freundin zum Abendessen mitzubringen, nächste Woche", sagte Amyas.

„Wenn wir aus Formentera zurückkommen, Amyas."

Sissie kam am späten Vormittag zurück. „Huhuuu ... Tristan Liebling!"

Von weitem hörte ich schon ihre Stimme auf der leeren Mole. Nelson knurrte leise. Ich legte mein Buch mit Gedichten zur Seite – verlorenes Paradies.

Ich half ihr an Bord. Sie war immer noch in ihrem feinen, rosenbedeckten Zwirn. Ihre Augen glänzten wie zwei nagelneue Barlow-Schotwinschen. „Lieber Tristan!", brabbelte sie, als ich ihren Arm nahm, „wie bist du ohne mich zurecht gekommen?"

„Oh, es ging ein wenig rau zu, aber irgendwie haben wir es hingekriegt." Ich nahm ihr die Pakete ab.

Sie glühte vor Begeisterung, als sie den Niedergang hinunter kletterte. „Ich habe ein Geschenk für Dich, Tristan, Liebling!", schrie sie, „und eines für den lieben Liebling Nelson ..."

Nelson sah sie finster an. Sissie bewegte sich ein wenig, und das Schiff gierte. Ihre Augen blieben an der Kombüse hängen. Drei Pfannen mit den Überresten von Nieren, Leber, Fisch und Kartoffeln verrieten mich. „Ach, mein armer Lieber. Nun schau sich einer diese furchtbare Kombüse an ... einfach schrecklich ... nun, ich denke du warst fürchterlich beschäftigt, während ich weg war.“ Sie warf ihre Pakete auf die Reservekoje.

„Hab’ ein wenig gelesen und die Wassertanks gefüllt“, antwortete ich.

„Hier ...“, Sissie gab mir einen Umschlag, „Kost und Logis für einen Monat. Dreitausendfünfhundert Peseten, Liebling!“

„Danke, Sissie, das wird uns reichen, bis ich wieder eine Überführung bekomme. Übrigens, ist Willie gut weg gekommen?“

„Oh, perfekt. Er traf im Flughafen in Palma zufällig auf einen seiner Kuratoren. Sie flogen zusammen zurück.“ Sie riss ein Päckchen auf.

„Wie schön für den Kurator“, sagte ich.

„Wunderbar!“, sagte sie und gab mir eine rot und blau gestreifte Krawatte.

„Exakt das, was ich brauche – danke Sissie!“, ich holte Luft als sie mich in die Wange kniff.

„Ich wusste, das würde dir gefallen“, sang sie.

In calm or storm, in rain and shine,
The shellback doesn't mind,
On the ocean swell he'll work like hell,
For the girl he left behind.
He beats it north, he runs far south,
He doesn't get much pay,
He's always on a losing game.

Chorus: *And that's the Sailor's Way.*

Main chorus: *Then it's goodbye my little Marie,*
We're off to sea again.
Sailor Jack always comes back
To the girl he left behind!

(Flaute und Sturm, Sonne und Regen,
Macht einem Salzbuckel nichts aus.
Im Schwell des Ozeans arbeitet er wie der Teufel,
Für sein Mädchen, das zuhause wartet.
Er kreuzt nach Norden, rollt tief in den Süden,
Er wird sehr mies bezahlt,
Er spielt ein verlorenes Spiel.

Chor: So ist die Seemannsart.

Hauptchor: Also dann Lebewohl, meine kleine Marie,
Wir müssen wieder auf See hinaus.
Seemann Jack kommt immer zurück,
Zu seinem Mädchen nach Haus'!

Aus *The Sailor's Way*

Das ist ein Capstan- und Pumpenshanty, aber er wurde auch als „fore-bitter" (Vorbereiter) gesungen, wenn keine Arbeiten verrichtet wurden, was sehr selten war. Dieser Shanty ist darin einzigartig, dass die Matrosen die letzte Zeile der Verse zusammen mit dem Vorsänger sangen, dem Shantymann.

12 Nach Seemannsart

„So, wie war's in Mallorca, Sissie?" fragte ich. Sissie beglückte Nelson stolz mit einem knallroten Fressnapf.

„Oh, einfach großartig! Wie Du vorausgesagt hattest Liebling, Palma hat dem lieben Willie nicht besonders gefallen, mir eigentlich auch nicht. Der verflixte Lärm und der trostlose Verkehr, und all die schrecklichen, kleinen Hotels, die gebaut werden. Ach ja ..." Sissies Stirn legte sich in Falten, als sie die Augen schloss und mit den Schultern zuckte. Dann riss sie die Augen auf und war wieder ganz britisch: „Tee, Liebling?"

Die Antwort wartete sie erst gar nicht ab. Mit dem Kessel in der Hand machte sie weiter: „Und diese unglaublich ordinären, kleinen Männer auf den Straßen – unerhört! Ehrlich, Liebling, man könnte glauben, die hätten noch nie eine Frau gesehen, wie sie sich benehmen, ich meine – so aufdringlich, so schrecklich dumm und langweilig. Der arme liebe Willie wusste kaum noch, was er machen sollte."

„Die haben doch nicht etwa versucht ihn anzumachen?", meine Augen müssen geleuchtet haben.

„Oh, nein ... also kaum ..." Sie zögerte einen Moment lang, dann lächelte sie, ein wenig wie als Entschuldigung. „Also, nicht bevor wir in diesen fürchterlichen Omnibus nach Pollensa stiegen. Willie wollte so schrecklich gerne die herrliche Villa sehen, die dem lieben Robert Graves gehört, und dieses schreckliche, alte Weib – ich meine sie war vorsintflutlich, mein Liebling, sie setzte sich neben uns. Sie kam irgendwoher aus Skandinavien, von irgendeinem Platz, über den der schreckliche Kerl Ibsen schreibt, und sie zog dieses arme, kleine Ding hinter sich her, Kerlchen kann man fast nicht sagen – diese Person, er sah so schrecklich ordinär aus ... so zuckersüß ... und dann das lila Hemd!"

Ich grinste über den Rand meiner Teetasse hinweg. „Erzähl' mir nur nicht, er hätte Willies Knie angefasst?"

„Also, lieber Tristan, ehrlich, ich weiß nicht was passiert ist. Weißt Du, ich war so schrecklich abgelenkt. Dieser blöde Hahn, in einem Korb unter dem verflixten Sitz vor mir, hat andauernd versucht, mich in meine guten alten Füße zu picken. Aber plötzlich bestand Willie einfach darauf, dass der verflixte Omnibus, dieses schreckliche Ding, sofort angehalten wird – ich meine, Liebling, wir waren irgendwo in der Wildnis." Sissies Augen schlossen sich halb, als wenn sie Schmerzen hätte. „Und wir mussten per Anhalter fahren mit so einem altmodischer Bauernwagen. Und als wir endlich ankamen, vollkommen erledigt, mussten wir feststellen, dass der liebe Robert Graves nicht da war. Aber eine schrecklich schöne Villa ... Haufen von Palmen und so ..."

„Dann seid ihr also nach Palma zurückgefahren – und dann?"

„Also, es war schon lange nach Mitternacht, als der Omnibus endlich zurück in die Stadt kroch, und dann konnte der liebe Willie kein Taxi finden, und wir mussten den ganzen Weg in das verflixte Hotel trampeln, und diese grässlichen, kleinen Männer wimmelten einfach nur so in den Straßen, und diese fürchterlichen Flittchen standen überall herum. Es war so schrecklich primitiv, so wie in einer dieser furchtbaren kontinentalen Opernsachen, weißt Du."

„Carmen?"

„Ganz genau!", bestätigte sie, „Ach, lieber Tristan, wie klug Du bist!"

Einen Moment lang schaute Sissie auf das Bild der Queen, dann sagte sie leise: „Es war widerlich und schrecklich, mein Schatz, und der liebe Willie war so fürchterlich aufgeregt, und ich musste ihn fest an die Kandare nehmen, weil er ein paar dieser grauenhaften kleinen Flittchen in ein Restaurant zum Essen einladen wollte, und diese verflixten, ekelhaften kleinen Männer haben mir die abscheulichsten Dinge zugeflüstert! Zum Glück kam dann einer dieser schrecklich netten Polizisten angetrottet und hat uns zurück ins Hotel begleitet ... ach, mein Lieber."

Ich grinste in mich hinein. „Was jetzt, Mädchen?"

„Oh, warum machen diese kleinen Kerle das? Ich meine, als wenn es nicht genug schrecklich nette Mädchen gäbe, nicht wahr?"

„Sissie, das ist eine der ältesten Fragen der Welt. Jedenfalls, ich würde mich nicht zu sehr über einen Kerl wundern, der das ab und zu macht – an deiner Stelle würde ich mich eher über einen wundern, der es nicht macht."

Mitten in meiner Rede kam Leutnant Francisco zu *Cresswell* an Bord geklettert. Ich rief ihm zu, herunter zu kommen. Er kam herab und sah Sissie, die immer noch ein wenig bestürzt aussah. Ich stellte Sissie meinem neuen Freund Francisco vor. Am Fuß der Leiter schlug er die Hacken zusammen. Vornehm nahm er Sissies gebräunte, gerunzelte und verwelkende Hand. Er verbeugte sich, hob sie sanft in die Höhe und streifte sie mit seinen Lippen. Sissie schmolz fast dahin.

„*Señora*, verzaubert liege ich ihnen zu Füßen", murmelte der junge Offizier. Sissie war zu atemlos, um ein Wort herauszubringen. Sie schwebte irgendwie in der Luft und sah ihn mit ihren himmelblauen Augen an – ihr Mund blieb halb offen stehen.

In seinen halbwegs guten Englisch sagte er: „*Señor* Tristan, die Mutter des Waisenhauses möchte Sie gerne empfangen, und sie bittet Sie und Ihren Freund Amyas ... und die *señora*, hoffentlich ... (er warf Sissie einen Blick zu, lüstern und untertänig zugleich, die ihrerseits fast zu stöhnen anfing) ... mit ihr und ihrem Personal um ein Uhr zu Mittag zu essen, ja?"

„Natürlich werden wir kommen", antwortete ich. (Lehne niemals Lebensmittel oder Schnaps ab!) „Gerne, Francisco, wirst Du auch kommen?"

„Es wird mir eine große Ehre sein, *señor*", sagte er.

Sissie erinnerte sich plötzlich daran, dass sie Britin war. „Möchten sie einen Tee, Herr Leutnant?", schnurrte sie atemlos.

„*Señora*, Ihr Tee wird wie ein Trank der Götter für mich sein", sagte Francisco. Sein spanisches Gesülze war unglaublich.

Sissie lächelte ihn hilflos an. Sie glühte auf eine eigenartige Weise. Ihre angelsächsische Reaktion auf seinen iberischen Charme strömte aus ihr heraus wie der weißglühende flüssige Stahl aus einer Bessemer Birne. Als sie sich über die Teekanne beugte, beobachtete ich ihr Gesicht. Ihre Augen waren halb geschlossen, um ihre Lippen spielte ein verträumtes Lächeln, und ihr gerundeter Busen hob sich, als sie mit einer Hand ihr rotgelbes Kraushaar glatt zu streichen versuchte.

Natürlich würde die Katze jetzt jeden Moment aus dem Sack gelassen. Francisco würde Sissie die Geschichte von *Dreadnaught* erzählen – gewürzt mit hispanischem Charme und mit kastilischer Stickerei verziert. Nun, da Sissie im Banne eines richtigen Charmeurs war, konnte der liebe Liebling Skipper sich aus dem Staub machen. Leise schlich ich mich die Leiter hoch und nahm Kurs auf Amyas und *Dreadnaught*, um den Ingenieur-Poeten aufzulesen und ihn zum Mittagessen im Waisenhaus mitzunehmen. Ich überließ es Francisco, Sissie *au fait* mit der schauerlichen Geschichte von *Dreadnaughts* Untergang und Auferstehung zu bringen, und um den „Trank der Götter“ zu genießen.

„... bester Burma Tee, von Fortnum and Mason’s ...“, hörte ich Sissie noch schnurren, als ich auf die Mole sprang.

Als wir eine Stunde später in Franciscos Marinejeep beim Waisenhaus ankamen, waren etwa fünfzig Kinder unter dem Kommando von vier Nonnen in Reih und Glied zur Begrüßung aufgestellt. Es waren Kinder aller Altersgruppen, von etwa zwei bis zwölf oder so, Mädchen und Jungen, alle in der gleichen blauen Uniform. Die Turnhöschen der Mädchen erinnerten mich an die von Sissie. Es war ein trauriger Moment, als wir an ihnen vorbeigingen, wenigstens für mich, obwohl die Kinder pflichtbewusst lächelten und versuchten, den besten Eindruck zu machen. Die Ordensmutter war freundlich und mehr als dankbar für das Geld, das sie bekommen hatte. Das hatte ich Francisco überlassen, weil ich meinte, es würde sie weniger in Verlegenheit bringen, wenn sie es von der spanischen Marine und einem Katholiken erhalten würde, als von Briten – einem Anglikaner, einem Kalvinisten und einem ... Überführungsskipper.

Das Mahl, das uns serviert wurde, war einfach – Salat, gebratener Fisch, Kartoffeln und ein Pudding hinterher. Der Wein war ausgezeichnet, Marques de Riscal. Es gab kein Tischtuch, und die Teller und die Gläser standen auf dem sauber und blank gescheuerten Holztisch. Das Essen wurde von den älteren Mädchen aufgetragen, und obwohl sie ernst dreinblickten, empfanden sie dies offensichtlich als eine besondere Ehre und waren sehr stolz darauf. Vor der Ordensmutter schienen sie keine Angst zu haben – ihr Benehmen erinnerte mich sehr an das Benehmen meiner Schwester gegenüber unserer Mutter, damals vor vielen Jahren in Merioneth.

Überraschend für mich war der Ort, an dem wir aßen, ausgesprochen einfach. Es war eine lange, weißgetünchte Halle mit einem hohen Dach, das direkt von massiven Balken getragen wurde. Die einzige Dekoration war ein kleines, dunkles hölzernes Kreuz an einer Wand. Die Fenster saßen hoch und bestanden aus klarem Glas. Sonnenlicht strömte herein.

Zunächst war die Konversation etwas verhalten. Von all den Nonnen sprach nur die Mutter Englisch, und so halfen wir uns, so gut wir konnten, in der Landessprache. Ich übersetzte für Sissie. Nach einem kurzen Gebet in Latein drückte die Mutter ihre große Dankbarkeit aus, aber ich sagte ihr, sie solle diese besser für den General aufheben, und dass die hölzernen Träger an der Decke mich an die Balken eines Schiffes erinnerten.

„Das stimmt wohl, Kapitän Jones. Die kommen von den Schiffen der Mauren, die man im frühen 15. Jahrhundert hier im Hafen versenkt hat", antwortete die Mutter.

„Natürlich, das waren großartig Seeleute, die Araber", fügte Amyas hinzu, der sehr gut spanisch sprach. „Es waren die ersten, die mehr oder weniger gut am Wind segeln konnten ..." Er hielt inne – ich denke, er suchte nach dem spanischen Begriff für „sozusagen". Dann fuhr er fort: „Natürlich haben wir dann den Dampf erfunden – guter Job, sonst sprächen wir heute vielleicht alle Arabisch ..."

Und so, unter Nichtbeachtung des Helden von Alexandria, hielten wir Seeleute die Konversation aufrecht. Amyas erwähnte fast jede spanische Schiffswerft und jeden namhaften spanischen Schiffbauer der letzten hundert Jahre. Nach einer Weile erwähnte die Mutter Oberin, dass die Wasserpumpe des Waisenhauses nicht richtig funktionierte, und so verbrachten Amyas und ich eine Stunde im Keller, wo wir die Pumpe zerlegten und Amyas neue Dichtungen einsetzte, die er aus einem alten Ledergürtel geschnitten hatte.

Während er mit Begeisterung arbeitete, sagte er: „Deine Freundin ist sehr liebenswert, Kumpel, ... sehr charmant, sozusagen."

„Sissie ist froh, dass sie aus Palma zurück ist."

„Hast Du sie schon mal gefragt? Ich meine, über das, was wir gestern beredet haben ... ob sie auf *Dreadnaught* kommen will?"

„Hatte noch keine Zeit bisher, Amyas."

Er blickte erleichtert auf. „Gut, da bin ich froh", sagte er, als er eine Unterlegscheibe auf dem Pumpenschaft festklopfte. „Ich möchte nicht, dass sie *Dreadnaught* sieht, bevor die ein bisschen ... gemütlicher ist, sozusagen."

Es trat einen Moment Stille ein, die nur durch die Schläge des Hammers unterbrochen wurde. Dann sagte ich: „Ich werde mit ihr reden ... nein, ich hab' eine bessere Idee, wir warten damit, bis wir dich wieder treffen, wenn wir aus Formentera zurückkommen. Eine Woche oder so kann ich es schon noch mit ihr aushalten. Wir müssen uns ja nicht beeilen, Kumpel."

„Nein, wir sollten eher diplomatisch vorgehen. Sie ist ja schließlich eine Frau. Man muss ein wenig vorsichtig sein bei diesen eigenartigen Kreaturen ... man muss sie nicht denken lassen, wir hätten das hinter ihrem Rücken eingefädelt, sozusagen."

Ich hatte keine Chance zu antworten, weil Francisco, Sissie und die Ordensmutter in den Keller kamen.

„Solch liebenswerte, süße Kinder," sprudelte Sissie, „wie schrecklich, dass du und Amyas sie nicht beim Essen sehen konntet – so furchtbar guterzogen. Was für eine grässliche Enttäuschung, dass der liebe Willie und das liebe Fräulein Benedict sie nicht ..."

Amyas schaltete die Pumpe ein. Sie arbeitete perfekt. Ein klein wenig Wasserdunst aus den Dichtungen, genau wie es sein sollte. Die Pumpe wimmerte und drängte Sissies Stimme in den Hintergrund. Die Oberin Mutter verbeugte sich und schenkte Amyas, Sissie, Francisco und mir je ein winziges silbernes Kruzifix. Meines hab' ich immer noch.

Auf dem Rückweg zum Hafen, in Franciscos Marinejeep, charmierte der Sissie fast die Hosen runter. Ich sagte ihr, dass wir am nächsten Morgen nach Formentera segeln würden. „Es ist zu schmutzig hier im Hafen von Ibiza. Ich hab' schon zehnmal die Wasserlinie geputzt, seit wir hier sind, und jeden Tag ist sie wieder so wie am Vortag. Ich muss nur noch das neue Bugspriet einbauen und dann kann's mit *Cresswell* losgehen."

Irgendwie gelang es Sissie, ihre Augen von Francisco loszureißen. Während der Jeep hinunter in die Altstadt schaukelte, packte sie meinen Arm. „Ach Liebling, ich bin so froh, ich bin ja so wahnsinnig gespannt!"

„Auf was denn?", fragte ich. Ich hatte erwartet, dass sie Ibiza nicht gerne verlassen würde, so lange es eine Chance gab, dass Francisco an Bord kommen konnte.

„Ach Liebling ... ich bin so zerfressen vor Angst ... einer schrecklichen, entsetzlichen ... wirklich krampfartigen ...so ängstlich, Liebling."

„Oh?", eine Weile zermarterte ich mir den Kopf. Die weißgetünchten Häuserwände zogen vorbei. Dann gab ich auf. „Warum?"

Sissie drehte mir den Kopf zu, ihr Haar flatterte im Wind, ihre Augen waren feucht. Sie klopfte auf meinen Arm. „Ach, ich dummes altes Ding!", heulte sie, „ich bekomme diese schrecklichen Anfälle ... ich weiß wirklich nicht wie ich es sagen soll, mein Kleiner."

„Reiß' Dich zusammen, Sissie, was beißt dich denn? Ist es etwas hier auf Ibiza? Ist es ein Kerl, der dir an die Wäsche will?"

Sie lachte halbherzig und klopfte noch fester auf meinen Arm. „Oh nein. Es ist ..." Sie ließ den Rest ungesagt.

„Was zum Teufel ist es denn?"

„Es ist das arme, liebe Fräulein Pomeroy", platzte sie heraus. „Ich kann sie einfach nicht aus dem Kopf kriegen. Wenn ich daran denke, wie sie in den schmierigen Händen dieses großen, plumpen, bestialischen Kerls ist, dieses ausländischen Monsters. Letzten Endes ist sie britisch, Liebling!"

Das war für mich ganz neu. Vor meinem geistigen Auge sah ich die winzige, blaugefärbte Schreiberin von Kinderbüchern. Alles was ich sagen konnte, war: „Also, Mädchen, du zahlst und du hast die Wahl." Aber als ich das endlich heraus gebracht hatte, lächelte Sissie schon wieder.

„Ich werde sie sofort besuchen, wenn wir in Formentera ankommen."

Sie sagte das in einem Ton, den die Queen benutzt, wenn sie ihren Wachen Befehle erteilt. Ich wusste, dass jeder Widerspruch absolut sinnlos war und hielt während der ganzen Fahrt zurück zur Mole den Mund, während Francisco weiterhin seinen Charme auf den Drachen von Devon einwirken ließ.

Als wir wieder allein an Bord von *Cresswell* waren, stellte ich Sissie die entscheidende Frage. Ich machte das betont nebensächlich, so gut, wie das ein Seemann eben kann. „Wie gefällt dir eigentlich Amyas?"

Sie warf die Kartoffeln für das Abendessen wütend in einen Eimer. „Oh, was für ein furchtbarer, langweiliger, kleiner Mann! Ich schwöre, ich habe kein Wort verstanden, von dem, was er sagte. All diese Kolbenstangen und ... was war es noch – scheußliche Bolzenriegel? Ich bin sicher, die süße Oberin Mutter fand das alles sehr langweilig und tat nur so, als würde sie verstehen, was zum Teufel er da vor sich hin redete, ich jedenfalls fand es stinklangweilig, furchtbar."

Ich ging aufs Vorschiff um *Cresswells* neues Bugspriet einzupassen, Nelson trottete auf sanften Pfoten hinter mir her. Unsere beiden Herzen sanken hinab. Die Tochter Albions würde offensichtlich wohl noch eine Weile bei uns bleiben. Nelson und ich sannen darüber nach; ich pfiff durch die Zähne und Nelson schaute traurig drein. Wütend feilte ich an dem neuen Loch für den Haltebolzen in *Cresswells* Vordeck, und wir dachten daran, dass alles ganz gut geplant gewesen war, aber die Pläne von Menschen und Mäusen – und Hunden – eben manchmal etwas durcheinander geraten. Amyas würde sicher noch eine Weile alleine bleiben müssen.

Unsere Reise nach Formentera war zwar nach Meilen gerechnet klein, aber riesig in ihrem Reichtum an Erfahrung. Als wir den Hafen von Ibiza verließen, war es ruhig, und es blieb auch so während der ersten Meilen auf Südkurs. Aber als *Cresswell* den südlichsten Punkt der Insel Ibiza umrundet hatte und in die Durchfahrt nördlich von Espalmador kam, erwartete uns ein starker Südwestwind, stark genug um dem Teufel die Socken wegzublasen. In dem engen und flachen Kanal baute sich eine steile See auf. Die Wellen schienen sich zusammenzuraufen und einander zu schieben, als wenn sie es eilig hätten, das tiefe Wasser am Ende des Kanals zu erreichen. Die hinteren Wellen schienen „vorwärts" zu rufen und die vorderen „zurück", und so entstand natürlich eine ganz gehörige Verwirrung in der Mitte. *Cresswell*, die nur sechzig Grad hoch am Wind segeln konnte, brauchte ungefähr drei Stunden, um sich gierend und schlingernd, stampfend und rollend durch dieses wässrige Chaos hindurchzuboxen.

Das war natürlich ganz im Sinne von Sissie. Sie blieb an meiner Seite, als ich mit dem Rad kämpfte, ständig anluvte und dann wieder abfiel und in kurzen Schlägen der See jedes Mal ein paar Meter abrang. Bei den Wenden machten wir erst Zick dann Zack, während das Schiff alle paar Sekunden um zwei Meter die Welle hinunter fiel. Nelson hechelte mir in die Ohren. Er lag sicher auf dem Poopdeck und beobachtete die Delphine. In solchen Situationen war Sissie in ihrem Element – sie nannte das die „saftigen Happen". Es lag so eine Art orgastische Freude in ihrem Gesichtsausdruck, als sie sich gegen die fliegende Gischt duckte. „Oh ein wunderschöner Tag, wie ich ihn so gerne mag", sang sie laut, als wieder eine große Welle *Cresswells* Bug erwischte und sie sich mit der Absicht, mir das Rad aus den schmerzenden Händen zu reißen, auf die Seite legte. „Oh wie geht's mir heute gut!", rief sie. Wieder baute sich ein riesiger Haufen grünen Wassers auf, eine nasse Feindseligkeit, halsstarrig und bösartig – auf, auf, auf ... *Cresswell* machte einen Buckel in ihrem Großsegel und rüstete die Lenden ihres Bugs für den kommenden Zusammenprall. Das smaragdgrüne Monster baute sich vor uns im Sonnenlicht auf, und wir starrten es an, bis es vor unseren Augen verschwamm – ein großer, grober, wunderschöner Raufbold, der eine riesige Stärke in seinem schwarzblauen Herzen aufgebaut hatte. Er kräuselte sich leicht – und donnerte dann auf unseren Bug herunter. Große Fetzen weißer Gischt spritzten nach achtern.

Die ganze Zeit, die der Kampf dauerte, als ob es schon ewig so gewesen war und ewig andauern wollte, stand Sissie neben mir und sang mir ins Ohr: „Wie schön ist diese Welt ..."

Nach einer Stunde oder so, kam der kleine Lotusfresser in mir hervor und stellte die uralte Frage der Seeleute von den Inseln: „Warum willst du eigentlich den Berg hinauf segeln? Warum machst du dir's nicht einfacher, läufst einfach ab, suchst dir einen Hafen in Lee und wartest, bis der Wind dreht? Warum kämpfen? Warum nicht auf die bequeme Art?“

Ich drehte mich zu Sissie um. Wir waren beide patschnass und trieften vor Salzwasser. „Wir werden noch Stunden brauchen, um aus diesem Loch herauszukommen“, brüllte ich, „denke, wir sollten unser Heck drehen und in Ibiza herumhängen, bis der Wind nach Osten dreht ... morgen wird er das sicher tun.“

Sissis fiel das Gesicht herunter. Sie blickte mich finster an. Sie sah aus, als wollte sie in Tränen ausbrechen. Ihre Lippen bewegten sich, aber durch den Wind konnte ich nichts hören, das Großsegel und der Besan hämmerten wie Dampfmaschinen, und die See klatschte und rauschte. Ich beugte mich hinüber und hielt mein Ohr an ihren Mund.

„... und ich hatte mich so sehr darauf gefreut zu sehen, dass es Fräulein Pomeroy gut geht ... und jetzt muss ich eine weitere furchtbare und scheußliche Nacht darauf warten. Ach Lieber!“

„Was zum Teufel geht in Dir vor?“, schrie ich sie an und hielt wieder mein Ohr in die Nähe Ihres Lachmuskels. Gerade kam wieder eine grüne See an Bord, und wir duckten uns beide vor der zischenden Gischt.

„Das arme, liebe Fräulein Pomeroy“, schrie sie, während wir uns wieder aufrichteten, „sie ist in den Krallen dieses grässlichen, betrunkenen Raubtiers!“ Mehr hörte ich nicht, weil wieder zwanzig Tonnen Wasser auf *Cresswells* Bug knallten und in einem Regen aus tausend silbernen Streifen zerstoben.

Einen Moment später, als das Schiff sich von dem Brecher erholt hatte, brüllte Sissie mit einem schmerzhaften Ausdruck im Gesicht: „Liebling!“

Zuerst dachte ich, es wäre ihr etwas passiert, dass sie vielleicht eine Rippe gebrochen hätte, als sie rückwärts gegen das Schanzkleid des Cockpits geflogen war oder so etwas. Ich schöpfte Hoffnung. Ich beugte mich wieder hinüber und hielt das Ohr vor ihren Mund.

„Da hast es versprochen, weißt du ... Und ich bin so fürchterlich besorgt. Ich habe so ein komisches Gefühl ... wirklich ... das liebe Fräulein Pomeroy!“

Der nächste Ruck des Schiffes warf mich halb durchs Cockpit, und deshalb verstand ich den Rest nicht. Mein Gott, sagte ich zu mir selbst, dann beugte ich mich wieder zu ihr. „Also gut, machen wir also weiter, wenn du es unbedingt willst.“ Dann drehte ich mich nach oben und schaute auf Nelson. Der lag durchnässt oben auf dem Poopdeck, blinzelte mich mit seinem einen Auge an und leckte sich ab und zu mit der Zunge das Salz von der Schnauze und schluckte es hinunter. Ich wusste, dass er uns nicht hören konnte, aber ich wusste auch, dass er vollkommen meiner Meinung war. Verfluchte Weiber, wenn alles gut geht, können sie sich nicht ausstehen, aber wenn eine mit einem Kerl, den die anderen nicht mögen, Probleme hat, dann pass' auf. Nelson nickte mit dem Kopf, als ich ihn ansah. Nelson wusste nur zu gut, was hier vorging.

Wir brauchten drei Stunden, um durch die Enge zu kommen. Dann stampften wir eine Stunde Ostsüdost, dann eine weitere Westsüdwest, eine weitere Ostsüdost und kamen endlich in Lee der Nordküste der Insel Formentera, etwa eine halbe Stunde vor Einbruch der Dämmerung. Da ich nur noch etwa zwei Liter Diesel übrig hatte (kompliziert, wenn man kein Geld hat), musste ich unter Segeln in den winzigen Hafen hineinsteuern. In Lee der Insel gab es wenig Wind, dafür aber eine Menge Seegang, aber endlich, nach eineinhalb Stunden Fummelei und Schimpferei, krochen wir ruhig und vorbildlich zwischen die niedrigen Molen. Sissie machte fest, und ich trank den Tee, den sie gemacht hatte, als die „saftigen Happen" vorbei waren.

Bald hatten wir klar Schiff gemacht. Sissie hatte alle Sachen, die unten herumgeflogen waren, wieder sauber verstaut. Das einzige an Bord, was mitgenommen aussah, war ich. Aber nachdem mir Sissie einen Teller mit Corned Beef, Fritten, Erbsen und Radieschen unter die Nase geschoben hatte, fingen die Messinglampen in *Cresswells* Kabine langsam wieder an zu glühen.

Sissie wollte sofort ihre Landschuhe anziehen und nach San Francisco, dem kleinen Dörfchen, wo Fräulein Pomeroy wohnte, aufbrechen. Aber ich hielt sie auf. „Es gibt kein Licht, der Mond scheint nicht. Du fällst bestimmt in eines der großen Löcher in der Strasse. Ich kann sowieso nicht mitkommen; wenn der Wind dreht, wird es die ganze Nacht blasen wie wild. Das wird eine ganz schöne See aufbauen, und wenn der Anker hier drinnen im Hafen nicht hält, wird das Schiff gegen die Mauer donnern, wie damals die arme alte *Fanny Adams* ... jedenfalls muss ich hier bleiben und aufpassen, alles andere wäre purer Blödsinn." Ich machte wirklich keinen Spaß, es war mein bitterer Ernst.

Endlich leuchteten Sissie meine Argumente ein. Sie verzog sich in ihr Kämmerchen im Vorschiff. Bald konnte man durch die Schottwand zum Vorschiff das leise Klingeln der Flasche mit Booth's London Dry Gin in

Kontakt mit dem Glas hören. Eine kleine Weile später verkündete das leise Rascheln beim Umblättern der Bibelseiten, dass die englische Löwin es sich in ihrer Höhle gemütlich gemacht hatte.

Im Schein der Petroleumlampe wandte ich mich wieder meinem Gedichtband zu und wartete darauf, dass der Wind draußen auf Nord drehen und sich große Mühe geben würde, hektische, kleine Seen durch die enge Hafeneinfahrt von Formentera zu schicken.

Wie ich es geahnt hatte, brandete um zwei Uhr nachts ein kräftiger Schwell gegen die Seeseite der niedrigen Molen, und zorniges Seewasser kam in breiten Streifen herüber. Wie neugierige Fans sich in eine dunkle Konzerthalle drücken, kam Welle um Welle durch die Hafeneinfahrt herein, voller Energie, schlingernd im Taumel konkurrierender Rhythmen. Schwell um Schwell, einer nach dem anderen, schob, drückte, saugte, quetschte und brach durch die Einfahrt und griff alles im Hafen an, was Widerstand leistete, *Cresswell* eingeschlossen.

Zu dieser Zeit hatte ich bereits meinen schweren Sturmanker quer durch den Hafen ausgebracht, in dem hüpfendenden Gummibeiboot. Danach hatte ich meine schwerste Sturmleine hervorgekramt, zweihundert Meter fünfundzwanzig Millimeter Tauwerk. Sissie und ich zogen das Tau ebenfalls halb durch den Hafen und machten es auf der gegenüberliegenden Seite an einem Poller fest. *Cresswell* hatte jetzt zwei Anker und die Spring draußen, um sie von der Mauer abzuhalten. Während der Nacht nahm der Wind immer noch zu und trieb trommelnde Regenschauer vor sich her. Sissie und ich beobachteten die Ankerleinen, die den gewaltigen Druck auffingen, und wir nahmen sie immer wieder dicht, bis sie stramm waren wie Violinsaiten. Aber immer noch bestand die Gefahr, dass das auf- und abgehende Schiff die Anker ausbrechen würde oder dass die Taue aufgeben könnten.

„Ach Lieber“, schrie Sissie um vier Uhr nachts, und aus ihrem Ölzeug lief eine Mischung aus Seewasser und Regen. „Ich will, dass der blöde Wind ein wenig nachlässt, so dass Du ein bisschen Schlaf kriegst, Liebling. Mein Gott, Du musst ja fürchterlich kaputt sein. Ach Du armes Ding ... nur eine winzige Sekunde – Sissie macht Dir einen heissen Kakao.“

Ich duckte mich in der Plicht gegen den sturmgepeitschten Regen, während ich auf meinen Kakao wartete. Ab und zu pumpte ich die Bilge aus (*Cresswell* war nicht selbstlenzend) und hoffte, dass die Spring das unablässige Auf und Ab in der Hafenmitte aushalten würde, eineinhalb Meter hoch und wieder runter, immer und immer wieder. Ich versuchte, mich umzuschauen. Nichts, als schwarze Nacht, sogar in Lee. Nichts als ein blasser, geisterhafter Lichtschein, alle zehn Sekunden, der durch die Mischung aus Regen und Gischt von dem winzigen Leuchtfeuer am Hafeneingang herüberflatterte und das schemenhafte schwache Leuchten der Petroleumlampe in *Cresswell* Kabine. Das Boot sprang, zog und ruckte, und der Wind zischte, rauschte und heulte überall in dem ganzen kleinen Hafen herum; es war wie in einem höllischen Strudel, bis Sissies nassglänzende Ölzeugkapuze auftauchte und sie mir eine dampfende Mug Kakao gab, mit einer Untertasse zugedeckt. Es war wie eine Begnadigung für einen, der in der Todeszelle sitzt.

Die ganze Nacht ging es so weiter, bis zur Morgendämmerung. Dann hatte der Wind sich ausgeblasen und drehte sich erschöpft und müde in seinen üblichen Ostquadranten. Eine halbe Stunde später holte ich die dicke Leine und den schweren Anker ein, um der erwarteten Fähre aus Ibiza keine Gelegenheit zu geben, dran hängen zu bleiben.

So ist das Leben, selbst im Himmel muss ein Seemann arbeiten.

Gegen Mittag weckte mich Sissie auf. „Johoo Skipper, Liebling – Mittagessen! Hab' uns eins deiner Lieblingsessen gemacht ... schau' mal!"

Sie hielt einen dampfenden Topf Burgoo unter meine Nase – Haferbrei und Speck mit Stücken von Leber, Nieren, Herz und sonstigen Innereien, alles gut mit Rum gewürzt. Ich wusste, das musste so eine Art Belohnung für mich sein – oder eine Verführung. Sissie konnte Burgoo nicht ausstehen. Wenn sie sich mit mir an den Tisch setzte, einen ganzen Teller davon aß und dann noch behauptete, es wäre vorzüglich, dann musste etwas im Busch sein.

Nachdem ich aufgegessen hatte, ging ich an Deck. Es wehte nur noch eine schwache Brise, und der Himmel war klar. Es war so eine typische Mittelmeersaunacht gewesen, und der Sturm hatte sich so schnell gelegt, wie er aufgekommen war. Kein Wunder, dachte ich mir, wenn die Kerle hier in der Gegend dauernd Rotwein trinken und sich parfümieren. Dann, als ich die Stirn runzelte und über die Auswirkungen des Wetters auf das einheimische Temperament nachdachte, fiel ich fast aus meinem T-Shirt.

Das ganze Schiff – das Cockpit, das Poopdeck, die Seitendecks, das Vorschiff, die ganze *Cresswell* war frisch gewaschen, mit Süßwasser! Der Lack der Masten war wie poliert und glänzte. Kein einziges Salzkristall war irgendwo zu sehen. Keine Salzkruste mehr auf den roten und grünen Positionslaternen an den Seitenwanten. Kein weißer Belag auf der Kompasskugel, und die Messinghalterung glänzte wie neu, obwohl sie sechzig Jahre alt war. Die Messingplatten auf den Festmacherklampen, die Bronzeverzierungen rund ums Vordeck und an den Seiten des Poopdecks, die Scharniere der Niedergangstüren: alle strahlend sauber und hochglanzpoliert. *Cresswells* Deck sah aus, als würde sie zu einer Bootsausstellung gehen. Hmm, sagte ich zu mir selbst, irgendwas liegt in der Luft.

Still ging ich wieder nach unten. So, dass Sissie es nicht bemerkte, schaute ich mich um. Die Petroleumlampe aus Messing, die Messinguhr, die Einfassung der Niedergangsleiter, jedes einzelne Stück Bronze und Messing unter Deck war poliert. Die Bilder an der vorderen Schottwand waren geputzt, und das Glas war poliert. Die Kombüse strahlte. Der Deckel der Keksdose, den ich als Navigationstisch benutzte – sogar der war poliert. Der Fußboden der Kabine war frisch geschrubbt, der Tisch ebenfalls. Meine Navigations- und sonstigen Bücher waren herausgenommen, entstaubt und sorgfältig wieder in die geputzten Schapps gestellt worden. Irgend etwas lag definitiv in der Luft!

Ich studierte Sissie. Sie hatte jetzt ein Paar Jeans an. Der Schneider hatte bestimmt Migräne bekommen, als er mit dieser Figur zurecht kommen musste, dachte ich. Oben drüber trug sie eine Rüschenbluse, mit den Ärmeln bis an die Ellenbogen zurückgerollt. Ihr rotbraunes Haar sah aus, als wenn ein Löwenbändiger endlich herausgefunden hätte, wie man damit fertig wird. Ich setzte mich hin und beobachtete sie, unbemerkt wie ich glaubte, mit der Ausnahme von Nelson, der dieses kleine Spiel neugierig mit den Augen verfolgte. Sie hielt die Augen gesenkt und löffelte krampfhaft in ihrem Teller mit Burgoo; verzweifelt versuchte sie, ihn leer zu essen.

„Gut geschlafen, Mädchen?“, fragte ich keck.

„Herrlich, Liebling. Hab geschlafen wie ein alter Sack! Und Du?“

„Wie ein Hintern“, sagte ich, „wie ein Elefantenhintern.“

„Gut.“ Ein wenig lakonisch heute morgen, unsere Sissie.

„Scheißwetter letzte Nacht“, sagte ich dümmlich.

„Fürchterlich.“

„Haben einiges abwettern müssen.“

„Mmmm.“

„Ich hatte Angst, die Sturmleine könnte brechen.“

„Ja, Glück gehabt, nicht wahr?“ Sissie schaute mich an; da war ein Lächeln in ihren Augenwinkeln – aber auch nur in den Winkeln.

„Gutes Burgoo war das.“

„Ich bin froh, dass es dir geschmeckt hat.“ Ihr Kopf senkte sich wieder.

„War genau richtig.“ Ich schaute hinüber zu Nelson. „Nicht wahr, Alter?“ Nelson wackelte mit dem Schwanz, behielt aber Sissie im Auge. „Ging wunderbar runter, ganz prima“, sagte ich so dahin.

„Ich bin so froh, dass es Dir geschmeckt hat, Liebling.“ Sie schaute hoch. Eine dicke Träne hing in jedem Auge. Sie stand auf, nahm die Teller, legte sie ins Spülbecken und kletterte die Leiter hoch. Ich hörte, wie ihre Füße über das Deck schlurften, wie sie die vordere Luke öffnete und in ihre kleine Koje im Vorschiff schlüpfte. Dann kamen Geräusche wie unterdrücktes Weinen.

Nelson und ich schauten uns eine volle Minute lang an. „Was zum Teufel ist heute mit dem zweiten Maat los?“, murmelte ich. Er wedelte mit dem Schwanz, seine Zunge hing noch etwas weiter raus.

Was zum Henker, sagte ich zu mir selbst. Dann, so laut, dass sie es durch die Schottwand hören konnte: „Was ist denn los, Sissie, hab’ ich was falsch gemacht?“

Stille.

„Du kannst mir doch wenigstens sagen, was los ist, zum Teufel noch mal. Wie soll ich es denn sonst wieder gut machen?“

Ein Schneuzen kam von vorne.

„Komm’ schon, Mädchen, hör’ auf mit dem Mist. Nicht gut, wenn man sich nicht versteht auf einem Segelschiff. Häng’ Deine Wäsche raus, wie man so sagt.“

Mehr Schneuzen.

„Also gut, wenn Du mir’s nicht sagst, mach’ ich mit Nelson einen Spaziergang an Land.“

„(Schneuzen) ... Oh, Liebling ... (Seufzen) ... Du hast mich so enttäuscht, aber ich weiß, ich bin ... ach, ich Dumme ... (Seufzen) ... ich hatte gedacht, du würdest aufspringen und mit mir gehen, um zu sehen wie es dem lieben Fräulein Pomeroy geht, ... ich bin so fürchterlich in Sorge um sie ... (Seufzen) ... Ich konnte überhaupt nicht schlafen, kein bisschen, ... ich war so ein Scheusal den ganzen Morgen ...“ (Seufzen).

Zum Teufel, sagte ich zu mir selbst. „Aber ich geh’ ja mit dir, sobald sich das Burgoo gesetzt hat. Ohne dich hat sie es ja auch zwei Wochen lang ausgehalten – ein paar Stunden mehr machen da keinen großen Unterschied – oder?“

„Oh Liebling, ich hab’ ja gewusst, dass du mitkommen würdest! Ich hab’ gewusst, dass du mich nur auf die Folter spannen wolltest ... ich Dummes.“ Ihre Stimme erhellte sich, als hätte jemand einen Lichtschalter gedreht.

„Natürlich, ich bin gleich fertig, muss nur noch die Luken dicht machen.“

Es gab einen Ruck von einer heftigen Bewegung im Vorschiff, dann ein leises Klingeln vom London Dry Gin und dann ein Scharren, als Sissie durch das Vorschiffsluk nach oben schoss.

„Ich hab’ gewusst, Du würdest das arme liebe Fräulein Pomeroy nicht im Stich lassen“, sagte sie, während sie an Deck wartete.

Als ich sie sah, musste ich ein zweites Mal hinschauen. In einer Hand hielt sie ihren Regenschirm, in der anderen einen Hockeyschläger. Britannien war für die Schlacht gerüstet.

Wir standen in der warmen Wintersonne des Mittelmeers, ringsherum war es still. Aber als Sissie in ihren Jeans, die sie mittschiffs und achtern noch breiter erscheinen ließen, auf die Kaimauer sprang und *Cresswells* Achterdeck sich schüttelte, war es, als ob der König der Meere sich aufgemacht hätte die Welt zurechtzurücken, und die gesetzlosen unteren Kasten sich auf das Schlimmste einstellten mussten.

Mit Bangen übernahm ich die Nachhut Britanniens. Nelson, der als Wachposten eingesetzt war, beobachtete uns, wie wir uns im Gänsemarsch formierten und in die Schlacht zogen, um unsere Landsmännin, Fräulein Pomeroy, zu befreien.

Chorus: *Way, hey, and up she rises! Patent blocks of different sizes!*
Way, hey, and up she rises, earlye in the morning!
What shall we do with a drunken sailor?
What shall we do with a drunken sailor?
What shall we do with a drunken sailor earlye in the morning?

Verses:
Put him in the long boat 'til he's sober! (Repeat three times)
Keep him there and make him bail her!
Trice him up with a running bowline!
Lash him up to the taffrail as she's yard-arm under!
Put him in the scuppers with a hose-pipe on him!
Give him a dose of the salt and water!
Take him and shake him, and try and wake him!
Give him a taste of the bosun's rope-end!
Shove him off to sea with Reuben Ranzo!
Stick on his bullocks a mustard plaster!
Shove him in a barrel with a press-gang bastard!
Soak him in oil 'til he sprouts a flipper!
Keep him in the galley 'til his bollocks are toasted!
Scrape the hair off his tits with a hoop iron razor!

(*Chor:* Way, hey, und sie kommt hoch, Patentblöcke gibt's in vielen Größen.
Way, hey, und sie kommt hoch, schon so früh am Morgen!
Was sollen wir mit einem besoffenen Seemann machen?
Was sollen wir mit einem besoffenen Seemann machen?
Was sollen wir mit einem besoffenen Seemann machen, schon so früh am Morgen?

Verse:
Werft ihn ins Beiboot bis er nüchtern ist! (Dreimal wiederholen)
Lasst ihn da und lasst ihn pumpen!
Umschlingt ihn dreimal mit einem Tau!
Bindet ihn an die Reling unter Wasser!
Werft ihn ins Speigatt mit einem Stück Eisen!
Gebt ihm einen Menge Salz und Wasser!
Schnappt ihn, und schüttelt bis er aufwacht!
Lasst ihn das Tauende des Maats schmecken!
Werft ihn in die See zu Reuben Ranzo!

Klebt an seine Eier ein Pflaster mit Senf!
Taucht ihn in Öl bis ihm Flossen wachsen!
Steckt ihn in den Ofen und röstet seine Eier!
Schabt sein Haar auf den Titten mit rostigem Messer!)

Das war ein „Runaway-“ (rennen) Shanty. Er wurde schnell gesungen, wenn die Leinen sehr zügig eingeholt werden sollten. Es war der einzige Arbeitssong, der in der Britischen Marine erlaubt war und stammt aus dem frühen 19. Jahrhundert. Die Seeleute sprachen jedes ‚y‘ am Ende eines Wortes wie ‚eye‘ aus, Way, hey, kommt der Beschreibung des Klangs am nächsten. Andere Fragen des Shantymanns schlossen folgende Formulierungen ein: „What shall we do with a thieving Bastard?“ (Was sollen wir machen mit einem Diebes-Sauhund?) „What shall we do with a Yankee Skipper?“ (Was sollen wir machen mit einem Ami-Skipper?) und – passend zu der nachfolgenden Geschichte: What shall we do with a drunken painter?“ (Was sollen wir machen mit einem besoffenen Maler?)

13 What shall we do?

Ich versuchte erst gar nicht, mit Sissie Schritt zu halten, während wir durch das Dörfchen am Hafen gingen; ich wollte sowieso nicht, dass die Fischer zu sehr über mich grinsten. Ich ließ *Cresswells* zweiten Maat mit Regenschirm, Hockeyschläger, Rüschenbluse und Lederstiefeln voranstürmen. Erst als wir um die erste Kurve in der Strasse herum waren und über den Hügel, rief ich nach ihr. Im Augenblick stürmte sie mit etwa acht Knoten voraus.

„Sissie!“ Laut und deutlich kam keine Antwort. Zum Teufel, ist sie taub oder was? Ein neuer Ruf. „SISSIE!“

Diesmal drehte sie den Kopf um und verlangsamte ihre Geschwindigkeit auf gemäßigten Trott. Trotzdem brauchte ich einige Minuten, um sie einzuholen.

Im Allgemeinen sind Seeleute keine enthusiastischen Wanderer. Ich meine nicht die Brigade derer, die zum Frühstück Joghurt und Müsli essen (die bilden ohnehin eine Ausnahme in der Gesellschaft), sondern den gewöhnlichen Seemann. Sicher, der schafft es immer bis in die nächste Kneipe am Ufer, und manchmal auch zurück an Bord, aber wenn Querfeldein angesagt ist, und besonders, wenn er hinter einer englischen Turnlehrerin her läuft, die im Begriff ist einen Giganten von einmeterneunzig anzugreifen, dann will er nicht unbedingt einen neuen Rekord über fünftausend Meter aufstellen.

„Oh, lieber Tristan!“, schrie sie, als ich bestimmt noch fünfzehn Meter achteraus war. „Ich bin ja so begeistert, bisschen dumm von mir eigentlich ... natürlich werden ein paar Minuten keinen großen Unterschied machen ... aber ich bin so furchtbar gespannt ... ach du meine Güte, sie ist so schrecklich süß und unschuldig ... und dieser ... dieser Flegel. Dieser abscheuliche Rohling.“

Als sie das letzte Wort wie eine Explosion aussprach, zuckte aus einer schwarzen Wolke, die über dem östlichen Horizont hing, ein Blitz hervor, der in die See fuhr. Es schien mir, als wenn ein paar arme Seelen in der Hölle näher aneinander gerückt wären, um für den gewaltigen Sven aus Kopenhagen schon einmal Platz zu machen.

Endlich war ich atemlos längsseits des Drachen von Devon, ein wenig hinkend vom ungewohnten Marschieren. Noch einen Moment vorher hatte Sissies Gesicht geleuchtet, als wenn sie den besoffenen Maler bereits in die finsterste Ecke einer englischen Hölle befördert hätte. Jetzt zeigte es plötzlich großes Mitleid. „Ach, mein armer Liebling! Ich laufe viel zu schnell für dich, nicht wahr? Ach, ich Dummes!"

„Schon in Ordnung. Geh' schon voraus, wenn du willst. Ich hol' Dich schon ein. Du kannst in dem kleinen Laden in San Francisco auf mich warten. Geh' aber nicht ohne mich in die Fonda Alonzo!"

„Warum nicht, Liebling?"

Wir gingen jetzt an ein paar Ziegen und Kindern in einem Feld vorbei, und obwohl Sissie sie betrachtete und ab und zu muhte („Oh, schau mal, sieh Dir diese süßen, goldigen, kuscheligen, kleinen Engelchen an – ach, ich möchte sie einfach knuddeln!"), stieg und kletterte sie trotzdem nicht über die Steinmauer, wie bei unserer letzten Wallfahrt zur Fonda Alonzo.

„Der besoffene Däne ist gefährlich. Wenn der mitkriegt, dass du irgendwas mit dem lieben Fräulein Pomeroy ausheckst, packt er dich bei den Ohren, schleudert dich herum und wirft dich fünf Meilen weit, von San Francisco bis zu *Cresswell*. Deshalb!"

Sissie schüttelte ihren Hockeyschläger. Sie war wütend. „Das will ich mal sehen, soll' er's nur versuchen!"

Eine weitere halbe Meile legten wir in Stille zurück, Sissie marschierte voraus, ich trottete hinterher. „Was hast Du denn vor, Sissie?"

„Ich werde mich einfach ein für alle Mal vergewissern, dass es dem lieben Fräulein Pomeroy gut geht."

„Und wenn's ihr nicht gut geht, was dann?"

„Dann geb' ich ihr meine Adresse!"

Ich bekam fast einen Herzschlag. „Was, die vom Schiff?"

„Nein, natürlich nicht, Liebling! Die in England, über den lieben Willie!"

„Und dann?"

„Also, wenn dieses fürchterliche Biest sie belästigt, ich meine, wenn er sie einfach in den Wahnsinn treibt, dann muss sie schreiben. Ich werde ihr sagen, sie solle ihre sieben Sachen packen, einfach abhauen und zu Willie flüchten!"

„Mmm ... der wird sich aber freuen." Vor meinem geistigen Auge sah ich den Bischof und die Lady, die Kinderbücher schrieb, auf einem geblümten Sofa sitzen und Tee trinken, während ein gespenstisches und ganz in schwarz gekleidetes Fräulein Benedict im Hintergrund mit seinem Krocketschläger lauerte.

„OhichbinsofrohwiederinEnglandzusein (Kichern)."

„Liebes Fräulein Pomeroy, England ist das einzige Land, in dem man versteht, was Freiheit ist? Und wo konsequenterweise niemand etwas von Gerechtigkeit hält?"

„OhBischofSanktJohn,wieklug."(Kichern).

Als ich mir dieses Zusammentreffen irgendwo in einer englischen Stadt mit einer Kathedrale vorstellte, fuhr Sissie fort. „Das ist das einzige, was wir ich ... was wir tun können, Skipper. Die arme, kleine, süße Seele ist hier draußen an diesem furchtbar ordinären Platz, lebt in tiefstem Elend, in diesem schmierigen Hotel, mit diesem ..." Man konnte sehen wie Sissie angestrengt darüber nachdachte, wie sie ausdrücken könnte, was sie von Sven dachte. Plötzlich drehte sie den Kopf zu mir. „„... Diesem Mädchenhändler!"

Sie schrie das so sehr heraus, dass ein paar kleine Vögel, eine halbe Meile weit weg, aus ihren Nestern aufgescheucht wurden und wegflogen. Ein paar Ziegen fingen an meh-he-heh-heh zu meckern, und die Segel einer alten Windmühle schüttelten sich, als hätte sie jemand aufgeweckt. Ich hatte eine Vision: Das sechzig Jahre alte Fräulein Pomeroy als Star des Checkalov-Bordells in Buenos Aires, bedeckt mit falschen Perlen, Fischnetzstrümpfen und allem was dazu gehört.

„Widerlicher Kerl", sagte Sissie ein wenig später und ein wenig ruhiger. Kleine Ziegen und Esel an der Straßenseite gerieten in Panik und ergriffen die Flucht in die Felder. „Entsetzlicher Lümmel!"

„Ich glaube, du kannst ihn nicht leiden", stellte ich fest.

„Ich wünschte, wir hätten den lieben, alten Toby bei uns. Der wüsste schon, was wir machen könnten. Hat diese schrecklichen Deutschen durch die verdammte Wüste gejagt. Ach der liebe Toby. Ich hoffe, dieses entsetzliche Chormädchen hat nicht ..." Sie ließ den Rest ungesagt, weil jetzt das winzige Dörfchen San Francisco Javier zu sehen war.

„Ich wünschte, wir hätten das ganze verdammte Fallschirmspringerregiment dabei", kommentierte ich, als wir auf der menschenverlassenen

Straße in Richtung von Alonzos Fonda trotteten, die uns wie eine weißgetünchte Stätte der Vergeltung vorkam. „Und auch noch die *Royal Marines*, gestiefelt und gespornt."

Alonzo saß hinter dem Tresen. Außer ihm war die Bar leer, als wir hereinkamen. Wie immer hielt er das Kinn in der Hand, und wie immer starrte er ins Leere. Er erschrak, als ich ihn grüßte, er raste um den Tresen herum und hob Sissies Hand hoch, um sie zu küssen, mit Hockeyschläger und allem. Mittlerweile hatte sich Sissie daran gewöhnt, oder es war, weil es nicht Leutnant Francisco war, der ihr die Hand küsste. Jedenfalls nahm sie diese Art von Begrüßung huldvoll entgegen, lächelte hinunter auf Alonzos gebeugten Kopf und zuckte nicht mal mit den Augenwimpern.

„Señora!" Alonzo schaute voll Bewunderung hinauf in ihre hellblauen Augen, während er sabberte: *„Encantado! Mi casa es su casa ..."* Ich bin entzückt! Mein Haus ist Ihr Haus.

Ich bestellte Wein. „Such' einen guten aus – nicht das Zeug, das wir das letzte Mal hatten. Hatte damals danach drei Tage Dünnschiss", sagte ich in der Landessprache. Spanisch ist sehr bildhaft.

Alonzo sauste wieder hinter die Bar. Eilig schaute er über die Flaschen. *„Lo siento ...* Es tut mir leid *Señor Capitan*, nichts hier ist gut genug für Sie und die *Señora*, aber drunten im Keller ... Bitte setzen Sie sich an einen Tisch." Er raste hinter der Bar hervor und verschwand durch die Hintertür.

Sissie und ich nahmen an einem Tisch in einer Ecke der dunklen Bar Platz und starrten auf einen schmierigen Kalender von 1957. Er zeigte zwei Seeleute in der Uniform der französischen Marine, mit roten Quasten an den Mützen, aber sie schauten aus, als wären sie Teil einer Zahnpastareklame von 1920. Sie grinsten ein hübsches Mädchen an, das sein Haar zu einem Knoten gedreht hatte. Es hielt eine Rose zwischen den Zähnen und war bedeckt mit Rüschen und Schleifchen.

Sissie sah, wie ich das Kalenderblatt betrachtete. „Sie ist sicher die Empfangsdame im Seemannsheim", sagte sie.

„Sie setzt bestimmt gerade dazu an, einen fetzigen Fandango zu tanzen, aber ihre Schuhe sind zu eng und sie weiß sowieso schon, dass die Franzmänner pleite sind ..."

Gerade als ich noch sprach, verdunkelte sich das Sonnenlicht, das durch die Eingangstür der Fonda Alonzo hereinströmte, als hätte Gott es ausgeschaltet. Unser riesiger dänischer Mädchenhändler war da.

Der ganze Fußboden schwankte. Sven kam mit rollenden Schultern zu uns herüber. Selbst als er noch einige Meter von uns entfernt war, hielt er seine keulenhafte Hand ausgestreckt, und sein riesiges Gesicht – oder was man hinter der Mähne blonden Haares davon sehen konnte – strahlte. Seine kleinen, blauen Schweinsaugen glänzten.

„Hey, was' seh' ich. Die englischen Seeleute!" Der Riese packte Sissies Hand, sie wurde stocksteif, und er schmatzte einen Kuss drauf. Mit der anderen Hand reichte er hinüber und fuhr mir durchs Haar. Es war, als hätte mich ein schwingender Großbaum getroffen. Einen Moment lang klingelte es in meinen Ohren.

Sven war genauso angezogen wie das letzte Mal, als wir ihn getroffen hatten. Er hatte immer noch fünf riesige Zehen an jedem Fuß und noch eine Lage Dreck mehr drauf. „Ihr kommt zurück nach Formentera, hey?", dröhnte er. Er schaute wild herum. „Wo ist der verdammte Alonzo" ALONZO!", brüllte er mit voller Kraft. Der alte Kalender an der Wand zitterte bei den Vibrationen seiner Stimme.

„Er ist im Keller ...", begann ich.

„Keller? Scheißkeller? Ich hau' ihn in sein Grab!"

Er war noch nicht mit dem Geschimpfe fertig, als Alonzo hereingesaust kam, dicht gefolgt von seiner winzigen Frau. Sie trug eine Flasche. Atemlos und andächtig riss Alonzo seiner Frau die Flasche aus der Hand und zog den Korken heraus. „Dieser hier ist ausgezeichnet, *Señores,* aus Zaragossa." Keuchend sprang er hinter die Bar und grabschte drei Gläser.

Als er wieder am Tisch war, packte Sven die Flasche und schüttete den Wein – einen wirklich guten Jahrgang – über den Tisch und in die Gläser. Er schnappte sein Glas und drehte sich zu Sissie um. „Auf dein Wohl und deine Schönheit, meine liebe englische Lady!", prostete er ihr zu.

Sissies Stimme war dünn, nadelspitz und sehr bestimmt. „Ich bin nicht hierher gekommen, um mir Ihre Trinksprüche anzuhören, Herr Knudsen", sagte sie mit gerümpfter Nase.

Sven warf seinen riesigen Kopf und seine gewaltigen Schultern nach hinten und starrte sie an. Er hob das Glas zum Mund und schüttete den gesamten Inhalt hinunter. „Was meinst du damit?", knurrte er, „was meinst du damit, dass du nicht hergekommen bist, um dir meine Trinksprüche anzuhören?"

Sissie saß jetzt kerzengerade, der Hockeyschläger war an ihrer Seite. „Ich bin hierher gekommen", sagte sie, „um Fräulein Pomeroy zu besuchen."

Langsam drehte der Riese den Kopf Augen zu mir. „Und du, Englischmann, warum bist du hier? Warum gehst du nicht verdammt-noch-mal woanders hin?"

„Ich begleite sie", antwortete ich und nickte Sissie zu, die jetzt den Dänen direkt anstarrte. Sie sah aus wie Queen Viktoria während einer Audienz mit Jack the Ripper.

„Du begleitest sie, hey?", grunzte das Monster, „kannst du nirgendwo alleine hingehen?"

„Mir gefällt es in ihrer Gesellschaft", sagte ich leise, als er ein weiteres Glas durch in seine Kehle schüttete.

„Ich sage Prost zu Dir!", brüllte mich Sven an, „ich sage Scheißprost zu Dir, verdammt noch mal! Du sagst Prost zu mir – oder?"

„Warum sagst Du nicht Prost in dänisch", sagte ich, „und ich sage dir Prost in meiner eigenen Sprache. Okay?"

„Ja, okay!", er hob sein halbgefülltes Glas. „SKOAL!", röhrte er.

Ich erhob mein Glas. Aus dem Augenwinkel heraus sah ich, wie Sissie mich anstierte, als wäre ich im Begriff, ganz England zu verraten. Ich schaute dem Monster direkt in die Schweinsaugen und sprach ganz langsam. „Budreddi drwg ar chwi!", prostete ich ihm zu in Walisisch. Dann kippte ich mein ganzes Glas mit bestem Zaragossawein in einem Zug hinunter.

Eine Weile herrschte Stille, Sven schüttete noch zwei Gläser hinunter, und die Flasche war leer. Dann wandte er sich an Sissie. „Warum, verdammt noch mal, willst du Fräulein Pomeroy sehen?", schnauzte er.

„Weil sie meine Freundin ist", sagte Sissie.

„Deine Freundin? DEINE FREUNDIN!" Der Riese schlug mit der Faust vor sich auf den Tisch. „Diese kleine Hure hat keine Freunde!"

Ich fuhr dazwischen. „Meine Freundin ist sie nicht, Sven. Was würdest du sagen, wenn Sissie hinauf geht und sie besucht, und du und ich nehmen noch ein paar?"

„Ein paar was?"

„Ein paar Gläser Wein. Die verdammten Weiber können nicht trinken, das weißt du doch."

„Ja". Der Riese reichte herüber, und schlug mir auf die Schulter, er renkte mir fast das Schlüsselbein aus; eine Woche später hatte ich immer noch einen blauen Fleck. „Nur im Bett zu gebrauchen, hey?"

„Richtig ... Alonzo!"

Alonzo hörte auf, Sissies einzige Kurve, die ihrer Nase, zu studieren. Er nahm Haltung an.

„Vier Flaschen vom Hauswein – und wie der Blitz."

„Si, Señor Capitán. Inmediatamente!"

Sissie begann vom Tisch aufzustehen. Ich drehte mich nach rechts und blinzelte ihr zu. „Also Sissie, Du gehst hinauf und siehst nach Fräulein Pomeroy, richtig? Und natürlich weißt du einfach schrecklich genau, dass ich nicht sehen will, dass du diese furchtbare, ordinäre und liederliche Person herunter in Alonzos Bar bringst. Das hier ist Männersache!"

Sissie schaute mich verwirrt an. „Hinauf mit dir, und schau' Dir diese fürchterliche Vettel an. Natürlich weißt du, dass wir dieses abscheuliche Wrack nicht hier sehen wollen."

Als ich fortfuhr, Sissies Redensart zu imitieren, konnte ich spüren, dass sie die Ironie ahnte, aber sich ihrer Sache nicht ganz sicher war.

Mit leiser Stimme murmelte sie schließlich: „Natürlich, Skipper. Ich brauch' nur ein paar winzige Minuten oder so." Sie hob ihren Hockeyschläger auf und ihren Schirm. Alonzo setzte gerade die vier Weinflaschen auf den Tisch und Sven, der Sissie komplett ignorierte, schnappte sich eine Flasche. Er schüttete den schwarz-roten, bitteren Essig in sein und mein Glas und einen halben Liter über den Tisch.

„Verdammte Weiber ...", sagte ich zu dem Riesen.

Er grinste mich mit einem halben Lächeln an. „Hey Englischmann – du guter Kerl, weißt du das?"

„Wir tun unser Bestes", sagte ich und schlürfte meinen Wein.

„Aber du trinkst wie eine verdammte Elfe, wie ein verdammtes Weib." Er schüttete mehr Wein in unsere Gläser. „Schau, in Kopenhagen wissen wir, wie man trinkt, sag' ich dir – schau mich an."

Er hob sein Glas. „SKOAL!", drunten war's, es verschwand einfach. Sein Adamsapfel schien sich überhaupt nicht zu bewegen. „Jetzt mach' das nach!" Er stützte beide Ellenbogen vor sich auf den Tisch und starrte mich an.

Ich hob mein Glas. „Budreddi drwg ar chwi!", brüllte ich und schaffte es irgendwie, das bittre Gesöff hinunterzukippen. Mein Magen zog sich zusammen.

Als der Maler gerade wieder sein Glas erhob, kam Sissie hereinmarschiert und zog das schluchzende Fräulein Pomeroy wie einen unglücklichen Geist hinter sich her. In dem Moment, als der saure Wein meinen Magen angriff und mich das Sonnenlicht, das durch die Tür hereinfiel blendete, konnte ich beide nicht deutlich sehen – aber ich konnte Sissies Entrüstung deutlich fühlen, als sie voranstürmte.

Sven gurgelte sein Glas hinunter und griff wieder nach einer Flasche.

„Tristan!", Sissies Stimme klang hysterisch.

„Was'n los, Liebes?"

„Ich ... ich bin ... schau!"

„Was'n los?" Ich schaute Sissie an, ich konnte Fräulein Pomeroy seufzen hören.

„Also, sitz nicht rum – schau' dir das arme Fräulein Pomeroy an."

Sven nahm überhaupt keine Notiz von ihnen, er schenkte schon wieder nach. Ich schaffte es, auf die Füße zu kommen. Fräulein Pomeroy versteckte ihr Gesicht vor mir. Ihr blaugefärbtes Haar war ein Wirrwarr. Sanft schob Sissie einen roten, schwieligen Finger unter das Kinn der zierlichen, alten Dame, und hob ihr Gesicht hoch. La Pomeroy sah aus wie halb-geschlachtet. Beide Augen hatten Veilchen, waren zugeschwollen und mit zerlaufener Schminke bedeckt. Auf ihrer Stirn gab es einen weiteren blauen Flecken, groß und rund wie ein lila Gänseei. Ein großes Pflaster war über die eine Wange geklebt. Ihre Lippen waren gerissen und geschwollen.

Ich hielt den Atem an. Sven saß immer noch mit dem Rücken zu uns. Sissie fing an zu keifen: „Dieser große ..." Ich legte meine Hand fest auf ihren Arm.

„Bist in eine Tür gelaufen und die Treppe runtergefallen, nicht wahr, Kleines?", sagte ich zu La Pomeroy.

Ihr Kopf fiel nach vorne auf mein T-Shirt, sie heulte. „Is' schon gut, Fräulein P., Unfälle kommen in den besten Familien vor", sagte ich dumm daher und versuchte, den Zorn in meiner Stimme zu verbergen. „Ich mach' dir einen Vorschlag – geh' mit Sissie runter zum Hafen. Im Hotel drunten haben sie sicher ein paar Steaks im Kühlschrank ..." Ich stieß mit meinem Ellenbogen fest gegen Sissies.

„Sie geht nirgendwo hin, sie ist meine Frau!", kam ein Grunzen von Sven, der sich immer noch nicht umdrehte.

„Sie könnten in einer Stunde zurück sein, Ich frag' Alonzo, ob er sie in seinem Eselskarren hinunter fährt", sagte ich dem Dänen.

„Sie geht nirgendwo hin. Sie bleibt hier!"

Ich setzte mich wieder hin. „In Ordnung", sagte ich. „Aber lass' wenigstens Sissie eine Weile mit ihr nach oben gehen."

„Okay, aber wenn ich sie da oben nicht höre ...“, er deutete mit einem riesigen Finger in Richtung Decke, „... dann bring’ ich sie um, verdammt noch mal!“

Ich schaute Sissie an. Sie zitterte gleichzeitig vor Wut und Angst.

„Sven und ich nehmen noch einen Drink oder zwei zusammen. Du bringst Fräulein P. wieder hinauf, eh? Versuch’, es ihr bequem zu machen oder was auch immer, Mädchen.“

Sven hatte seinen Kopf zurückgeworfen und die Augen geschlossen. Ich deutete mit dem Kopf mehrmals in Richtung Hafen, während Sissie mich anstarrte. Sie drehte sich um und führte das halbblinde Fräulein Pomeroy weg. Als sie bei der Tür ankamen, rief ich: „Sissie!“

Sie drehte sich abrupt um. „Was?“

„Es wird nicht mehr als eine Stunde dauern ... aber so lange werd’ ich schon brauchen.“

Fräulein Pomeroy hatte den Kopf an Sissies Schulter gelegt, und sie gingen zur Tür der Fonda Alonzo hinaus, durch ein Spalier von hundert traurig und neugierig blickenden Einheimischen, die sich dort versammelt hatten. Irgendwie wusste ich, dass Sissie schnurstracks Kurs auf *Cresswell* nehmen würde. Ich wusste auch, dass der Däne hinter ihnen her sein würde, wenn man in ein paar Minuten keine Fußtritte im ersten Stock hören sollte. Ich hoffte gegen jede Vernunft, dass der Däne kein Spanisch konnte. Ich versuchte, meine Stimme so ruhig als möglich zu halten.

„Alonzo!“

„Si Señor?“

„Noch vier Flaschen, und sag’ deiner Frau, sie soll oben herumlaufen.“

„Si, Señor, inmediatamente – a sus ordenes!“

Schnell standen noch vier Flaschen auf dem Tisch. In der nächsten Stunde führten der riesige Ladykiller und ich eine Art Wetttrinken mit dem fauligen, beißenden Gesöff durch – ein saures Glas nach dem anderen, ein verdammtes Prost nach dem anderen.

„SKOAL!“

„Budreddi drwg ar chi!“

Wieder und immer wieder.

Alle paar Minuten hielt Sven mit seiner Grunzerei und Brüllerei inne, starrte zur Decke hinauf und lauschte auf die Fußstapfen oben. Dann ging es mit der Sauferei weiter.

Es brauchte sechs Flaschen, bevor der Riese endlich umfiel. Ich weiß bis heute nicht, wie es mir gelang, das durchzustehen. Es muss wohl an Sissies ekelhaftem Ton gelegen haben, als ich dem Dänen das erste Mal zuprostete, oder meiner Vorstellung was passieren könnte, wenn er sie auf der Strasse einholte, oder es waren die Beleidigungen, die der unflätige Idiot in meine Richtung abschoss, oder die schreckliche Zerstörung, die er im Gesicht der winzigen Lady angerichtet hatte.

Irgendwie, mit der Hilfe aller Meergeister, die je einem Seemann auf Landgang geholfen haben, schaffte ich es, Alonzo zu bezahlen, hinten auf seinen kleinen Eselskarren zu schwanken und dort zusammenzubrechen.

„Ich hab' die *señoras* schon losgeschickt“, sagte Alonzo, „wir lesen sie auf der Strasse auf und gehen alle zusammen zum Schiff, *Señor Capitán*.“

Ich erinnere mich an nichts mehr, nur daran, dass ich an Bord von *Cresswell* in meiner Koje aufwachte. Mein Kopf fühlte sich an, als hätte ein wütender Ochse darauf herumgetrampelt. Stöhnend richtete ich mich auf und schaute herum. Durch den Niedergang konnte ich sehen, wie Sissie und Nelson am Heck Wache standen. Sie hielt immer noch ihren Hockeyschläger in der Hand. Als ich auf Fräulein Pomeroy schaute, die in der Reservekoje gegenüber lag, kam mir der Gedanke, dass ich nie zuvor gesehen hatte, dass Sissie und Nelson je etwas gemeinsam gemacht hatten.

Ich stöhnte wieder.

„Nur eine winzige Sekunde, Liebling“, sang Sissie, „ich mach' dir Kaffee.“

Das machte mich halb nüchtern. „Was?“, stöhnte ich.

„Kaffee! Dein Kopf muss ja schier platzen.“

„Kaffee? Gib' mir ja nichts von diesem Scheißzeug – was glaubst du denn, wer ich bin, etwa ein Franzose? Um Himmels Willen, mach' Tee – und ja nicht diese verdammte Burma Mischung. Ich muss nüchtern werden, bevor dieser verdammte, große Skandinavier es wird, und nichts wie weg hier mit dem Schiff. Wie viel Uhr ist es?“

„Neun Uhr, Liebling, hörst du, die letzte Fähre legt gerade ab.“

Ich nickte zu dem schlafenden Fräulein Pomeroy hinüber. „Schade, dass sie nicht drauf ist.“

Sissie rasselte aus Protest mit dem Teelöffel. Sie schaute mich an. „Aber wo soll das liebe Fräulein Pomeroy hingehen? Dieser fürchterliche ausländische Unmensch hat ihre ganze Rente versoffen!“

„Prima, genau was ich brauche, einen Passagier, der nicht bezahlt.“

Fräulein Pomeroy stöhnte und rollte sich ein wenig zur Seite. Ihr Gesicht war fürchterlich zugerichtet, wie ein rohes Stück Fleisch in den Farben eines toten Tintenfischs.

Da bereute ich meine Worte. Ich setzte mich auf und versuchte, meinen brummenden Kopf und den stechenden Magen gleichzeitig aufzurichten. Draußen war es dunkel. „Also gut, wir können sie wenigstens hinüber nach Ibiza bringen. Vielleicht ergibt sich dann etwas. Eins ist sicher ...", ich machte eine Pause, weil mir fünfzig rostige Kettenglieder durchs Gehirn rutschten.

„Was ist denn, Liebling? Ach Du Armer, soll ich dir einen kalten Umschlag auf die Stirn legen?"

„Nein, mach' noch 'ne Mug Tee und mach' sie stark, um Himmels Willen."

„Was wolltest du sagen, Lieber?"

„Was ...?"

„Bevor du nach dem Tee gefragt hast, du hast gesagt, eines wäre sicher."

Ich stöhnte wieder, als ich mich aufsetzte. „Oh, ja, eines ist sicher – wenn sie hier bleibt, wird sie in einem Monat tot sein, mit diesem verrückten Irren da draußen." Ein anderer Gedanke kam mir in den Sinn: „Um welche Zeit bist Du von der Fonda weggegangen, Sissie?"

„Zirka um vier."

„Bei mir muss es gegen fünf gewesen sein, und jetzt ist es neun. Vier Stunden seit der Saukerl umgekippt ist ..." Ich stellte mich auf die Füße. „Mach' schon, er kann jeden Moment hier heruntergerast kommen. Lass' uns das Schiff heraus ... wir haben keinen Diesel ... wir müssen unter Segeln ablegen ... und wenn es aus Norden weht ..."

Sissie säuselte: „Der Wind kommt aus Osten, Lieber, und eher heftig." Bei Sissie konnte das irgendwas zwischen einer frischen Brise und einem Hurrikan bedeuten.

„Also, dann sind wir zumindest aus dem Hafen raus, bevor dieser menschliche Traktor hier heruntergedonnert kommt."

Fräulein Pomeroy gab ein lautes Stöhnen von sich. Sissie legte eine Hand auf ihre Stirn – auf die einzige Stelle, die nicht verletzt war. „Oh, liebes Fräulein Pomeroy, keine Angst, du bist jetzt in Sicherheit. Wir werden dich verflixt noch mal nach Ibiza bringen."

La Pomeroy gurgelte durch ihre wunden Lippen. Aber Sissie zog die Decke zurecht, die sie über die verwundete Lady gelegt hatte. „Also, versuch' nicht zu reden, kein einziges winziges Wort. Du bist jetzt sicher in britischer Hand."

„Ich wünschte, wir wären sicherer", kommentierte ich und dachte an den riesigen Dänen. „Ich wünschte, wir wären in China, verdammt noch mal!"

Unter Schmerzen, Stöhnen und Jammern kletterte ich an Deck und nahm die Zeisinge von Fock und Großsegel weg. Ich hatte gerade die Fock am Vorstag angeschlagen, als es unter der elektrischen Lampe am Ende der Mole einen Aufruhr gab. Ich starrte hinüber. „Du meine Güte, er ist schon da! Schnell Sissie!"

Keine Antwort.

„SISSIE!"

Sissie streckte ihren Kopf aus dem Niedergangsluk. „Johoo?"

„Beweg Deinen Arsch hier nach oben, so schnell du kannst, Mädchen, der verdammte Skandinavier kommt gerade die Mole runter gerannt, und ... wart' mal eine Minute – er hat die örtliche Polizei dabei."

Es gab drei Beamte der *Guardia Civil* auf der Insel. Zwei von ihnen, beides große Männer, versuchten gerade, den großen Dänen festzuhalten, aber Sven schüttelte sie immer wieder ab wie ein wilder Bär die Hundemeute, als er die Mole entlang stampfte.

„Mach die Festmacher los, schnell!", aber Sissie war schon dran. Sie warf die Leinen unaufgeschossen an Bord und wartete, bis *Cresswell* von der Mauer freikam, bevor sie auf das Heck sprang. Ich war gerade dabei, das Großsegel zu setzen, als ich durch eine hohe Piepsstimme aufgehalten wurde. *„Señor, Señor, Espera!* Warten Sie!"

Es war der große Polizeisergeant, der mir zuwinkte. Sein Kollege kämpfte immer noch mit Sven am Fuß der Mole, er hängte sich hin und wieder an Svens Poncho und versuchte, ihn zurückzuhalten.

Ich ließ das Fall des Großsegels los. Das Schiff war jetzt zweieinhalb Meter vom Kai weg. Zu weit, um an Bord zu springen, rechnete ich schnell aus. „Was gibt's für ein Problem", schrie ich so unschuldig wie möglich gegen den Wind.

„Der Herr hier behauptet, sie hätten seine Frau an Bord, aber wir kennen ihn. Alonzo hat uns erzählt, wie er sie behandelt. Wir wissen auch, dass sie nicht seine Frau ist. Er hat mit ihr ... in Sünde gelebt!" Er nahm seine schwarze Lederkappe ab und wischte sich die Augenbrauen.

„Sie ist schlimm zusammengeschlagen“, rief ich, und hielt die Hände trichterförmig an meinen Mund. „Ich bringe sie zu einem Doktor nach Ibiza! Es stimmt sowieso, dass sie nicht seine Frau ist, sie war seine ... Geliebte!“

„Bei einer Frau kann man ja noch verstehen, dass sie in Sünde lebt“, brüllte der Sergeant. „Ich meine, die lassen sich leicht verführen, nicht wahr? Aber bei einem Mann – einem Künstler?“

Während der Sergeant mir noch die Lektion über die verschiedenen Moralvorstellungen erteilte, brüllte Sven mit aller Kraft in den Nachtwind hinein, ruderte wild mit den Armen und setzte stetig seinen Weg zum Schiff fort, obwohl der Kollege des Sergeanten den Riesen aufzuhalten versuchte.

Zuerst schimpfte und brüllte er in dänisch, dann, als er in die Nähe der Lampe kam, gegenüber der Stelle, wo das Schiff trieb, wechselte er zu englisch. „Das ist meine Frau, die du da hast, du englischer Sauhund! Du kommst zurück, oder ich bringe dich um. Ich versenke dein Schiff! Ich ermorde diese Hure von einer englischen Lady!“

„Wir bringen Fräulein Pomeroy zu einem Arzt“, brüllte ich zurück zu Sven und dem Polizeibeamten.

„Ich geb' ihr einen Arzt! Einen Spezialisten wird sie brauchen, wenn ich mit ihr fertig bin, okay?“

Der riesige Maler tobte und wütete. Er versuchte, in den Hafen zu springen, um uns zu erreichen. Beide Polizisten warfen sich auf ihn. Der Sergeant ging einen Schritt zurück und zog seine Pistole. Er richtete sie auf Sven. Erschrocken schauten Sissie und ich den Ereignissen zu. Wir sahen, wie Sven stoppte und den Polizisten ansah. Er begann, auf den Polizisten zuzuwanken. Der Sergeant rief irgendwas. Sven stoppte wieder. Der Sergeant rief wieder.

Einige Fischer, die sich auf der Mole versammelt und zugeschaut hatten, standen plötzlich hinter Sven und warfen sich auf ihn. Als sich der eine Polizist und die Fischer an ihn hängten, ging er zu Boden, aber es dauerte noch weitere fünf oder sechs Minuten, bevor sie ihn, immer noch kämpfend, mit Handschellen an den Gelenken und mit dem Gürtelriemen des Sergeanten um die Fußgelenke gebändigt hatten. Sven schrie und brüllte die ganze Zeit, auch als er schon gefesselt war, bis einer der Fischer ein Netz über ihn warf. Auch dann grunzte er immer noch, maulte, stöhnte und versuchte, mit Armen und Beinen auszuschlagen.

Irgendwie rettete der Sergeant seine Lederkappe, die ins Hafenwasser gefallen war und legte sie auf einen Stein zum Trocknen. Als er sich im Mondlicht wieder die Augenbrauen wischte, atmete er so heftig, dass man es zwölf Meter weiter auf dem Schiff hören konnte. „Verachtenswert! In Sünde zu leben!“, rief er, „aber das ist nicht das Problem, *señor!*“

„Que hay entonces? Was ist es denn sonst?“

„Señora Puig ist ... in anderen Umständen! Es gibt Komplikationen. Ihr Kind sollte erst in einem Monat zur Welt kommen. Der Doktor der Insel ist auf einer Konferenz in Palma. Die Fähre ist weg. Die Telefonleitungen sind seit dem Sturm gestern unterbrochen. Über Funk bekommen wir keine Verbindung. Wir können Ibiza nicht hören, und wir wissen nicht, ob sie uns hören.“

„Also, was wollt ihr von mir? Soll ich etwas ausrichten, wenn ich in Ibiza ankomme?“

„Nein, *Señor*, wir haben Señora Puig hier unten. Sie ist im Hotel. Sie hat ... große Schmerzen! Ihr Ehemann, Antonio Puig ist jetzt bei ihr. Im Namen Gottes und der heiligen Jungfrau, *señor,* bitte nehmen Sie sie mit nach Ibiza!“

Das war ein Problem wie im Bilderbuch. Ich starrte den Sergeanten an, der ohne Kappe im blassen Mondlicht stand. Ich schaute auf all die anderen bittenden Gesichter um ihn herum. Die Boote der Fischer waren zu klein für eine solche Reise in einer Nacht wie dieser, durch die Strasse und bei Sturm aus Osten.

„Es wird eine raue Reise“, rief ich. Der Wind trieb das Schiff immer weiter von der Gruppe auf der Mole weg. Ich hatte den Eindruck, dass sich das Gesicht des Sergeanten aufhellte. „Also, ich mach’ Ihnen einen Vorschlag, Sergeant.“

„Que?“

„Wenn du dieses Tier da für zehn Tage einsperrst und sicher stellt, dass er nicht auf die Fähre oder sonst irgendwie nach Ibiza kommt, dann mach’ ich’s!“

„Seguro! No hay problema! Sicher, kein Problem“, rief er zurück.

Ich warf eine Leine an Land, und der Sergeant fing sie auf.

Ich drehte mich nach Sissie um. „Irgendwelche Probleme?“, fragte ich sie.

„Nein, aber ich bin dir immer noch ein bisschen böse, Liebling.“

„Warum, was zum Teufel hab’ ich jetzt wieder falsch gemacht?“

„Weil du mit diesem bestialischen Kerl angestoßen hast.“

Ich lachte leise. „Weißt Du, was ich ihm auf walisisch gesagt habe?“

Sie schüttelte den Kopf. „Nein, natürlich nicht.“

„Der Teufel soll Dich holen!. Und das hab hab’ ich ihm ein Dutzend Mal ins Gesicht gebrüllt, obwohl der Kerl gebaut ist wie ein Ochse!“

Dann begann der Alptraum einer Reise, die ich nie mehr vergessen werde, bis mein Blut erkaltet, oder besser noch, solange mein Herz sich an Erinnerungen erwärmen kann.

Sleep, sleep, beauty bright,
Dreaming o'er joys of night;
Sleep, sleep; in thy sleep,
Little sorrows sit and weep.

Sweet babe, in thy face
Soft desires I can trace;
Secret joys and secret smiles,
Little pretty infant wiles.

As thy softest limbs I feel,
Smiles as of the morning steal
O'er thy cheek and o'er thy breast,
Where thy little heart doth rest.

O the cunning wiles that creep
In thy little heart asleep;
When thy little heart doth wake,
Then the dreadful night shall break.

(Schlafe, schlafe helle Schönheit,
Träume von der Freude der Nacht;
Schlafe, schlafe, denn im Schlaf,
Weinen leise kleine Sorgen.

Süßes Kindchen, in Deinem Gesicht,
Kann ich kleine Wünsche seh'n;
Heimliche Freude, verstecktes Lächeln,
Lustige kleine kindliche Tücken.

Wenn ich Deine zarten Beine berühr',
Dann lächelst Du wie am Morgen;
Oder Deine Wangen, Deine Brust,
In der Dein kleines Herzchen schlägt.

O die listigen kleinen Tücken,
Sie kriechen im Schlafen in Dein Herz!
Wenn Dein Herzchen endlich aufwacht,
Dann ist die schlimme Nacht vorbei.)

William Blake, *Cradle Song*

14 Wiegenlied

Sissie und ich verholten *Cresswell* zurück an die Mauer. Sechs Fischer kamen mit der *Señora* daher. Sie lag auf einer improvisierten Bahre, die aus einer alten Tür bestand. Einer der Fischer war Antonio Puig, der Ehemann der kranken Frau. Der Frau schien es sehr schlecht zu gehen. Sie hatte die Augen geschlossen, und ihr Gesichtsausdruck verriet starke Schmerzen. Sie drehte den Kopf von einer Seite auf die andere und stöhnte bitterlich. Hin und wieder ging ihr Stöhnen in einen spitzen Schrei über. Es hatte wieder angefangen zu regnen, und der Wind hatte aufgefrischt und heulte.

Die Fischer wurden von einem örtlichen Priester begleitet, einem jungen Mann um die dreißig, der einen schwarzen Umhang über seiner Soutane trug. „Gott wird euch beschützen", waren seine ersten Worte an mich.

„Hoffentlich noch nicht so bald", sagte ich. „Aber kann man herausfinden, ob es hier Diesel gibt?" Ich wusste, dass die kleinen offenen Fischerboote Kerosin benutzten, aber es war mir nicht bekannt, ob es vielleicht irgendwo Diesel gab, vielleicht für einen Traktor oder einen kleinen Stromgenerator. Ich sah nur niedergeschlagene Gesichter mit dem Ausdruck des Bedauerns.

Mittlerweile waren wir alle pitschnass. Mit Sissies überquellender Sympathie und Hilfe schaffte es Señora Puig die Niedergangsleiter hinunter. Der Priester sprach zu mir. „Leider hat Spanien kein Erdöl, wissen Sie, *Señor Capitán.* Das Kerosin gewinnen wir aus der Kohle aus Asturien." Er wollte an Bord kommen.

„Donde vas? Wo wollen Sie hin?", fragte ich ihn und schützte meine Augen vor dem peitschenden Regen.

„An Bord, ich will noch einmal mit Señora Puig reden."

„Wenn Du einen Fuß an Bord setzt, werde ich nicht ablegen. Wir hatten bereits vor ein paar Tagen einen von deiner Sorte an Bord."

„Aberglaube. Heidnischer Aberglau ..."

Ich ließ ihn nicht ausreden. „Schau", sagte ich zu ihm, „da sind zwei sehr kranke Frauen an Bord von *Cresswell*. Es wird sehr schwierig werden, bei Ostwind durch die Straße zwischen hier und Ibiza zu segeln. Der Wind wird uns direkt von vorne anheulen. Soviel ich weiß, ist das Schiff in gutem Zustand. Ich bin nicht wirklich abergläubisch – aber ich lasse mich auf keine Experimente ein. Also, bleiben Sie bitte an Land, *Señor* Priester, und tun Sie uns damit allen einen Gefallen."

Ich fühlte ein wenig Mitleid mit dem jungen Mann. Er schien ganz in Ordnung zu sein – er wollte eigentlich nur helfen in dieser Situation, aber es war das Letzte, was ich im Moment gebrauchen konnte. Er machte traurig eine resignierende Geste und gab auf. Er drehte sich um und ging in Richtung Hotel am Ende der Mole. Im Fortgehen rief er mir durch den Regen zu: *„Vaya von Dios, y que Dios te bendiga!* Geh' mit Gott und möge Gott euch segnen."

Ich sah ihm nach, wie er im strömenden Regen verschwand und drehte mich nach Antonio, dem werdenden Vater, um. Ich klopfte ihm auf die Schulter. „Er hat dich gemeint, sagte ich zu ihm, „natürlich kommst du mit uns. Kannst du segeln? Hast es noch nicht vergessen über all diesen Maschinen, die ihr heutzutage benutzt?"

Antonio grinste mich an. Wir hatten schon vorher ein paar Mal zusammen im Hotel ein wenig Seemannsgarn gesponnen. Von all' den Fischern in Formentera, die ich kannte, mochte ich Antonio am liebsten. Er war etwa achtundzwanzig und größer als der Durchschnitt, glattrasiert, aber mit dem gleichen schwarzen Haar und den gleichen schwarzen Augen wie alle Einheimischen. Offensichtlich und verständlicherweise war er sehr in Sorge. Es war die zweite Schwangerschaft seiner Frau. Bei der ersten, einem kleinen Mädchen, hatte sie eine Fehlgeburt gehabt, erzählte er mir. „Ich segle ganz gut – diesmal muss es aber ein Junge werden. Das ist nicht lustig ... die anderen Fischer haben schon ..." Er sprach nicht weiter, aber ich schätzte, dass er sagen wollte: „... Witze über mich gemacht. Du bist kein Mann, wenn du keinen Sohn hast." Es war das Dogma ihres Lebens.

Ich nickte zum Bug. Antonio wusste, was er zu tun hatte. Im klatschenden Regen der schwarzen Nacht sprang er auf die Mole, machte die Achterleine los und zog das Schiff mit der Vorleine in Richtung des Molenkopfes seewärts. Seine schwarze Öljacke glänzte im schwachen

Licht des Hafenfeuers, das alle fünf Sekunden blitzte. Der Regen peitschte, der Sturm heulte in den Wanten, die Mastrutscher quietschten, als ich das Großfall vorbereitete, und von drunten kamen die Schmerzensschreie von Señora Puig. So ähnlich stelle ich mir die Hölle vor.

Im letzten Moment übergab Antonio die Vorleine an einen seiner Fischerfreunde und sprang an Bord. Vom Sturm gebläht, fing die Fock an zu ziehen wie ein Pferd. *Cresswell* schoss durch die Hafeneinfahrt hinaus. Antonio ergriff das Großfall, das ich ihm in die Hand drückte. Ich sprang nach achtern zum Rad. Als ich am Niedergang vorbei kam, schaute ich nach unten. Die Szene unter Deck war chaotisch. Im rötlich gelben Licht der Petroleumlampe stand Sissie über die stöhnende *Señora* gebeugt und hielt ihre Hand. Auf der anderen Koje lag das verwundete Fräulein Pomeroy, der Länge nach hingestreckt auf der Seite, das Gesicht zwar vom Blut gereinigt, aber immer noch blau und zerquetscht. Mit ihren zugeschwollenen Augen versuchte sie zu sehen, was um sie herum vorging. In der kurzen Sekunde, die ich hinunterschaute, schien es mir, als wolle sie mit Sissie sprechen.

Ich packte das Rad und nahm Kurs auf das Molenende in Lee. Wir hatten Glück. Der Priester hatte vielleicht Recht gehabt. Wir zischten nur wenige Zentimeter an der Mauer vorbei. Antonio war gerade damit beschäftigt, das Großsegel dicht zu holen. Wie betäubt starrten wir beide durch den prasselnden Regen und beteten unseren Kurs an den großen Felsbrocken des Leuchtfeuers vorbei. Als *Cresswell* von der ersten Gefahrenquelle freigekommen war, atmete Antonio mit großer Erleichterung durch. Er belegte die Großschot und wollte in die Kabine gehen. Ich hielt ihn auf. Einen Moment lang sagte ich nichts, zu viele Dinge gingen mir auf einmal durch den Kopf. Neben all den schnellen Abschätzungen von Wind und Strom, Klippen und Gefahren war ich außer mir vor Sorge, Señora Puig könnte sterben. Mit einer Hand hielt ich das Rad, mit der anderen packte ich Antonio an der Schulter. Wir bekamen jetzt die Böen in voller Stärke ab, aber die See in Lee der Nordküste von Formentera war immer noch einigermaßen ruhig. In einer plötzlichen heftigen Bö legte sich *Cresswell* auf die Seite, und das Seitendeck kam unter Wasser.

Oft bläst der Wind im Mittelmeer nicht gleichmäßig, wie er es in anderen Klimazonen tut. Er ist unstetig, ja geradezu hinterlistig. Eine Minute lang weht er mit nur fünfzehn Knoten, und in der nächsten Minute kommt ein Hammer, mit irgendwas zwischen dreißig und vierzig Knoten. Du brauchst dauernd deine volle Aufmerksamkeit. Du musst deine Augen und Ohren in die Ellenbogen verlagern. Du musst dich die ganze Zeit voll konzentrieren. Es ist nicht so einfach, im Mittelmeer zu segeln, in der Nacht, und in einem Sturm, der vom Vesuv herüber geweht kommt. Mit einer zusammengeschlagenen Frau an Bord und einer anderen, die sich die Seele aus dem Leib schreit. Mein eigener Kopf war so voller Sorgen, dass ich eine Minute oder so gar nichts zu Antonio sagen konnte. Er wollte sich von mir losreißen, aber ich hielt ihn fest. „Schönes Entenwetter, he?“, sagte ich.

Antonio schaute mich verwirrt an. Ich riss mich zusammen und erinnerte mich daran, dass er überhaupt kein Englisch verstand. Ich hoffte, er würde mein Spanisch verstehen. „Im Vorschiff liegt es eine Flasche Gin. Medikamente haben wir keine an Bord ... keine Schmerzmittel ... Geh’ nach vorn und bring’ deiner Frau die Flasche und lass’ sie ...“

Antonio nickte heftig, als ich ihm das zubrüllte. Schon bald war er zurück und hielt Sissies Seelentröster in der Hand. Er grinste und hielt mir die Flasche hin.

„Nein – nur Idioten und Passagiere trinken auf See!“, krakeelte ich. „Gib’ sie deiner Frau!“

Währenddessen nahm die Gewalt der See immer mehr zu. *Cresswell* wurde vom Sturm hin und her geworfen. Im Moment krängte sie schwer und lief mit Rumpfgeschwindigkeit, etwa sechseinhalb Knoten. Langsam wurden ihre Bewegungen heftiger. Sie rollte und tauchte ein, bockte und schlug aus, als wir die offene See westlich der Strasse erreichten.

Antonio hielt sich an mir fest und versuchte, seinen Kopf näher an mein Gesicht zu bringen, um zu verstehen, was ich brüllte. Sissie erschien an Deck. Sie trug immer noch ihre Blue Jeans und die Rüschenbluse, vollkommen durchgeweicht; ihr rotblondes Haar war dunkel vor Nässe und hing in rattenschwanzartigen Strähnen vor ihren Augen. Vom Niedergang her rief sie etwas, aber im Heulen des Windes konnte ich kein Wort verstehen. Ich übergab das Rad an Antonio, halb mit dem Hintergedanken, das würde ihm etwas zu tun geben und ihn ablenken. Ich riss ihm die Ginflasche aus der Hand und kämpfte mich zum Niedergang vor, um mein Ohr vor Sissies Gesicht zu bringen.

„Oh, Lieber – ich mache mir solche Sorgen um sie, Skipper!“

Ich rammte die Ginflasche in ihre nasse, kalte Hand. Señora Puigs Schreie erreichten einen neuen Höhepunkt und übertönten selbst das Heulen des Windes und das Klatschen der See, als *Cresswell* in die Welle eintauchte. „Hier“, schrie ich, „schütt’ das in sie rein! Es ist alles, was wir haben, Mädchen!“

Sissie begann, die Leiter hinunter zu steigen. Ich fasste sie an der Schulter. Ich war nicht erstaunt festzustellen, dass sie weinte. „Hör’ zu, Mädchen, ich muss anfangen zu pumpen. Wir nehmen viel Wasser über! Nimm den *Reed’s Nautical Almanach* aus dem Schapp in der Navigationsecke. Es ist ein alter, aber da sind Anweisungen drin, für Notgeburten. Schau im Inhaltsverzeichnis nach. Hast Du jemals als Hebamme gearbeitet?“

Sissie lächelte durch ihre Tränen hindurch. Sie sah aus wie ein halb ertrunkener Spaniel, aber ein tapferer. „Oh, das ist es ja, was mir so große Sorgen macht, Liebling!“, brüllte sie, dann hellte sich ihr Gesicht ein ganz klein wenig auf. „Aber ich habe Tobys Fuß geschient, als er sich damals am Matterhorn den Knöchel gebrochen hatte!“ Während sie sprach, presste sie die Lippen fest aufeinander. Britannien würde das schon machen, ich war sicher. Der schreckliche Bann aus Ignoranz, Angst und Panik war gebrochen.

„Keine Angst Skipper, wir werden das schon schaffen, irgendwie!“ Sie machte sich auf den Weg zu Señora Puig, die gerade ein qualvolles Heulen ausstieß. „Oh, du Liebes, du arme, kleine Señora Puig!“ Sissie wackelte mit ihrem Zottelkopf. Sie starrte einen Moment lang auf die andere Koje. „Und du armes, liebes Fräulein Pomeroy!“

Ich blickte auf diese unbeschreibliche Szene unten in *Cresswells* Kabine. Es war wirklich entsetzlich. Ich rutschte über das schlagende, buckelnde und rollende Deck in Richtung Bilgepumpe und bearbeitete wie wild den großen Messinghebel, bis die Pumpe endlich Wasser ansaugte. Von da an war es reine Hand- und Armarbeit – pumpen, pumpen und noch einmal pumpen. Die halbe Nacht lang lösten Antonio und ich uns an der schweren Pumpe und an dem bockigen Rad ab, während der Wind volle Sturmstärke erreichte und die See sich in der über eine Meile breiten, aber flachen Strasse mit wilder Energie auftürmte.

Wir hatten den Hafen gegen zehn Uhr abends verlassen. Um elf waren wir im Westen der Strasse, um zwölf waren wir etwa eine Meile weiter östlich. Gegen ein Uhr hatten wir trotz wilder Kreuzschläge nur ein paar hundert Meter gutgemacht. Aber wir gaben nicht auf. Wenn wir nur noch eine Meile nach Osten schafften, um das südliche Kap von Ibiza herum, dann könnten wir *Cresswell* vor den Wind legen und in Richtung des Hafens von Ibiza ablaufen. Das war jedenfalls meine Absicht – direkt die Stadt Ibiza anzulaufen und Señora Puig so schnell wie möglich in ein Krankenhaus zu bringen.

Nachdem ich etwa eine Tonne übergekommenes Seewasser herausgepumpt hatte, schaute ich wieder in die Kabine. Oben an Deck war es schon schlimm genug, aber der Zustand da unten, im geisterhaft blassen Schein der Petroleumlampe, die absichtlich heruntergedreht war, damit wir nicht nachtblind wurden, war absolut chaotisch. In der Zwischenzeit war es Sissie gelungen, etwa eine viertel Flasche Gin in die schlingernde und rollende Señora zu flößen, und ihre Schreie waren ein bisschen weniger erschreckend. Es schien mir, als hätte Sissie selbst einen Schluck genommen – sie hatte so ein entschlossenes Leuchten in den Augen, das mich an Karshs Porträt von Churchill erinnerte.

„Lieber Skipper!“, blökte sie, „was für eine prima Idee du hattest! Ich habe es geschafft, auch dem lieben Fräulein Pomeroy einen winzigen Schluck zu geben. Die Arme hat fürchterliche Angst. Ich denke, Señora Puig fühlt sich jetzt ein klein wenig besser.“

„Gut!“, brüllte ich hinunter zu ihr. Nelson lag unter dem Tisch und sah mich elendsvoll an. „Ich lasse ihren Mann nicht hinunter. Ich will keine Panik. Ich glaube, er liebt sie viel zu sehr, als dass er wirklich etwas helfen könnte. Du bleibst bei ihr, versuch' ihr noch ein wenig Gin einzuflößen – aber nicht zu viel. Und mach' um Himmelswillen Kakao oder so was. Wir brauchen eine Aufmunterung hier oben, Mädchen. Der Tod ist unterwegs, und wir haben nur uns und die Ginflasche, um sie in seine Fratze zu klatschen!“

Dann riss ich mich zusammen und unterdrückte meine walisischen Eigenheiten. Es half ohnehin nichts gegen die englische Entschlossenheit. „Hast Du das über die Notgeburten gelesen, im *Reed's*?“ fragte ich.

„Ich versuch's, es ist schwierig bei dem Licht hier. Kann ich die Lampe etwas weiter aufdrehen?“

„Nein, nimm das Buch mit zum Herd, wenn du Wasser kochst – und sei' vorsichtig!“ Dann schwankte ich wieder an Deck und löste Antonio am Rad ab, und nach einer Viertelstunde an der Pumpe. Harte Arbeit!

Um zwei Uhr nachts hatten wir wieder fünfzig Meter oder so gegen den hart blasenden Wind gutgemacht. Um Viertel nach zwei erschien Sissie an

Deck und sprang neben mich ins Cockpit. „Ach, Lieber, sie hat schwere Wehen!“ Das Wasser lief aus ihrer dünnen Rüschenbluse, und aus den Augen rannen dicke Tränen.

Ich war so erschrocken, dass ich zuerst nichts sagen konnte. Ich starrte auf Sissie und kniff die Augen gegen den Regen und die überkommende Gicht zusammen; ich knirschte mit den Zähnen. Dann traf ich eine Entscheidung. Ich musste diesen fast hoffnungslosen Kampf gegen den Sturm aufgeben und vor dem Wind ablaufen. Unsere Herausforderung des Schicksals war zu aussichtslos. Der Wind würde weder unserem starken Willen noch unserer jämmerlichen Kraft nachgeben. Wir waren zwei Nummern zu klein für ihn.

„Ich ändere den Kurs, Sissie. Es würde die ganze Nacht dauern, um durch diese verdammte Strasse zu kommen!“

Ich begann das Rad zu drehen, um *Cresswells* Bug aus dem wütenden Wind zu nehmen. Langsam folgte das Schiff meinem Willen. Antonio nickte mit dem Kopf und fierte das Großsegel. Sissie nahm die Fockschot, bereit, ein wenig Lose zu geben. Als die Gewalt des Windes und der See nachließ, kam ein schreckliches Stöhnen von unten. Ich schob Sissie in Richtung Niedergang und konzentrierte mich auf den Kurs. Es ist nicht so einfach, bei Sturm einen raumen Kurs zu laufen.

„Ich gehe auf Kurs Westküste von Ibiza, Antonio. Ich versuche, in Schutz der Leeküste zu kommen, oder ich steure San Antonio an!“ Das war ein kleines Fischerdorf und eine Feriensiedlung an der Nordwestseite von Ibiza. „Wir können sie dort zu einem Arzt bringen.“

Nun, als wir abliefen, erschien das Wetter viel weniger rau. *Cresswell* lief auf westlichem Kurs in die schwarze Nacht hinein. Antonio brachte seinen klatschnassen Kopf, von dem das Wasser in Strömen herablief, in meine Nähe. „Ja, wir werden sicher sein, wenn wir das machen, Sankt Antonius ist mein Schutzpatron!“

Trotz der wilden Situation um uns herum grinste ich ihn an. „Und meiner ist Charlie Chaplin“, rief ich.

Er lachte sogar. Ich übergab ihm das Rad, um ihn an der Pumpe abzulösen.

Es waren vierzehn Meilen von der Strasse nach Es Vedra, das an der südwestlichen Spitze von Ibiza liegt. Vor dem Wind und mit Vollzeug fing *Cresswell* fast an zu fliegen, das Heck schlingerte mal nach rechts, mal nach links. *Cresswell* lief zwar aufrecht und ohne Krängung, aber rollend und bockend wie ein wilder Stier. Antonio und ich mussten weiterhin mit der Pumpe und dem widerspenstigen Rad kämpfen.

Um fünf Uhr morgens, im ersten Dämmerlicht eines regenverhangenen, grauen Tages, waren wir ziemlich fertig. Nur Sissies Kakao und die Schreie von Señora Puig hielten uns aufrecht. Dann sahen wir, etwa eine viertel Meile entfernt, den konischen Felsen von Es Vedra, der fast dreihundert Meter aufsteigt. Er sah geisterhaft und riesig aus, wie er aus der See emporragte, bis in die niedrig ziehenden Wolken. Da wussten wir, dass es in dieser verrückten Nacht doch noch Hoffnung gab.

Es gelang mir, einen kurzen Blick nach unten zu werfen. Sissie, und jetzt auch Fräulein Pomeroy, waren über die sich windendende Gestalt von Señora Puig gebeugt. „Okay, Sissie?“, rief ich nach unten.

Sie schaute mich ernst an. „Hau ab!“, rief sie sofort. Dann schien sie sich zusammenzureißen. In der wild schlingernden Kabine hielt sie sich an der Maststütze fest. „Oh, lieber Skipper!“, jaulte sie, fast wieder normal, „im Moment ist das kein Platz für einen Kerl hier unten. Ich bin sicher, das wäre Señora Puig entsetzlich peinlich ... und dann noch du, als Ausländer!“ Noch während sie das schrie, bewegte sie sich zum dampfenden Kessel auf dem Herd hin. Hinter ihr stand Fräulein Pomeroy mit ihrem verwüsteten Gesicht, in allen Farben einer grausigen Malerpalette, und versuchte, mich mit ihren halbgeschlossenen Augen zu sehen. Mit aller Kraft hielt sie sich an der Kojenkante fest. Zwischen dem rohen Fleisch ihres Gesichts schimmerte der winzige Ansatz eines Lächelns.

„Kakao?“, fragte ich Sissie hoffnungsvoll, „wir werden bald in Lee von Es Vedra sein.“ Ein weiterer gottserbärmlicher Schmerzensschrei brach aus Señora Puig heraus.

„Kein Kakao mehr, Skipper!“ rief Sissie. „Das Wasser ist für uns ... ich mach’ dir welchen, wenn das Schiff ruhiger wird. Oh, ihr armen Kerle – du und Antonio, ihr müsst ja ...“

Den Rest von Sissies Kommentar hörte ich nicht mehr. Antonio steuerte jetzt direkt einen Punkt an, der etwa zehn Meter vom Felsen Es Vedra weg war.

„Genug Tiefe?“, fragte ich ihn.

„Sicher, der Felsen fällt fast vertikal ab in die ...“

Während er das sagte, holperte und stolperte *Cresswell* über irgendwas. Entsetzt starrte ich über die Seite. Sie glitt über einen Felsen, der nur sechzig oder achtzig Zentimeter unter Wasser lag!

Plötzlich war die Hölle los. Wir hielten uns einfach nur irgendwo fest. Die See hob *Cresswell* hoch und donnerte sie auf den flachen Felsen. Mit einem schabenden Geräusch, das für Seemannsohren schrecklich und für jedermanns Ohren schauderhaft klingt, schrammte sich *Cresswell* zwanzig Meter weit über den Felsen, vor und zurück, vor und wieder zurück. Es klang, als würde eine Dampflokomotive in einen kurzen dunklen Tunnel hinein- und wieder hinaus fahren. Aber das Schiff hielt es aus – bis zum letzten Moment.

Dann passierte es.

Ich ahnte, dass etwas passieren würde. Es war nicht, weil alle Chancen in dieser Nacht sowieso gering waren. Es war mehr so eine Art Vorahnung. Das Heck donnerte auf das Ende der Klippe, als wir gerade dabei waren, die Gefahrenzone zu verlassen, als wir sie wunderbarerweise fast schon überwunden hatten. Das Ruder schlug auf den Felsen auf, der Schlag verdrehte die Steuerkabel wie Korkenzieher, und das angehängte Ruder sprang aus den Scharnieren.

Das Ruderblatt war durch eine Leine von etwa zwei Meter Länge am Schiff gesichert, und so verloren wir es nicht, aber im Moment waren wir ohne Steuer. Das Schiff tanzte und rollte; in dieser Situation wäre es extrem gefährlich, wenn nicht gar idiotisch gewesen, sich über das Heck zu hängen, und zu versuchen, das Ruder heranzuholen. Es gab auch wirklich wichtigere Dinge.

Gott sei Dank kommt es nicht so oft vor, dass ein Seemann sich in einem Sturm befindet, mit einem wahrscheinlich kaputten Kiel, und außerdem noch ohne Ruder, mit einer hysterischen, schwangeren Frau, die unten in der Kabine in Wehen liegt und sich die Seele aus dem Leib schreit, und einer anderen, die so zusammengeschlagen ist, dass sie fast nichts sehen kann, und einer dritten, die noch nie Hebammendienste geleistet hat.

Zu Antonio musste ich gar nichts sagen. Er zog mich zum Rad, warf alle Schoten los und schaffte es irgendwie, an den Fuß des wild gierenden Großmasts zu gelangen. Die Fock, das Großsegel und die Gaffel flatterten frei im Wind. Dann warf er das Großfall los, und das Großsegel kam rasselnd herunter. Antonio kämpfte mit dem Segeltuch und schaffte das flatternde Zeug irgendwie auf das Kabinendach. Es war eine Vorstellung, die einem chinesischen Akrobaten zur Ehre gereicht hätte.

Das Schiff lag nun fast ohne Fahrt in der verrückt spielenden See. Nun konnte ich daran denken, das Ruder zu bergen. Nach zehn Minuten Schnaufen, Stöhnen und Fluchen, in denen ich über dem Heck hing, schaffte ich es, die Zapfen des vierzig Kilo schweren Ruders wieder in die dafür vorgesehenen Ösen zu bugsieren, während das Heck wie wild auf und ab ging. Nachdem ich auch noch die Steuerkabel wieder angeschraubt hatte, reagierte das Schiff wieder auf das Rad.

Innerhalb von Minuten, nachdem wir wieder unterwegs waren, rauschten wir am Felsen Es Vedra vorbei. Plötzlich, als der Felsen ganz nahe war und quasi über uns hing, war alles ganz ruhig. Kein Wind mehr und keine panikartig aufgewühlte See. Es war, als hätte es den Sturm nie gegeben. Vor einer Minute noch hatte *Cresswell* gegeigt und gehämmert, war auf und ab gesprungen wie ein aufgeschreckter Hirsch, jetzt lag sie aufrecht, ruhig und still in der See. Die einzigen Geräusche, die man hörte, waren die Seufzer und lauten Schreie von Señora Puig unten in der Kabine.

Ich blickte auf Antonio. Er sah ziemlich fertig und niedergeschlagen aus. „Wir bleiben hier in Lee, bis wir unten etwas aufgeräumt haben. Es sieht es aus wie in einem Schweinestall. Du pumpst die Bilge noch einmal, und ich prüfe den Kiel. Dann machen wir einen schnellen Schlag nach San Antonio. In zwei Stunden oder so sollten wir dort sein."

Wir nahmen das Groß und den Besan wieder weg und ließen die Fock stehen, um den Bug im Wind zu halten, falls sich eine Bö hinter den Felsen in *Cresswells* Versteck verirren sollte. Beide ziemlich erschöpft, setzten wir uns hin und rauchten eine trocken gebliebene Zigarette, eine kleine Erholungspause.

Die Schreie, die jetzt von unten kamen, waren herzzerreißend, nervenaufreibend und fast trostlos. Es war furchtbar. Ich kann mir nichts Schrecklicheres vorstellen, außer dem Eisberg der damals, fünf Jahre zuvor in der Arktis fast auf *Cresswell* hinabgestürzt wäre. Die Schreie hörten sich wirklich furchterregend an. Jetzt brach Antonio in sich zusammen. Er lehnte seinen Kopf nach vorne und begann zu weinen.

Ich beugte mich hinüber zu ihm und fasste ihn an der Schulter. „Also komm, wir lassen alles da unten wie es ist und segeln los. Um acht können wir in San Antonio sein." Die Dämmerung setzte ein. Herumhängen ist keine Lösung für Probleme.

Noch bevor Antonio, immer noch schluchzend, auf den Beinen war, kam ein neues Geräusch von unten. Es war kein hoher, spitzer Schrei mehr, kein tiefes, schmerzhaftes Stöhnen, kein Schmerzgeheul. Es war dünn, aber laut – laut genug, um an den fast vertikal abfallenden Wänden des großen Felsens, der nur ein paar Meter von der ramponierten *Cresswell* entfernt war, ein Echo zu erzeugen. Die Stimme gellte und gurgelte. Sie schrie vor Protest, sie verlangte nach Gerechtigkeit, sie drückte wilde Entrüstung und Unwillen aus. Einen Moment lang standen Antonio und ich dicht beieinander und schauten uns ungläubig an.

„No lo creo! Ich kann's nicht glauben ...", murmelte Antonio. Dann hielt er sich an der Leitschiene der Großschot fest und sprang hinüber. *„Un chiquito?* Ein Junge?", schrie er.

Sissies Stimme klang überglücklich. Natürlich verstand sie Antonios gebrüllte Frage nicht. Ich übersetzte für ihn, nachdem ich den Schock überwunden hatte. „Ist es ein Bursche oder ein Mädchen, Sissie?"

„Oh, lieber Skipper! Antonio Liebling!", keuchte sie, „es ist ein herziger, kleiner Kerl – oh so winzig und knuddelig und absolut süß und warm und entzückend ... ach ich könnt' ihn drücken und drücken ..."

Antonio und ich hatten uns zusammen in das Niedergangsluk gezwängt; wir waren beide furchtbar aufgeregt. Alle Müdigkeit und die schmerzenden Knochen waren plötzlich total vergessen. Ich schaute in das Chaos nach unten. Immer noch durchnässt stand Sissie da, ihr Busen hob und senkte sich unter der schmutzigen und zerdrückten Rüschenbluse. Im Arm hielt sie ein Bündel, das sie in eines meiner T-Shirts gewickelt hatte. Ihr Gesicht strahlte.

La Pomeroy gelang es irgendwie, sich mit einem Eimer in der Hand zwischen uns hindurchzudrücken. Antonio stürzte die Leiter hinunter und versuchte, Sissie das Bündel zu entreißen, aber die ließ nicht los. „Skipper, sag' ihm er soll vorsichtig sein!"

Das war gar nicht nötig. Antonio fühlte, dass er dazu sowieso nicht geeignet war und bohrte lieber einen seiner schwieligen Finger in das Bündel. Jetzt gab er dieselben beruhigenden Laute von sich wie Sissie. Hinter ihnen hielt Fräulein Pomeroy mit ihrem grün und blau schimmernden Gesicht die Hände der müde lächelnden, schweigsamen Señora Puig. Antonio schaute hinunter auf seine Frau, streckte eine Hand nach ihr aus und brach in ein gewaltiges und tiefes Schluchzen aus.

Währenddessen hatte auch ich mich die Leiter hinuntergeschoben und konnte einen Blick auf das winzige Gesichtchen werfen. Es sah ein wenig so aus wie eine Walnuss, es bestand aus lauter Runzeln und kleinen Falten, ein bisschen wie eine Miniaturausgabe von Fräulein Pomeroy. Der Kleine hatte die Augen offen. Sissie sagte mir später, dass er noch gar nicht sehen konnte, aber ich wusste, dass er mich ansah und hätte schwören können, dass er mir zublinzelte. Dann schaute er mir noch eine Weile in die Augen und wunderte sich wohl, in was für eine Welt er da hineingeboren worden war. Er schaute in meine salzverkrusteten, nach Schlaf bettelnden Augen, mein dreckiges Gesicht mit dem verfilztem Bart, verzog seinen kleinen Mund und ließ einen Rülpser los, von dem ich Sissie sagte, dass man ihn bis Gibraltar hören konnte.

„Er wird ein großer, starker Fischer werden", säuselte Sissie. „Nicht wahr, mein Kleiner, oh du reizendes, kleines Kerlchen!"

„Eher Skipper von einem Viehdampfer, mit solch einer Stimme", sagte ich.

Antonio war auf den Knien und betete; er hielt den Rosenkranz seiner Frau in den Händen. Als ich mich umdrehte, um die Leiter hochzusteigen, die Segel wieder zu setzen und Kurs auf San Antonio anzulegen, fielen mir Sissies Hände auf. Sie waren verbrüht und trugen Blasen von dem heruntergefallenen Kessel mit heißem Wasser.

So kam Antonio Cecilio Tristan Vedra Pomeroy Cresswell Puig von Formentera zu seinem Namen.

Gegen neun Uhr morgens liefen wir in San Antonio ein. Señora Puig wurde von einem rasch alarmierten Arzt abgeholt, der schnell auch noch Sissie und Fräulein Pomeroy untersuchte, bevor Antonio und ich die Mutter das Babys an Land trugen. Trotz ihrer bandagierten Hände bestand Sissie darauf, das Baby bis zum Auto zu tragen. Sie säuselte und muhte den ganzen Weg auf dem Kai entlang. La Pomeroy ging an ihrer Seite und hielt sich, immer noch halbblind, an Sissies Kleidern fest. Es war wie die Ankunft eines Flüchtlingstrupps.

Sissie bezahlte natürlich für Fräulein Pomeroys Behandlung, und nach ein paar Tagen waren beide wieder in ihrem früheren Zustand. La Pomeroy ließ sich sogar dazu herab, ihre letzte Liebesaffäre zu kommentieren.

„OharmerarmerSven!Ichweissnichtwaserjetztmachtohnedassichaufihnaufpasse."

„Geschieht dem Saukerl ganz recht", sagte ich zu ihr. „Ich kann sowieso nicht verstehen, dass er dich erst so verprügelt und du dir dann noch Sorgen um ihn machst ..."

Sissie, deren Hände immer noch bandagiert waren, aber schnell heilten, saß an Fräulein Pomeroys Seite. Sie sagte nichts, aber von ihrem Gesicht konnte ich ablesen, dass sie mich für unsensibel hielt.

Fräulein Pomeroy brach leise in Tränen aus und senkte ihren blaugefärbten Kopf mit den grauen Haarwurzeln über ihre zwölf Perlenketten und die frischgewaschene Seidenbluse. Ihre silbernen Schuhe sahen in *Cresswells* Kabine wie Fremdkörper aus.

Es war beschlossene Sache, dass Fräulein Pomeroy bei Sissie und mir bleiben würde, bis ihr „Beschützer" in Leeds (wer immer das war) Geld für die Heimreise nach England schicken würde, nachdem Sissie einen Brief an ihn geschrieben hatte. Nicht zu oft im Leben befindet sich ein Seemann in Gefangenschaft der Schwester eines Bischofs und eines Varietéstars der zwanziger Jahre. Mir wurde klar, dass mir das Schicksal eine besondere Ehre erweisen wollte. Ich resignierte und schickte mich in mein Los. Bald würde das Geld für die Reise eintreffen, und Fräulein P. würde irgendwo über dem Horizont mit Generalkurs auf irgendeinen obskuren Vorort in Yorkshire verschwinden, und dann könnte ich den kleinen, dunklen Fischern wieder offen in die Augen sehen.

„Oh ich freue mich schon so sehr auf das liebe alte England aber ich werde Sven so vermissen."

Länger konnte ich nicht mehr warten. Ich bat Sissie um ein Darlehen von zwei Dollar und machte mich auf den Weg zu einer nahen Bar in dem fast verlassenen Hafen von San Antonio. Nelson lief neben mir, wedelte mit dem Schwanz und schaute zu mir auf, als wolle er mich aufmuntern. „Verdammte Weiber! Manchmal weiß man wirklich nicht, ob sie auf ihrem Arsch oder ihren Ellenbogen sitzen!" Nelson winselte zur Bestätigung.

Eine Woche später, als Sissies Hände und Fräulein Pomeroys Gesicht fast verheilt waren, segelten wir nach Ibiza Stadt. Fräulein P. schickten wir mit dem Bus über Land. Es wäre unmöglich gewesen, ihrer piepsenden Stimme auf See zu entkommen.

Bevor wir ablegten, kaufte Sissie etwas Diesel, und wir hatten eine glatte und ruhige Passage.

Das Einlaufen in den Hafen von Ibiza gab mir irgendwie das Gefühl, nach Hause zu kommen. Das umgebaute Fischerboot des Generals lag leider nicht mehr an der Außenmole, aber da lag ein brandneu aussehendes, ehemaliges Rettungsboot von vierundzwanzig Fuß Länge. Es glänzte überall weiß und blitzte in der Sonne. Wir ließen unseren Anker fallen, und ich starrte es an. Mir wurde mit Erstaunen klar, dass es wirklich die gute *Dreadnaught* war. Der ältere, braungebrannte und schnauzbärtige Romeo an Deck im neuen grauen Anzug war kein anderer als Amyas Cupling, der Ingenieur-Poet.

„Amyas! Ahoi!", begrüßte ich ihn.

Er lehnte sich nach vorne, stützte sich auf eine brandneue Seereling aus Stahl und rief zurück: „Tristan! Ahoi, alter Kumpel! Fräulein St. John! Gute Reise gehabt, sozusagen?"

„Ganz gut! *Dreadnaught* sieht ... umwerfend aus!", antwortete ich, als *Cresswell* fast längsseits war.

„Danke. Natürlich läuft die Maschine noch nicht, sozusagen. Ich werde im Winter in Venedig weiter ausbauen!"

Wir waren jetzt ganz nahe. Nachdem ich die Heckleinen belegt hatte, sagte ich: „Venedig? das ist ein weiter Weg, Amyas – bestimmt tausend Meilen."

„Ach, das ist schon in Ordnung, keine Eile. Ich werde einfach von Hafen zu Hafen hüpfen, sozusagen."

„Du hast aber gearbeitet!", sagte ich.

Scheu beobachtete Amyas, wie Sissie auf den Kai sprang und in Richtung Post marschierte. Als sie außer Hörweite war, sagte er leise: „Also, Tristan, hast du ihr die Frage gestellt, sozusagen?"

„Ja, aber es läuft nicht. Sie hängt zu sehr an Nelson, und der Hund scheint sie auch jeden Tag lieber zu mögen. Es wäre schlimm für Sissie, und Nelson würde es natürlich das Herz brechen".

Amyas ließ den Kopf herunterhängen. Sogar sein Schnurrbart senkte sich. „Natürlich ... das würde mir ja auch im Traum nicht einfallen ... eine Freundschaft darf man nicht zerstören, nicht wahr?"

Ein paar Momente lang standen wir schweigend da, dann hatte ich einen brillanten Einfall. „Dieses Abendessen zu dem du uns einladen wolltest – gilt das noch, Amyas?"

„Natürlich, heute Abend, wenn du willst", antwortete er.

„Gut, wir werden hier sein und ich denke, es wird deinen Absichten sehr entgegen kommen, mein Freund!"

„Oh, wie willst du das machen?“

„Ich hab’ noch einen Extrapassagier. Sie ist noch nicht an Bord – sie kommt mit dem Bus aus San Antonio. Du weißt, wie lange die brauchen, sie laden an jeder Farm auf dem Weg Hühner ein und aus ... aber sie wird bald hier sein. Sie ist ein famoser Kerl, Amyas.“

Seine Augenbrauen gingen nach oben. Sein Schnurrbart ringelte sich an den Enden.

„Ja, eine Freundin von Sissie, natürlich. Hatte Krach mit einem Kerl auf Formentera, sie sieht ein wenig zerschlagen aus im Moment, aber normalerweise ist sie ganz in Ordnung, wenn Du nicht zu genau hinsiehst. Langsam Amyas – sie schreibt Kinderbücher.“

Amyas hörte zu und dachte einen Moment lang intensiv nach. Dann sagte er: „Klingt ideal, sozusagen.“

„Ja, sie passt zu *Dreadnaught*, von der Mastspitze bis zum Kiel, ganz genau!“

„Du meinst, sie mag Stahlschiffe, Tristan?“

„Sie liebt sie“, log ich, „zumindest hat sie das gesagt.“

„Sieht jetzt gut aus, die alte *Dreadnaught*, he?“

„Super, Amyas. Hast Du drinnen auch gepinselt?“

„Oh, nein, noch nicht. Ich heb’ mir das auf für nach dem Umbau in Venedig.“ Seine Augen nahmen einen träumenden und poetischen Ausdruck an.

„Macht nichts, Amyas. Fräulein P. ist nicht so verwöhnt. Sie braucht nicht viel, nur einen guten Kerl.“

„Fräulein P.?“

„Tut mir leid, Amyas. Ihr richtiger Name ist Pomeroy.“

„Oh, und wie ist ihr Vornamen?“

„Ich bin mir nicht sicher, ich denke es ist „Fräulein“.“

„Oh ...“ Amyas dachte eine Minute lang nach, dann schaute er mich wieder an. „Ja, es ist genau wie Du damals gesagt hast – komische Wesen, die Frauen.“

„Oh, die ist ganz in Ordnung. Du weißt immer, wie du mit ihr dran bist.“

Amyas lächelte. „Gut, genau das Richtige, sozusagen, he?“ Er folgte meinem Blick den Kai entlang. Fräulein Pomeroy hatte ihren großen Auftritt – blaugefärbte Haare, Wimperntusche, Rouge, Gesichtspuder, Perlenketten, blaues Alice-im-Wunderland-Kleid im Stil der zwanziger Jahre, beige Seidenstrümpfe, Silberschuhe mit Siebeneinhalbzentimeterabsätzen, das ganze Vollzeug. Sie sah aus wie die Mistinguette auf dem Weg zum Moulin Rouge.

Zuerst zuckte es im Gesicht von Amyas, aber als La Pomeroy auf dem Kai schwingend und wedelnd und tänzelnd näher kam, verzog es sich zu einem idiotischen Grinsen verzweifelten Willkommenheißens.

Never seek to tell thy love,
Love that never told can be;
For the gentle wind doth move,
Silently, invisibly.

I told my love, I told my love,
I told her all my heart;
Trembling, cold, in ghastly fears.
Ah, she did depart!

Soon an she was gone from me,
A traveller came by,
Silently, invisibly,
He took her with a sigh.

(Deine Liebe sollst Du nie gestehen,
Nur unerzählte Liebe kann besteh'n:
Denn der sanfte Wind bewegt sich,
Leise und auch unsichtbar.

Ich erzählte meine Liebe,
Schüttete aus mein Herz,
Zitternd, kalt, in großer Angst.
Ah! Sie lief mir weg!

Sobald sie weggelaufen war,
Kam ein anderer daher,
Leise und auch unsichtbar,
Und mit einem Seufzen nahm er sie.)

William Blake, *Love's secret*

15 Das Geheimnis der Liebe

Es kostete einige Anstrengungen, La Pomeroy in ihrem engen Kleid und Siebeneinhalbzentimeterabsätzen über *Cresswells* Heck an Bord und hinab in die Kabine zu bringen. Amyas Cupling war – natürlich – sofort zu Hilfe geeilt, seine Schnurrbartspitzen zeigten in die Richtung von Fräulein P.'s Augen. Ihr Haar war jetzt noch kürzer und noch blauer. Ich nahm an, dass sie auf dem Weg von San Antonio hierher bei einem Friseur gewesen war.

„OhdankesehrsonettvonIhnen", sprudelte sie an Amyas gerichtet, der rote Ohren bekam.

„Muss doch sicherstellen, dass sich die kleine Dame wohlfühlt, sozusagen", sagte er zu ihr, nachdem ich sie gegenseitig vorgestellt hatte.

Fräulein P.'s neue Frisur weckte meine Neugierde. „Du siehst heute noch munterer aus", sagte ich und fragte mich, woher sie das Geld hatte.

„JameinBeschützerhatdasGeldgeschicktundichkannmorgenabreisenIchbinjasodankbaraberichdenkeimmernochichsolltezurückgehenumzusehendassesdemarmenSvengutgeht", piepste sie unter ihrem Dutzend herunterhängender Perlenketten hervor.

„Also, heute kannst du nicht mehr nach Formentera hinüber. Amyas hat uns alle zum Essen eingeladen. Er wäre sehr beleidigt, wenn du nicht kommen würdest. Er ist ein großer Bewunderer von Kinderbuchautoren – Enid Blyton ... Dorothy Parker ... Agatha Christie ... alle. Amyas verschlingt ihre Werke geradezu, er ist sehr an Literatur interessiert, ehrlich."

Während ich meine gesammelten Lügen daherplapperte, kletterte Sissie an Bord. „Juhuuu! Lieblingsskipper! Liebes Fräulein Pomeroy! Und Nelson, du lieber alter Kerl ... ich hab' uns ein paar frische Barben für das Abendessen mitgebracht!"

Ich bewegte mich unauffällig in Richtung Niedergang. „Besser du gehst zu diesem französischen Luxusdampfer, der weiter unten am Kai liegt. Frag' nach ein bisschen Eis und steck' die Fische in einen Eimer. Wir gehen heute Abend an Land essen. Unser Nachbar Amyas hat uns eingeladen ..."

Sissies hellblaue Augen fingen an zu strahlen wie die Speichen eines Leichenwagens. Ihre Augenbrauen schossen nach oben. Ihr wuscheliges Rosthaar schien zu knistern. „Oh wie wunderbar! Eine Dinnerparty! Wie superrr! Ich liebe es, an Land zu essen!" Sie zwickte mich in den Bart.

„Dank' nicht mir, dank' Amyas", murmelte ich und stieg die Leiter hoch. Nelson kam hinter mir hergehoppelt. Er wusste, wann es für die Männer Zeit war, sich zusammenzurotten. Es war schon schlimm genug, als Sissie noch allein an Bord gewesen war und sich in dem winzigen Vorschiff landfein machte – aber als nun La Pomeroy in ihrer reich verzierten Handtasche nach Schminktüchern und Gesichtspuder tauchte, war es an der Zeit, uns unauffällig aus dem Staub zu machen. Wir überließen den Drachen von Devon und die Kinderbuchautorin ihren weiblichen Geheimnissen und kletterten hinüber auf *Dreadnaught*. Ich rief nach Amyas, der unten in seiner Kajüte war.

Als ich über die brandneue gelbe Farbe des Decks ging, fiel mir auf, dass Amyas sein Schiff total verändert hatte, zumindest an Deck. Der Rumpf und die Aufbauten waren überall mit mindestens drei Lagen weißer Glanzfarbe gestrichen, und die Masten waren durch glänzende neue Eichenspieren ersetzt. Es waren keine dreckigen Segel mehr angeschlagen. „Amyas, du hast einen Superjob gemacht, hier oben", rief ich durch das Niedergangsluk in das Dämmerlicht nach unten.

Amyas rasierte sich gerade das Kinn. „Muss mich ein wenig fein machen, falls die Damen interessiert sein sollten, sozusagen, he?" Sein Schnurrbart, halb mit Rasierschaum umrandet, nickte mir aufgeregt zu. „Meinst du, sie ist? Ich meine, Fräulein Pomeroy?"

„Sie hat mir schon gesagt, wie gut *Dreadnaught* aussieht", flunkerte ich.

„Komm' nur runter, ich bin gleich fertig mit dem Feinmachen."

Ich kletterte die immer noch rostige Leiter des Niedergangs hinab. Die Szene unten war fast genau so chaotisch wie vor einer Woche, bevor das Schiff gesunken war. Der einzige Unterschied bestand darin, dass all die Maschinenteile jetzt in Kartoffelsäcken verstaut waren und in der Bilge lagen und Amyas einen Schweißbrenner zum Kochen benutzte.

Amyas schabte weiter und starrte dabei in einen winzigen Spiegel, der über dem Schweißbrenner-Kocher hing. „Hübsches kleines Ding, ein wenig delikat, sozusagen?"

„Oh, Fräulein P. ist eine der besten."

„Aus dem Norden?"

„Yorkshire, wie Emily Brontë."

„Schöne Gegend, gesundes Volk, sozusagen."

„Nicht sehr vergnügungssüchtig."

„Auch gute Ingenieure."

„George Stevenson."

„Da hat alles angefangen. Sheffield Stahlwerke."

„Sieht auch nicht schlecht aus."

Amyas grinste. „Kein junges Hühnchen mehr", sagte er, „aber ich hatte auch nie viel übrig für die flatterhaften, jungen Dinger. Die anderen Kumpels, die an Land gingen, haben eine Menge Kratzer von ihnen abbekommen. Du weißt ja, wie das ist, Matrosen sind Matrosen."

„Müssen sich die Hörner abstoßen."

„Aber bei mir war es nie so schlimm, sozusagen. Hab' meine Zeit damit verbracht, zu studieren und meine Prüfungen zu machen. Hab' nur einmal eine getroffen, die sich ein bisschen für Schiebeventile und so was interessiert hat. Meine Frau. Aber das legte sich wieder, als wir verheiratet waren."

Amyas zog seine neue Anzugjacke an und richtete seinen Schlips gerade. Ich inspizierte ihn in dem rostigen Dämmerlicht. Mit Ausnahme seines Hemdkragens, der ein wenig schief und zerknittert war, sah er ganz präsentabel aus.

„Seh' ich annehmbar aus, Kumpel?" Seine Schnurrbartspitzen reichten fast zu den Ohren.

„Absolut umwerfend!" Ich drehte mich um, und folgte dem Kapitän des guten Schiffes *Dreadnaught* die verzogene und rostige Leiter hinauf.

In der Abenddämmerung warteten wir etwa eine Stunde, bis die Damen sich landfein und ausgehfertig gemacht hatten. Ganz bewusst drehten Amyas, sein Schnurrbart und ich die Augen von *Cresswells* Niedergang weg, während wir warteten und warteten. Mit leiser Stimme, um die Toilette der Damen nicht zu stören, sprach Amyas von Propellersteigungen und Kompressionsverhältnissen.

Als Sissie und La Pomeroy aus dem Niedergangsluk auftauchten, war es schon ziemlich dunkel. Im schwachen Schein der Lampen auf dem Kai, glänzte Sissies rotblondes Haar wie ein neuer Pfannenkratzer. Sie hatte es mit einem blauen Band straff nach hinten zusammengebunden. Sie trug ihr weißes Kleid, und es schienen jetzt mehr Rosen drauf zu sein als jemals auf einem Haufen auf den Scilly Inseln gesichtet wurden. La Pomeroy glänzte in ihrem frisch gereinigten blauen Kleid mit tiefer Taille, das sie mit einem knallroten großen Seidentuch aufgemotzt hatte. Das Tuch war fast so groß wie sie selbst und war achtern mit einem Knoten zusammengebunden. Ihr blaues, kurzes Haar schwebte im Lampenlicht über ihrem Gesicht aus Wimperntusche und Rouge. Ich beobachtete das Gesicht von Amyas, als er La Pomeroy über *Cresswells* Heck an Land half. Er strahlte. „Heh, Sie sehen heute Abend aber elegant aus“, stammelte er, als er zärtlich Fräulein P.s verwelkte Hand in seine kräftigen Schiffsingenieurspranken nahm.

Fräulein Pomeroys Make-up bekam Risse, als sie Amyas anlächelte. Sissie quietschte: „Oh Herr Cupling, es ist so furchtbar super von Ihnen ...“

Dann machten wir vier uns auf den Weg, erst den Kai entlang und dann in Richtung Ibiza Stadt. Amyas führte immer noch Fräulein Pomeroy am Ellenbogen, Sissie marschierte auf ihrer anderen Seite, und ich blieb ein wenig zurück, bis wir den Hafen und die grinsenden Fischer vor Antonios Bodega hinter uns gelassen hatten.

Amyas führte uns stolz in das kleine weißgetünchte Restaurant „Es Quinques“, das auf katalanisch soviel wie „Die Lampen“ bedeutet.

Es gehörte einem dicken, fröhlich aussehenden Wirt namens Enrico, der es zusammen mit seiner Familie bewirtschaftete. Das Restaurant war nach der Strasse hin wie eine Garage offen. Große, schwarze Lampen aus Schmiedeeisen bildeten die einzige Dekoration in dem überfüllten Restaurant, mit der Ausnahme eines Jesusbildes. Jesus sah schräg nach oben und hielt ein glühendes Herz in den Händen, aus dem Blut tropfte.

Es waren einige Bekannte aus der lokalen Szene anwesend. Die holländische Lady, die behauptet hatte, sie wäre Gurdjieffs Geliebte gewesen (und auch so aussah), der amerikanische Schriftsteller im Exil, Steel, der zwar noch nicht mit den Armen fuchtelte, aber offenbar, so wie er hinter seiner Weinflasche hervorlukte, bereits die Muskeln dafür spannte; der finnische Poet, halb hinübergebeugt zu Alf, dem Londoner Pferdewetter und, an der Seite der Hoffnung Irlands, Rory O'Boggarty, der Reden schwang über Liebe und Tod, eine hübsche, junge Frau, die mit glasigen Augen auf Sissie und La Pomeroy starrte, als die sich an ihrem Tisch vorbeizwängten. Eine Versammlung ausgeflippter Typen.

Unterwürfig wedelte Enrico uns zu einem Ecktisch. Nach kurzer Aufregung, in der wir Platz für Handtaschen, Haarspangen und weitere weibliche Utensilien schafften, waren wir bereit für ein romantisches Abendessen bei Kerzenlicht.

Während wir auf den Wein und das Essen warteten, legte Sissie los. „Oh, lieber Herr Cupling, ich habe noch nie einen richtigen Schiffsingenieur getroffen. Ich stelle mir vor, dass das ein sehr interessanter Beruf ist."

Amyas schaute Fräulein Pomeroy tief in die Augen. Die waren inzwischen komplett verheilt, unter der zweieinhalb Millimeter dicken Wimperntusche waren sie nur noch ein klein wenig aufgedunsen. La Pomeroy seufzte und lächelte Amyas an.

„Sind sie schon schrecklich viel herumgekommen?", flehte Sissie.

Amyas löste ein wenig widerwillig seinen Augenkontakt mit der winzigen Kinderbuchautorin. „Oh, pendelte so ein bisschen herum, mal hier, mal da, sozusagen. Eigentlich hab' ich's nicht eilig, Fräulein St. John. Sind Sie schon viel herumgefahren auf *Cresswell*?"

„Eigentlich nur von Frankreich herüber, aber es war alles sehr interessant und super ..." Sissie unterbrach einen Moment, während Amyas Wein einschenkte, zuerst Fräulein P., dann Sissie, dann mir. Dann fuhr sie fort: „Aber ich wollte unbedingt nach Südspanien und nach Marokko – so wahnsinnig interessant ..." Sissie seufzte, als Enrico mit den Tellern auf dem Tisch klapperte. „... aber der liebe Tristan hatte so viele, furchtbare Schwierigkeiten, und er macht diese aufregenden Bootsüberführungen. Es sieht so aus, als wenn wir hier auf den Balearen sicher noch ein paar Wochen festsitzen."

Fräulein Pomeroy fing an zu zwitschern: „OhzumGlückwartIhrhierummichvondiesemschrecklichenMannzuretten!"

„Also, also Fräulein P.", sagte ich, „wir sollten das wirklich nicht hier diskutieren. Lass die Vergangenheit ruhen, hab' Spaß heut' Abend, Mädchen!"

Fräulein Pomeroy nippte an ihrem Wein. Sie lächelte Amyas an. „IchwillnatürlichnichtHerrnCuplingdenAbendverderben."

„Richtig", sagte ich zu ihr.

Nach der Suppe strahlte Amyas Sissie an. „Ich war mit *Dreadnaught* da unten, ich meine im Süden von Spanien."

„Wie aufregend für Sie, Herr Cupling."

„Nicht wirklich", sagte Amyas. „Ich habe in Malaga meine Maschine umgebaut, sozusagen, aber dann fand ich diesen Toten in der Strasse von Torremolinos ..."

Wir alle starrten Amyas an. Unser dampfender Fisch mit Kartoffeln war gerade serviert worden. „Einen was?", fragte ich.

Amyas' Schnurrbart grinste von Ohr zu Ohr. „Ja", sagte er, „es war ein großer Kerl. Ich segelte so die Küste entlang, und da war er plötzlich, trieb so umher, sozusagen. Wie ich schon sagte, ein großer Kerl. Natürlich, denke ich, war er schon einmal auf Grund gewesen und ist dann wieder hochgekommen. War ganz grau und aufgedunsen. Keine Haare mehr, natürlich. Die Fische waren auch schon an ihm dran gewesen. Ich sage einfach „ihm", hab' nie herausgefunden, ob es ein Mann oder eine Frau war."

„Was hast Du gemacht, Amyas?"

Sissie schwankte zwischen Schrecken und Faszination und ließ dabei ihre Gabel fallen. Fräulein P. schaute dem Ingenieurpoeten in die Augen.

„Also, hab' eine Leine an einem Fuß festgemacht. Nahm eine lange Leine, er war schon etwas überreif, sozusagen, und ich musste sie nach ein paar Stunden noch einmal festmachen. Die See war ein wenig rau, weißt du, und der Fuß brach ab. Also machte ich ihn unter den Armen am Oberkörper fest, sozusagen."

„Was hattest du vor?" fragte ich. Die Story kannte selbst ich noch nicht. Ich war gefesselt.

„Oh, ich wollte ihn in einen Hafen bringen, wollte ihm ein anständiges Begräbnis verschaffen, sozusagen, aber als wir nach Malaga kamen, schickte mich die Hafenpolizei am nächsten Tag wieder hinaus. Sagten, dass der Anblick einer Leiche die Touristen vertreiben würde. Würde sie aufregen, sozusagen."

Inzwischen hatte Sissie ihren gekochten Fisch total vergessen.

Fräulein P. schaute Amyas bewundernd an, als er weitererzählte. „Also schleppte ich ihn wieder die Küste runter, zum Strand in Torremolinos. An dem Tag gab es fast keinen Wind, und ich war natürlich immer noch am Umbau der Maschine. Brauchte eineinhalb Tage, um *Dreadnaught* hinunter zu segeln." Amyas nahm einen großen Bissen von seinem gekochten Fisch, trank einen Schluck Wein und fuhr fort. „Aber in Torremolinos war es die gleiche Geschichte. Sogar noch schlimmer. Der Hafenmeister drohte damit, *Dreadnaught* an die Kette zu legen, wenn ich nicht sofort wieder auslaufen würde. Es gab immer noch keinen Wind, und ich musste hinaus wriggen."

„Wie furchtbar grässlich!", rief Sissie aus. „Aber es gibt natürlich noch so viele wunderbare, super Plätze im Mittelmeer, nicht wahr", flehte sie.

„Almeria ist nicht schlecht. Das alte Kastell auf dem Hügel und alles drum herum, sozusagen", sagte Amyas und lächelte Sissie an. „Aber sogar da hatte ich kein Glück. Zu dieser Zeit hatte ich die Leiche natürlich bereits fast eine Woche lang im Schlepp. Sie war schon ganz grün, als ich nach Aguilas kam. Die Polizei dort war sehr höflich, aber sie wollten absolut nichts damit zu tun haben. Sie wollten die Leiche nicht identifizieren, man konnte ohnehin nicht mehr feststellen, wie der arme Kerl ums Leben gekommen war."

Aus Sissies Auge quoll eine Träne. Sie versuchte krampfhaft, nicht auf den abkühlenden Fisch auf ihrem Teller zu blicken. Fräulein P. pickte winzige Häppchen aus ihrem Fisch heraus und blickte Amyas unverändert an, dessen Schnurrbartenden sich immer mehr in ihre Richtung kräuselten.

„Ich weiß, Fräulein St. John", sagte Amyas, als eine Träne auf das rosenbedeckte Kleid tropfte, „mir ging es ebenso, sozusagen. Natürlich konnte ich den armen Kerl nicht einfach so herumtreiben lassen, sozusagen."

„Und was hast Du mit ihm gemacht?", fragte ich *Dreadnaughts* Skipper.

„Also, er begann schon langsam wieder zu sinken. Ich schleppte ihn schon eine Woche lang achteraus, als wir Catagena anliefen. Musste ein paar von meinen Plastikfendern an ihm festmachen, um ihn flott zu halten."

„Warum hast Du ihn nicht einfach sinken lassen? Hättest ja ein Gebet sagen können", fragte ich.

„Oh, das konnte ich doch nicht machen. Dachte, er verdiente wenigstens ein ordentliches, christliches Begräbnis. Aber die wollten den Körper nirgendwo haben, ich zog ihn drei Wochen hinterher. Es war gar nicht so einfach ..."

Amyas stach wieder kräftig in seinen Fisch und führte eine volle Gabel mit leichenblassem Fischfleisch zum Mund. Ich schaute nach dem Bild mit dem blutigen Herzen hinter Fräulein P. Sissie schob leise ihren Teller von sich weg. „Liebling“, sagte sie zu mir, „ich weiß nicht warum, aber ich habe gar keinen Appetit heut’ Abend“, sagte sie. „Oh, verehrter Herr Cupling, bitte entschuldigen Sie.“

„Natürlich liebes Fräulein“, sagte Amyas, „wie ich schon sagte, das war gar nicht so einfach, weil es einmal ein kräftiger Bursche war. Mit der Zeit lösten sich kleine und große Stücke aus ihm heraus, Eingeweide und so, wenn das Wetter warm war. Ich verlor ihn dann in einem Sturm vor Valencia. Dort wollte ich ihn hinbringen, wisst ihr. Es gab eine Chance, dass sie ihn dort übernehmen würden. Valencia ist nicht so touristisch wie die anderen Orte im Süden. *Dreadnaught* hat einiges abbekommen in dieser Nacht, und ich selbst konnte auch nicht nur einfach so da in Wind und Regen sitzen und eine schwimmende Leiche beobachten, nicht wahr! Jedenfalls hatte ich fast hundert Meter Leine gesteckt. Unmöglich, sozusagen, den Körper in der rau gehenden See mit den Augen zu verfolgen, auf und ab, bei Regen und im Dunkeln.“

Sissie stand auf. Sie winselte entschuldigend zu mir hinunter, als ich meinen Teller mit gekochtem Fisch aufaß. Fräulein Pomeroy zwang ihre Augen von Amyas weg und blickte erstaunt zu Sissie hinauf, die den Atem anhielt und sich auf den Magen klopfte. „Ich weiß nicht, warum mir auf einmal so fürchterlich schwindlig ist! Oh, Herr Cupling, bitte entschuldigen Sie. Ich glaube, mir wird schrecklich schlecht.“ Sissies Stimme klang leise und schwach.

La Pomeroy sprang auf und legte ihre dünnen Ärmchen um Sissies Turnlehrerinnen-Schultern. „OhDuarmesLiebesichwerdeDichsofortzum Schiffzurückbringen.“

„Ach, Lieblingsskipper“ seufzte Sissie mit hängendem Kopf. „Bitte verzeih’ mir altem Dummchen. Ich geh’ zurück an Bord.“

Ich sagte nichts und schaute Sissie erstaunt an.

„Liebes Fräulein St. John ...“ Amyas begann aufzustehen.

„Ach bitte nein, Herr Cupling, nein lieber Skipper, macht euch keine Mühe“, stöhnte Sissie, als La Pomeroy sie vom Tisch wegschob und zog und durch das inzwischen halbleere Restaurant hinaus begleitete.

„Wohl eine von diesen Frauenkrankheiten, sozusagen, he?“, meinte Amyas, nachdem die beiden Damen uns verlassen hatten.

„War vielleicht der Wein“, sagte ich, „normalerweise trinkt sie Booth’s Gin.“

Amyas schenkte sich noch ein Glas ein und beugte sich vor, um seinen gummiartigen gelben Obstpudding zu bearbeiten. „Eigenartige Kreaturen, wie Du schon sagst.“

„Empfindlich, eben!“, sagte ich und kaute an meinem Pudding.

„Meinst Du, dass mich Fräulein Pomeroy mag, alter Kumpel?“

„Oh absolut, Amyas. Sie hat den ausländischen Kerl in Formentera schon vergessen.“

„Immer besser, sich an seinesgleichen zu halten, sozusagen.“

„Natürlich, Öl und Wasser kann man nicht mischen.“

Amyas Ohren nahmen das auf. In den nächsten eineinhalb Stunden und über einer weiteren Flasche Wein erzählte er mir, dass *Dreadnaughts* Brennstofftanks durchgerostet wären und wie er sie durch Tanks aus Kupfer ersetzen wolle. „Eine der Sachen, bei denen man sich nicht auf Stahlplatten verlassen kann, sozusagen ...“

Als Sissie mich am nächsten Tag aufweckte, war sie sehr kurz angebunden. Ich sah sie ein oder zwei Minuten lang trübsinnig an. Nelson klopfte mit seinem Schwanz an mein Bein, und ich schaute ich hinüber zu Fräulein Pomeroys Koje. Sie war nirgends zu sehen, kein blaues Kinderkleid, keine Wimperntusche, keine Silberschuhe – nichts. Nur eine verlassene Decke auf der Koje.

„Hallo, wo ist denn Fräulein P.?“, knurrte ich.

Sissie knallte meine dampfende Mug Tee vor mich hin auf die Tischplatte und trompetete: „Hmmm ... das fragst du noch!“

„Ist sie zurück nach Hause?“

„Nein.“

„Formentera?“

„Nein.“

„Wo zum Teufel ist sie dann, Sissie?“

Sie rammte einen Teelöffel in ihre Tasse und begann, wie wild zu rühren.

„Sissie?“, ich setzte mich gerade hin.

Sie blickte mich schweigend und finster an.

„Nein! Sie wird doch nicht ...“

Sissie schrie mich fast an: „Doch ... sicher ... sie ist!“

„Auf *Dreadnaught*?“, ich nahm einen Schluck Tee, „so schnell ... wann?“

„Dieses schreckliche Flittchen! Sicher ... ach lieber Skipper, hast du denn nicht gemerkt, letzte Nacht, als du an Bord gekommen bist, dass

Fräulein Pomeroy nicht hier war? Und das in ihrem Alter ... Warum, sie ..."

„Natürlich nicht. Amyas und ich waren bis gegen zwei Uhr an Land und haben uns im George and the Dragon noch ein paar genehmigt. Hab' überhaupt nichts bemerkt. Warum, was hat sie denn um Gotteswillen gemacht?"

Sissie schneuzte sich. „Fräulein Pomeroy hat mich an Bord gebracht und dann sicher in meine Koje im Vorschiff. Als ich dann meinen ..." Beinahe hätte Sissie „Schlummertrunk" gesagt, aber sie erinnerte sich daran, dass ich davon nichts wissen sollte. „... den Psalm einundzwanzig las, hörte ich, wie sie ihre Sachen zusammenkramte, alles in ihrer schrecklichen Handtasche verstaute und dann hinüber auf die blöde, alte *Dreadnaught* kletterte."

„Was ist daran falsch? Sie hat dich gut nach Hause gebracht, oder etwa nicht? Ich denke, das war sehr großzügig von ihr, wenn man bedenkt, dass Amyas sie extra eingeladen hatte, um sie näher kennen zu lernen."

„Aber sich ihm so an den Hals zu werfen, lieber Skipper! Ich meine, sie ist ja kein dummes, junges Ding, oder?"

„Ein Grund mehr, sich zu beeilen", stellte ich fest.

„Aber was werden all diese ... diese Ausländer auf den anderen Schiffen von uns denken? Ach mein armer Liebling Tristan – du siehst natürlich die Dinge nicht so, wie wir Frauen sie sehen, nicht wahr, du armer Kerl? Noch Tee? Oh, ihr armen, armen Männer, und der liebe Herr Cupling in den Händen dieser schrecklichen Frau!" Sissie schüttelte den Kopf hin und her und schnalzte mit der Zunge.

„Amyas hat ja versucht, sie an Bord zu bekommen", sagte ich ruhig.

„Also, natürlich ... aber diese Salomé hatte es auf ihn abgesehen, von Anfang an. Aber einfach so an Bord zu schleichen, mitten in der Nacht, wie ein ...", Sissie brach fast in Tränen aus, „... wie ein gefallenes Mädchen! Ich weiß ja nicht mehr, wo ich hinsehen soll, wenn ich an diesen schrecklichen Ausländern vorbeigehe. Und diese furchtbare alte Schlampe auf der Motoryacht aus Andorra – was wird wohl in ihrem abscheulichen, abwegigen Kopf vorgehen?"

Ich blickte auf Sissie. Wie wild rührte sie in einer Schüssel Haferbrei auf dem Herd. „Aber was ist mir dir?", fragte ich sie. „Ich meine, du lebst mit mir alleine zusammen auf *Cresswell*. Meinst du nicht, dass die denken wir ... haben ..." Ich suchte krampfhaft nach einem Ausdruck, den Sissie verstehen würde, „... wir leben in Sünde?"

Sissie starrte mich gebieterisch an. „Natürlich nicht! Das sollte denen einmal einfallen! Die wissen ganz genau ... Ich sag' es ihnen auch immer. Ich habe schließlich meine eigene Kabine!" Sie sprach, als wäre ihre winzige Behausung in *Cresswells* Bug das Empfangszimmer der spanischen Königin.

„Also, warum sollten sie dann denken, dass Fräulein P. es mit Herrn Cupling treibt?"

„Weil die keine getrennten Kabinen haben – deshalb!"

„Aber Amyas kann das ganz schnell machen. Er nimmt eine Stahlplatte und schweißt sie der Länge nach in *Dreadnaughts* Kajüte, brennt eine Tür hinein und fertig, kein Problem. Er ist ein guter Schweißer!"

„Das ist nicht der Punkt!" Sissie knallte einen Teller Haferbrei vor mich hin. „Der Punkt ist, dass Fräulein Pomeroy letzte Nacht bei diesem armen Mann an Bord geschlafen hat."

„Aber zum Kuckuck, Sissie, sie hat die ganze letzte Woche in meiner Kajüte geschlafen – und schnarchen tut sie auch!"

„Das ist etwas ganz anderes. Sie war Gast auf *Cresswell*."

„Und jetzt ist sie Gast auf *Dreadnaught*."

„Sie hat sich nicht mitten in der Nacht an Bord von *Cresswell* geschlichen ... wie eine Frau von der Strasse."

„Sprich leise, Sissie, sie kann dich hören."

„Sie soll mich ruhig hören, ich hoffe sogar, dass sie mich hört!"

Ich schickte Sissie für den Rest des Morgens an Land, zum Einkaufen und zur Beruhigung, während ich *Cresswells* Bilge reinigte. Es war fast Mittag, als ich Amyas von *Dreadnaught* aus rufen hörte. Ich stolperte an Deck. Er war wieder barfuß und hatte seinen öligen Overall an. Seine Schnurrbartenden zeigten in einem Winkel von fünfundvierzig Grad nach oben. Seine Augen glänzten.

„Morgen, Amyas!"

„Hallo, alter Kumpel. Wunderbarer Tag, sozusagen."

„Nicht schlecht, aber Sissie ist immer noch ein bisschen daneben."

„Immer noch Probleme mit dem Bauch, sozusagen?"

„Denke schon."

„Also, mit solchen Sachen muss man in diesen fremden Ländern einfach rechnen, he?"

„Natürlich, hab' ihr das Gleiche gesagt. Hab' sie zum Einkaufen geschickt, man muss sie mit 'was beschäftigen ..."

„Stimmt haargenau!"

„Wo ist Fräulein P.? Auch einkaufen?"

„Ja. Ist gerade weg, um ein paar Blumen zu holen." Amyas starrte ein paar Augenblicke auf seine Füße, dann blickte er schüchtern wieder hoch. „Sie mögen diese Dinge, weißt Du. Natürlich ist das ein bisschen verrückt auf See, da gibt's keine Blumen, meine ich – aber ich hab' ihr gesagt ich kann ein paar schweißen, aus einem Stück Dreimillimeterblech, schneiden und zusammenschweißen. Dann ein bisschen Farbe drauf – kein Unterschied mehr zu erkennen."

„Wann gehst Du nach Venedig, Amyas?"

„Oh, wir gehen erst nach Palma. Dort können wir ... ich hab' Bernice letzte Nacht gefragt."

Perplex schaute ich Amyas an.

„Oh, das ist ihr Vorname, schön, nicht wahr, he? Natürlich hat sie Ja gesagt, also gehen wir zuerst nach Palma. Kein schlechter Platz für kleinere Umbauten ... und es gibt dort eine englische Kirche."

Ich starrte Amyas schweigend an.

„Natürlich bist du mit Fräulein St. John zur Hochzeit eingeladen. Vielleicht liegt sogar ein englisches Kreuzfahrtschiff im ... dann hol' ich die Schiffsingenieure – die stehen dann mit Säbeln Spalier, sozusagen, he?"

Langsam erholte ich mich von dem Schock. „Also toll, Amyas. Wann ist denn das alles passiert?"

„Letzte Nacht. Sie kam herüber und machte mir 'ne Tasse *Bovril* ..." Amyas drehte sich um und schaute den Kai entlang. „Wunderbare Partie für mich, genau das Richtige, sozusagen."

„Wenn ich du wäre", sagte ich, „würde ich sofort Palma ansteuern." Der Malerkerl kommt morgen aus dem Gefängnis in Formentera, und er ist gebaut wie ein Schlachtschiff. Wenn der dann noch ein paar gekippt hat, schlägt der alles zusammen, was ihm in den Weg kommt."

Amyas grinste. „Oh, ja, Bernice und ich haben im Detail über unseren speziellen Freund diskutiert. Wir legen ab, sobald sie zurückkommt. Ich hab' mein neues Großsegel noch nicht. Hab' geschrieben, sie sollen es nach Venedig schicken. Das alte wird es schon noch eine Zeit lang machen. Sollte nicht mehr als ein paar Monate dauern ..."

„Wie gefällt Fräulein P. ... entschuldige, Bernice, das Schiff?"

„Oh, sie denkt es ist jetzt unser Zuhause für eine Weile, sozusagen. Hab' ihr natürlich gesagt, es fehlt ein bisschen die weibliche Hand. Sie wollte heute morgen anfangen zu pinseln, aber ich hab' ihr gesagt, dass das keinen Sinn macht, bevor wir nicht mit dem Umbau fertig sind."

Es sagte jetzt „wir". Ich wusste, dass Fräulein Pomeroy gewonnen hatte. Plötzlich hatte ich eine Vision von ihr vor meinem geistigen Auge: Sie stand in der dämmrigen rostigen Bilge von *Dreadnaught.* Sie hatte ihr blaues Kleid an und die Silberschuhe, alle Perlenketten schwangen um ihren Hals, und in der Hand hielt sie einen riesigen, rostigen Schraubenschlüssel. „Sie scheint ein guter Handwerker zu sein", sagte ich.

„Ja, sie hat nach Hause geschrieben, dass man ihre Nähmaschine nach Palma schicken soll. Sagt, wenn das Großsegel nicht rechtzeitig kommt, wird sie mir irgendwie eins nähen, sozusagen." Noch während er das sagte, fing er an, nervös herumzuhampeln. Dann sagte er leise und schnell: „Ah, jetzt kommt sie."

Ich drehte mich um und schaute den Kai entlang. La Pomeroys Gang war unverkennbar – so eine Art ruckartiges Wackeln, aber zuerst war ich mir nicht sicher, dass die herankommende Person wirklich Fräulein P. war. Sie hielt einen riesigen Strauß Blumen in allen Farben vor ihren brandneuen schwarzblauen Overall, der für die zierliche Person viel zu groß war. Auf dem Kopf trug sie das beste Stück von Amyas, seine weiße Yachtkappe, und an den Füßen hatte sie ein paar neue Bootsschuhe.

„Sieht gut aus, he?", murmelte Amyas, als Fräulein Pomeroy hinter dem Blumenstrauß, das erste Mal seit ich sie kannte, ein scheues Lächeln zeigte. Ohne Rouge, ohne Puder und ohne Wimperntusche.

„Kannst' kein Schiff segeln in Kleidern und so Zeugs, he?", sagte Amyas leise, „hab' das für sie heute morgen gekauft, hab' sie natürlich auch schon mit meinen Werkzeugen vertraut gemacht."

„Guten Morgen Fräulein P. – herzlichen Glückwunsch", rief ich, als Amyas seiner Verlobten über die brandneue Seereling der glänzenden *Dreadnaught* half.

„OhlieberTristanichbinjaheutesoglücklichundnatürlichmusstDumitSissiezurHochzeitkommen? (Kichern)." Das erste Kichern seit Formentera.

„Natürlich, wann ist denn der große Tag?"

Amyas drehte seinen Schnurrbart in meine Richtung. Seine kleine Verlobte verlor fast das Gleichgewicht, als sie sich reckte, um seine Wangen zu erreichen und diese zu tätscheln. „Oh, erst nach Weihnachten", sagte er, „ich wollte ja sofort, aber Bernice ..." er drückte Fräulein P.'s Arm so stark, dass sie fast aufschrie, „... besteht darauf, dass wir noch eine Weile warten. Eher der Form halber, sozusagen.“

„Ja, würde nicht so gut aussehen, wenn man meinte, Du hättest es eilig, Amyas.“

„Richtig, bei den Ausländern sowieso. Die ziehen schnell voreilige Schlüsse, nicht war? Komische Leute, aber was kann man anderes erwarten?“

„Ich weiß, es sind all diese scharfen Gewürze.“

„Also, Bernice und ich werden uns an die gute, alte englische Küche halten“.

„Das ist sehr gut so, Amyas – Roastbeef und Yorkshire Pudding mit Soße, he? Nicht diesen verdammten, unmoralischen, kontinentalen Fraß.“

„MeinlieberAmyasliebtYorkshirePuddingnichtwahrLiebling.“

„Natürlich, man weiß ja nie, wozu einem das andere Zeugs treiben kann.“

Amyas geleitete Fräulein Pomeroy in die rostige Dämmerung ihres neuen Zuhauses, indem er sie hinübertrug. Als sie das Niedergangsluk erreichten, ließ Fräulein P. in ihrer Nervosität die Blumen hinunterfallen. Sie landeten drunten in der öligen Bilge.

„Ohwieschade!“ (Kichern) „AchnichtsoschlimmDukannstinPalmawelchemachenhastDugesagt!“

„Natürlich, gibt mir was zu tun zwischendurch, wenn wir die Maschine umbauen“, antwortete der Ingenieur-Poet seiner Verlobten. „Kann nicht einfach nur rumhängen ...“, Amyas grinste breit zu mir herüber, als er Fräulein P. mit einem Arm zärtlich in das korrodierte Innenleben von *Dreadnaught* hinunter hievte. „Der Teufel hat immer Arbeit für faule Hände, sozusagen.“

Etwas später kam Sissie zurück an Bord. Es brauchte noch ein paar Minuten Diskussion und gutes Zureden, bevor sie einsah, dass Liebe in jeder Form, an jedem Ort und zwischen jeder Art von Seelen etwas Gutes ist. Nach anfänglichem, scheuen Widerstand gegen meine Überredungskünste kam sie letztendlich doch mit mir an Deck, um von Amyas und Fräulein Pomeroy Abschied zu nehmen.

Ich half ihm, die Festmacherleinen loszumachen, und Kapitän Cupling begann, mit einem großen Riemen zu wriggen. Geräuschlos glitt die kleine *Dreadnaught* von der Mole im Hafen von Ibiza weg. Fräulein P. sah glücklich und wild entschlossen aus; es gab sogar schon ein paar Ölflecken auf ihrem neuen Overall. Ihre öligen Fußstapfen hinterließen erste Spuren auf der neuen gelben Farbe von *Dreadnaughts* Deck. Verzweifelt versuchte sie, das alte, vergammelte schwarze Großsegel an dem neuen Großbaum anzuschlagen.

„Oh, liebes Fräulein Pomeroy, oh, meine Liebe, ich freue mich schon so furchtbar auf die Trauung. Das wird wunderbar sein – herrlich!", schrie Sissie als *Dreadnaught* sich langsam entfernte.

Amyas, der heftig mit dem langen Riemen arbeitete, schaute mich plötzlich schnaufend an. „Nicht viel Wind heute, sozusagen, he?"

„Draußen kriegst Du mehr, wenn du ums Kap herum bist", rief ich zurück.

„Oh auf Wiedersehn Machts gut und danke für alles liebe Sissie lieber Tristan."

„Wiederseh'n Fräulein P.!"

Kurz nach Weihnachten gingen Sissie und ich zu der Trauung in der evangelischen Kirche in Palma. Anfangs 1966 segelte *Dreadnaught* nach Venedig. Sie lief Bonifacio auf Korsika an, Cagliari auf Sardinien, Palermo und Siracusa auf Sizilien. Sie verließ Siracusa im Mai '66.

Danach hat man nie mehr etwas von *Dreadnaught* gehört. Als ich 1969 in Venedig war, konnte sich niemand dort an sie erinnern. Ich aber weiß, dass Amyas und Fräulein Pomeroy an Bord von *Dreadnaught* im Himmel sind, immer noch ölig und rostig, mit den Blumen, die Amyas aus Dreimillimeterblech geschweißt und mit Farbe bemalt hat, drunten im Dämmerlicht – und die beiden sind immer noch am Umbau der Maschine.

Let me not to the marriage of true minds
Admit impediments. Love is not love,
Which alters when is alteration finds,
Or bends with the remover to remove:
O, no! it is an ever-fixed mark,
That looks on tempests and is never shaken;
It is a star to every wand'ring bark,
Whose worth's unknown, although his height be taken.
Love's not Time's fool, though rosy lips and cheeks
Within his bending sickle's compass come;
Love alters not with his brief hours and weeks,
But bears it out even to the edge of doom.
If this be error and upon me proved,
I never writ, nor man ever loved.

(Dem festen Bund getreuer Herzen
Soll kein Hindernis erstehn: Lieb' ist nicht Liebe,
Die, in der Zeiten Wechsel wechselvoll,
Unwandelbar nicht stets im Wandel bliebe.
Ein Zeichen ist sie fest und unverrückt,
Das unbewegt auf Sturm und Wellen schaut,
Der Stern, zu dem der irre Schiffer blickt,
Des Wert sich keinem Höhenmaß vertraut.
Kein Narr der Zeit ist Liebe! Ob gebrochen
Der Jugend Blüte fällt im Sensenschlag,
Die Liebe wankt mit Stunden nicht und Wochen,
Nein, dauert aus bis zu dem Jüngsten Tag!
Kann dies als Irrtum mir gedeutet werden,
So schrieb ich nie, ward nie geliebt auf Erden!)

William Shakespeare, *Sonnett 116*

16 Der Sensenschlag

Nachdem Amyas und Fräulein Pomeroy geheiratet hatten, verlor ich Nelson und verkaufte *Cresswell*. Sissie ging mit Willie nach Marokko und dann zurück nach Southchester.

Ende 1968, nach dem Verkauf von *Cresswell* und dem Verlust von *Banjo*, meiner Sechsundzwanzig-Fuß-Slup – den Verlust verdanke ich einem amerikanischen Filmproduzenten, wie in meinem Buch *Saga of a Wayward Sailor* (dt.: *Abenteuer eines eigensinnigen Seemanns*) beschrieben – hing ich mit Steve Llewellyn, dem Vater eines Crewmitglieds, für ein paar Tage herum und versuchte, irgendwo auf den Balearen einen Überführungsjob zu bekommen. Viel Wasser war inzwischen unter den Kielen von ein paar Dutzend Segelschiffen, auf denen ich Skipper gewesen war, hindurchgerauscht, einschließlich der unglücklichen *Two Brothers*, die *en voyage* nach Südamerika notgedrungen die Segel gestrichen hatte.

In den zweidreiviertel Jahren, nachdem ich *Dreadnaught* und Sissie auf Wiederseh'n gesagt hatte, erlebte ich eine Menge Abenteuer und fast so viele Missgeschicke, aber irgendwie habe ich es immer geschafft, mich mit einem Schiff unter den Füßen und einer schaukelnden Koje zum Schlafen über Wasser zu halten.

Nun, nach langer Zeit, und nach sechzehn mittellosen und wundersamen Jahren des Überlebens auf dem Wasser, war ich ohne Schiff. Aber ich war nicht ohne Freunde, und das ist es, was wirklich zählt.

Die Wege des Schicksals sind manchmal sehr verschlungen. Wenn ich mich später an diese Zeit meines Lebens zwischen 1966 und 1969 erinnerte, konnte ich nur feststellen, dass die meisten von uns in dem Augenblick, da etwas passiert, nie wissen, was wirklich los ist. Wenn wir das wüssten, wären wir entweder Heilige oder unerträgliche Pedanten. Sind wir weder das eine oder das andere (so hoffen wir), dann können wir nur dankbar sein, dass unser weiteres Schicksal und die Wege, die das Leben vorzeichnet, für uns nicht erkennbar sind. Ob unsere Zukunft eine Komödie oder eine Tragödie sein wird, ob wir reich oder arm sein werden, die Unerkennbarkeit unseres zukünftigen Schicksals ist in jedem Fall ein Segen. Und für diese Güte sollten wir dankbar sein.

Egal, was wir im Leben durchmachen, oder wie viele Risiken und Gefahren wir irgendwie schon umschifft haben, wie rau und unvollständig, wie zerrissen und ramponiert, wie anscheinend unreparierbar verwundet uns unser Leben erscheinen mag, es ist absolut zwecklos darüber nachzudenken, wie es anders hätte kommen können. Wenn wir objektiv auf unser Leben zurückschauen, egal wie unordentlich und verfranst und unlogisch es auch verlaufen ist, und trotz all der Fehler, die wir gemacht haben, stellen wir fest, dass wir, je weiter wir uns vom Zeitpunkt der Ereignisse entfernen umso mehr eine gewisse Ordnung und eine Art System dahinter erkennen, das sich in den Verlauf von Zeit und Ewigkeit einreiht, und das vielleicht – manchmal – mit heldenhafter Erhabenheit und poetischer Schönheit.

In der Natur verläuft nichts geradlinig, und ein menschliches Leben üblicherweise auch nicht. Wenn es trotzdem so ist, dann möge Gott diesem Menschen helfen. Es braucht normalerweise seine Zeit, manchmal eine sehr lange Zeit, bis all' die ausgefransten Fäden unseres Lebens in eine gewisse Reihenfolge zu kommen scheinen, aber in Wirklichkeit tun sie das gar nicht. Der Kurs eines menschlichen Lebens, mit seinen Millionen von Kurven und Wendungen, ist wie ein Irrgarten. Einzelne Ereignisse passieren einfach so, in der Gegenwart. Nicht im Traum würden wir daran denken, sie mit anderen Ereignissen aus einer ganz anderen Zeit in Zusammenhang zu bringen. Das können wir erst viel, viel später. Dieser Überblick ist den älteren Menschen vorbehalten und ist ein Ausgleich dafür, dass man nicht mehr jung ist; das Fehlen dieses Überblicks ist eine der Tragödien der Jugend, sie ist eine der Wurzeln für die Arroganz der Jugend. Mein Ratschlag an jeden unter Vierzig, ist zu versuchen, die Ansichten der Älteren über das Schicksal zu verstehen. Je besser dir das gelingt, umso gütiger wirst du werden. Mit Humbug, Zauberei und Wahrsagerei hat das nichts zu tun. Es hat damit zu tun, anderen Menschen mit dem gleichen Verständnis entgegenzukommen, das man sich selbst zuteil werden lässt, wenn man auf sein eigenes Leben zurückschaut und sieht, wie idiotisch man manchmal gehandelt hat. Es hat damit zu tun, dass man über sich selbst lachen kann. Oder, wie Voltaire gesagt hat, „Gott ist ein Komödiant, der vor einem Publikum spielt, das sich nicht zu lachen getraut."

Und jetzt, nachdem ich dir das alles ins Logbuch geschrieben habe, kann ich Dir auch sagen, warum.

Der Verlust von *Two Brothers* 600 Meilen westlich der Azoren bescherte mir einige der fremdartigsten Eindrücke, die ich je erlebt hatte. Wenn es jemanden in der Nähe des herumtreibenden Schlauchbootes, in dem ich lag, ohne Essen und vor Durst fast vergehend, gegeben hätte der mir gesagt hätte, ich solle es nicht so ernst nehmen, es wäre alles nur ein Spiel des Schicksals, so hätte ich ihm natürlich geantwortet, er solle blitzschnell abhauen. Aber es war ja niemand da, und so nahmen die Dinge ihren Lauf, die Zeit wirkte Wunder und gab den Ereignissen ihren Blickwinkel.

Ich hatte *Banjo* von Willi dem Deutschen gekauft, und der war es auch, der mich in seinem schnellen Motorboot nach Ensenada Hondo brachte an die Stelle, wo sie verloren gegangen war. Dort suchten wir nach Überresten und fanden die Flagge und den dazugehörigen Stock. Das war alles.

Willie setzte mich auf einem der Felsen der hohen Klippe ab. Er musste weiter zu einer Feriensiedlung auf der anderen Seite, wo er inzwischen Manager war. Alleine auf dem Felsen versuchte ich, nicht zu heulen, während er ins Blaue hinein davonbrauste.

Dann starrte ich ins Wasser unterhalb des Felsens, auf den Eisenkiel meines Schiffes auf dem Grund der See. Im klaren Wasser der kleinen tiefen Bucht konnte ich ihn deutlich sehen. Es war kein Fetzen Holz mehr dran. *Banjo* war von den scharfen Klippen eines der schlimmsten Ankerplätze im westlichen Mittelmeer zu Tode geprügelt worden.

Eine Zeit lang starrte ich in das nasse Grab. Alles was mir noch blieb, trug ich am Leib. Mein bretonisches Fischerhemd, ein Paar farbbefleckte Kordjeans, ein ausgelatschtes Paar Bootsschuhe. Und umgerechnet vier Dollar, in spanischen Peseten.

Ich drehte mich um und kletterte die steile Klippe hinauf, ohne mich noch einmal nach *Banjos* Grab umzudrehen. Die Kletterei war nicht besonders schwierig, die Klippe war in den Spalten, die zur Tiefe hinabführten, mit Gestrüpp, hohem Gras und verkrüppelten kleinen Bäumen überwachsen. Obwohl es bereits spät im September war, brannte die Sonne herunter. Ich wusste, dass ich, wenn ich erst einmal oben war, noch bestimmt fünf Meilen am Klippenrand entlang zu laufen hatte, bis ich zur Straße kommen würde. Dann fünf Stunden Wartezeit auf den Bus nach Ibiza Stadt. Was dann geschehen würde, war Gott überlassen.

Klippenklettern ist üblicherweise kein Sport für Seeleute. Manche machen das natürlich aus Spaß, aber der übliche Sport der Yachties besteht darin, das Schiff in einer stürmischen Nacht bei heulendem Wind und schwerem Schwell von irgendwelchen Gefahren fernzuhalten. Irgendwie schaffte ich es trotzdem, die zweihundert Meter nach oben zu kommen.

Dort stand ein kleiner, alter Mann in einer schwarzen Bauernjacke. Er sah mich an, als ich mich über den obersten Klumpen aus hohem, dickem Gras schob. Vollkommen außer Puste stand ich etwa zwanzig Meter von dem Bauern entfernt und schnaufte. Langsam, aber mit regelmäßigen Schritten, kam er auf mich zu. Ich sah, dass er sehr alt war. Die tiefen Falten und Runzeln in seinem nussbraunen Gesicht zeugten von bestimmt achtzig Jahren Arbeit auf steiniger Erde unter einer unbarmherzigen Sonne. Er war nicht größer als einmetersiebzig und gebeugt. Er trug den typischen schwarzen Filzhut der Bauern von Ibiza, eine schwarze Jacke, schwarze Hosen und ein kragenloses Hemd aus Wolle. Ich blickte ihn an, als er so auf mich zu kam und seinen Hut zur Begrüßung lupfte. Inzwischen konnte ich die landesübliche Version der spanischen Sprache ganz gut verstehen.

„Guten Tag, *señor*." Er begrüßte mich mit so viel Höflichkeit, als hätte er mich in einem makellosen schwarzen Anzug während der Sonntagsparade in Ibiza getroffen. Er ließ sich nicht anmerken, dass ich verschwitzt und vom dutzendfachen Abrutschen während des Aufstiegs ziemlich verdreckt war. Darüber hinaus rang ich heftig nach Atem. Kein Anzeichen dafür, dass wir mindestens drei Meilen von der Zivilisation entfernt waren.

„Guten Tag, *señor*", schnaufte ich.

„Tourist?", fragte der alte Mann. Seine Augen waren wegen der Sonne zu Schlitzen geschlossen. Er trug eine Hacke in der Hand.

„Seemann, mein Schiff ist da unten", sagte ich ihm.

„Das ist kein guter Platz, um ein Schiff zu lassen, *señor*". Seine Stimme war hoch, aber klar.

„Ich weiß, mein Schiff ist gesunken."

„*Hundido*? Gesunken?"

„Ja, es ist letzte Nacht passiert, und ich war nicht an Bord. Ich war gerade da unten, um zu sehen, ob es noch etwas zu retten gibt. Aber es ist nichts übrig geblieben."

„Es ist Gottes Wille, *señor*".

Wir schwiegen eine Weile, während der alte Mann versuchte, sich hinauszulehnen und über die Klippe nach unten zu schauen. Als ich so dastand, wurde mir die Tragik meines Verlustes erst voll bewusst. Ich fühlte mich absolut elend.

„Ich hab' alles verloren, was ich hatte, *señor*! Alles."

Der kleine Mann schaute mir gerade in die Augen. Seine Augen waren wie die eines Habichts, dunkel und bohrend. „Hat jemand sein Leben verloren?", fragte er leise.

„Nein, kein Leben, aber sie hatten viel Glück."

„Und du lebst auch noch?", stellte der Mann die überflüssige Frage in seiner durchdringenden spanischen Art.

„Ja ... aber ich verlor ..."

„Dann danke Gott dafür. Wenig hast du verloren ... und selbst wenn es ... es ist Gottes Wille. Er hat andere Pläne für dich, für die anderen. Nun, nimm eine Zigarette."

Er gab mir eine alte Blechdose mit Tabak und Zigarettenpapier. Während ich eine Zigarette rollte, sagte er wieder: „kein Leben verloren ..."

Ich bedankte mich bei ihm und wünschte ihm noch viele Jahre.

„Geh' mit Gott, *señor*". Er nahm seine Hacke auf die Schulter.

Stark und frei ging ich von ihm weg, vielleicht sogar ein wenig glücklich.

Willi, mein deutscher Freund und Christian, ein Franzose der eine Tauchschule in der Nähe von Ibiza betrieb, arrangierten es, dass ich auf der winzigen Slup *Coquette* schlafen durfte, die über den Winter im Hafen festgemacht war, bis ich wieder einen Überführungsjob finden würde oder eine andere Möglichkeit, um meine Reise nach Hause zu finanzieren.

Coquette war nur achtzehn Fuß lang; ein offenes Boot mit Schlupfkabine. Es gab nur zwei Kojen, und die Kombüse war winzig und einfach. Aber es war immer noch besser als nichts.

Während ich in den folgenden Wochen auf *Coquette* schlief und mich aus Dank bei Willie und Christian etwas nützlich machte, schrieb ich Briefe an ein Dutzend maritimer Kontakte von Schottland bis Malta. Für Überführungen nach Westen über den Atlantik war es bereits zu spät im Jahr, und nur ein Verrückter oder ein Anfänger segelt weite Strecken im Mittelmeer nach der Tag- und Nachtgleiche – aber Schritt um Schritt kratzte ich Geld für die Heimreise zusammen.

Ich baute einen Vogelkäfig für den Kindergarten; ich half ein paar Fischern beim Kalfatern ihrer Kiele. Ich pinselte ein paar Boote an, und langsam kam Geld in die Kasse. Zum Essen hatte ich immer genug, denn Antonio in der Bodega und Josélito der Fischer sorgten schon dafür.

Es muss Mitte Oktober gewesen sein, als Jonnie der Schweizer auftauchte. Sein Schiff war eine alte französische Fischerschmacke unter Segel. Sie war etwa fünfunddreißig Fuß lang und als Ketsch getakelt, genau wie *Cresswell*. Ich sah sie durch die Hafeneinfahrt hereinkommen, wettergegerbt und fremdartig, irgendwie schien das Rigg nicht auf ihren Rumpf zu passen. Ich dachte gleich, dass es interessant wäre, den Skipper kennen zu lernen. Das wäre sicherlich sowieso passiert, aber so sprang ich von *Coquette* hinüber auf die Außenmole, um ihm beim Festmachen zu helfen.

Als *Sans Culotte* den Anker fallen ließ, rief der Eigner: „Kein Motor!"

„Schon in Ordnung", rief ich zurück, „wirf mir eine Leine rüber."

Ich kletterte an Bord einer verlassenen Motoryacht, rannte aufs Vorschiff und wartete darauf, dass er mir eine Leine zuwerfen würde. *Sans Culottes* Deck war mit Fischfanggerät vollgepackt. Mit Leinen, Netzen und Reusen für Hummer. Am Heck hatte sie die Schweizer Nationale.

Als der Eigner eine Leine bereit machte, fiel mir auf, dass er recht unbeholfen damit umging. „Bist Du Spanier?", rief ich hinüber.

Sein Englisch war etwas schwerfällig: „Schweizer."

„Du wirst hier nicht sehr willkommen sein, mit all dem Fischfangzeug, das herumliegt."

Ich fing seine Leine auf und machte sie fest. Als sein Heck zu mir herumkam, sah er mich fragend an.

„Den Fischern hier geht es nicht so gut", sagte ich, „wenn die deine Ausrüstung sehen ...", ich zeigte auf die Hummerkörbe, die auf dem Deck lagen, „... also, das Mindeste was die machen ist, dich beim Hafenmeister anzuzeigen und das Äußerte was die machen ... du hast Glück, wenn die nicht dein Schiff anstecken!"

„Was soll' ich tun?", fragte er.

„Schaff' alles unter Deck, versteck' es, werd' es los, so schnell du kannst."

Sobald *Sans Culotte* festgemacht hatte, sammelte Jonnie (er hatte sich mir inzwischen vorgestellt), seine gesamte Fischereiausrüstung zusammen und räumte alles, Ruten eingeschlossen, nach unten in die Kajüte. Er war nicht älter als vielleicht dreiundzwanzig oder vierundzwanzig und etwa einmetersiebzig groß. Er hatte ein Mausgesicht, strähnige Haare, war schlank und sehnig, und er hatte einen total irren Blick in seinen dunkelblauen Augen. Als ich in sein Gesicht sah, schien es, als ob ich einen menschenfreundlichen Fanatiker anschauen würde. Er war natürlich sonnenverbrannt und sah stark und gesund aus. Seine Hände waren schwielig und rissig. Er hatte Shorts und ein Polohemd an.

„Schönes Schiff", sagte ich, nachdem er mich auf *Sans Culotte* unter Deck eingeladen hatte.

„Ja, ich habe es am Strand von Fréjus gefunden."

„War noch nicht dort – irgendwo bei Nizza, nicht wahr?", fragte ich.

„Ich war vorher noch nie auf See. Habe noch nie auf einem Schiff gearbeitet. Ich habe das hier in zwei Monaten hergerichtet." Das Schiff war innen sauber und ordentlich gestrichen.

„Wo willst Du hin?", fragte ich.

„Ich bleibe bis zum Frühjahr hier, dann Gibraltar und in die Karibik. Ich fische mal hier, mal dort, ja?"

„Du musst Dich vor den einheimischen Fischern in Acht nehmen, Jonnie."

„Ach, ich freunde mich schnell mit ihnen an. Siehst du, ich kann ... wie sagt man ... zaubern. Weißt du, ich mache die verschiedensten Sachen."

„Taschenspielertricks?"

„Ja, ich gehe zu Partys und bringe die Kinder zum Lachen."

Jonnie gab mir eine Tasse mit starkem Kaffee. Normalerweise trinke ich das Zeugs nicht, aber ich war zu fasziniert von der Idee eines segelnden Zauberkünstlers, um sie zurückzuweisen. Als er mir die Tasse in die Hand gab, starrte er mich unter seinen Augenbrauen heraus an. Ich war erstaunt, einen solch teuflischen Ausdruck auf einem so jungen Gesicht zu sehen.

Er ging zur Kombüse und nahm eine Flasche aus dem Schapp. Dann nahm er zwei Partyluftballons aus einer Schublade. Mit Erstaunen sah ich zu, wie er die Ballons aufblies, seine Augen strahlten hell. „Pass auf", flüsterte er, „Zauberei für Kinder, ja?"

Er band die fast bis zum Platzen aufgeblasenen Ballons an einem Haken an der Decke fest. Dann nahm er mit einer Hand die kleine schwarze Flasche und fuhr mit der anderen Hand in seine Hosentasche. Er förderte eine Schachtel Streichhölzer hervor, atmete ein, nahm einen Schluck aus der Flasche, verdrehte irre seine Augen und starrte auf die Ballons, zündete ein Streichholz an, hielt es an seinen Mund, schloss die Lippen, warf seine Arme in die Luft und spuckte eine zwei Meter lange Flamme aus, so dass die Ballons explodierten.

„Bumm", röhrte er, während die Reste der Ballons als kleine Flammen an der Decke hingen.

Ich zuckte zurück und erwartete, dass das Schiff um unsere verschmorten Ohren herum bis auf die Wasserlinie abbrennen würde.

Jonny drehte sich zu mir um. Seine Augen waren jetzt weit aufgerissen und leuchteten wie Kinderaugen, unschuldig und glücklich. „Das gefällt dir? Schau, ich mache es noch einmal, ja?"

„Nein, das ist schon genug. Du hast mich überzeugt, Jonnie. Aber ist das nicht ein bisschen gefährlich, ich meine, in einem Holzschiff?"

„Ich übe jeden Tag. Manchmal mache ich es auch an Deck über die Seite. Es zieht in der Nacht die Fische an. Die Kinder in Fréjus, sie liebten es so sehr!"

Am Abend aß ich mit Jonny an Bord von *Sans Culotte*. Er hatte ein paar frische Barben und ein paar kleinere Tintenfische gefangen. Als wir aßen, schaute ich mich in der Kajüte um. Es gab keine Anzeichen auf Navigationsbücher oder Instrumente. Ganz nebenbei erwähnte ich dieses Thema. „Benutzt du die englischen oder die französischen Tafeln, Jonny?"

„Die Tafel – habe ich gut gemacht, oder?" Er klopfte auf den Kabinentisch aus Holz, ein wenig rau aber stabil und gut gemacht.

Ich grinste. „Nein, ich meinte Navigationstafeln."

„Jaha!", der Schweizer warf wieder die Arme in die Luft. „Ich hatte noch keine Zeit zum Lernen. Ich benutze ...", er stand auf und griff unter die Matratze seiner Koje. Er knallte ein dickes Buch vor mich hin. Es war ein französischer Schulatlas. Schnell blätterte ich die Seiten durch. Auf der Karte des Atlantiks hatte er mit der Hand eine Linie von Gibraltar nach Barbados gezogen ...

Am nächsten Tag, als ich von der Post zurückkam, waren *Sans Culotte* und Jonnie weg. Beim Abendessen hatte er mir verraten, dass er eine gute Stelle zum Fischen an der Südostspitze von Formentera kannte. Ich nahm an, dass er dorthin gesegelt war, um sich für die nächsten Tage mit Essen einzudecken. Er hatte mir gesagt, er hätte kein Geld mehr.

Der Sturm begann um neun Uhr an diesem Abend. Alle einheimischen Fischerboote waren bereits im Hafen, am sichersten Platz bei diesem heulenden Ostwind, und zwar vor dem Eingang zu Antonios Bodega. Ich hatte die winzige *Coquette* sicher vertäut, aber ihre Bewegungen im Schwell, den der Wind durch die Hafeneinfahrt schickte, waren bei weitem zu stark und unbequem für mich, um an Bord zu bleiben. Es war schlimm genug, dass die Höhe unter Deck nur einen Meter betrug, jedenfalls ließ mich die wilde Schaukelei – alle paar Sekunden einen halben Meter rauf und runter – trotz Wind und Regen an Land gehen. Als ich an der Bodega vorbeiging, steckte ich den Kopf hinein. Etwa zwanzig Fischer bevölkerten die Bar.

„Hat jemand die Schweizer Ketsch gesehen, heute morgen?", fragte ich. Die Unterhaltung stoppte plötzlich. Die meisten schüttelten den Kopf. Fischer sind nicht die besten Unterhalter, wenn die Fänge mager ausfallen und das Wetter schlecht ist. Ich ging wieder hinaus in den Regen.

Ich ging etwa eine halbe Minute lang am menschenleeren Ufer entlang, als Josélito mich einholte. Seit dem Besuch des Friedhofs am Totensonntag war Josélito mein engster Vertrauter, mehr als die anderen Ibizaner.

„Ich hab' den Schweizer heute morgen gesehen, *Señor Capitan*."

Ich drehte mich gegen den Wind und den Regen um und sah Josélito ins Gesicht. „Wo?"

„Er fischte vor der Punta de Cala Calador", Josés Augen blickten verletzt.

„Mein Gott, er hat keine Maschine, und er ist auf Legerwall. Mit einem Rigg, wie er es hat, kann er sich niemals frei segeln! Der Wind wird aus seinem Schiff Kleinholz machen. Wir müssen etwas tun, José!"

„Es ist Gottes Wille. Er stiehlt unseren Fisch. Er hatte auch ein paar Hummerkörbe drunten. Wir sind nicht blöde, wir beobachten jedes Schiff, *señor*. Wir müssen das tun – das Leben unserer Familien hängt davon ab!"

„Dann wirst du mir also nicht helfen, José? Ich hab ja kein Boot ..."

„Kein Fischer wird dir helfen, den zu suchen, der unseren Lebensunterhalt stiehlt. Sonst alles was du willst, *señor*, Du weißt wir würden helfen, aber dieser ... *nunca*! Niemals! Nur Gott kann ihm jetzt helfen, wenn er immer noch da draußen ist. Wir können natürlich für ihn beten, aber für einen Wilderer leisten wir keine Hilfe!"

„Dann muss ich Gott ein wenig helfen."

„Gute Nacht, *señor Capitan*. Geh' mit Gott!" Der Regen tropfte vom Schild seiner Kappe.

„Gute Nacht, Josélito."

Ich machte mich auf den Weg zu den Stammplätzen der ausländischen Überwinterer auf Ibiza.

Das Isleno war ein winziges Restaurant und gehörte einem jungen Amerikaner, der ein ausgezeichnetes *Chili con Carne* servierte. Aber da war niemand, außer dem Wirt und einer unförmigen Figur in einem Pelzmantel in der Ecke. Ich stand in der offenen Tür, draußen rauschte der Regen herunter. Die Figur drehte sich nach mir um. Es war Elmyr, der Kunstsammler. Er sah mitgenommen aus. Ich nickte ihm zu. Er verneigte sich leicht in meine Richtung. Der junge Amerikaner grinste mich an. Hier gab es keine Hilfe. „Schönes Entenwetter", knurrte ich und ging wieder in die Nacht hinaus.

In einer Nacht wie dieser gab es nur noch eine einzige Chance. Nur die harten Trinker würden bei diesem Wetter unterwegs sein. Und sie würden im George and the Dragon sein. Ich rannte um die Ecke herum in die Calle Mayor und die Treppe hinunter in den englischen Pub. Im düsteren Dämmerlicht hinter der Bar sah ich nur den dunklen, jungen Barmann mit den Kräusellocken. Er grinste mich erwartungsvoll an und fischte nach einem Glas.

„Bass, Tristan?"

„Ja, schreib's auf meine Latte, Tim, ich zahl morgen."

Ich schlürfte mein Bass Ale und schaute herum. Der einzige Kunde außer mir war Alf, der Pferdewetter aus London. Es war das erste Mal, dass ich ihn sah, ohne dass er eine bildhübsche Frau dabei hatte.

Alf nickte mir zu. Er war augenscheinlich schon halb hinüber, aber ... jeder Hafen ist gut bei Sturm, und Bettler können nicht wählerisch sein.

„Wie geht's dir, Alf?" Ich wartete die Antwort gar nicht erst ab. „Du warst doch in der Marine, oder? Ich glaube, du hast mir erzählt ..."

Alf nickte, seine Augen waren halb geschlossen, er versuchte, mich zu sehen.

„Ich brauche einen Mann, der mir hilft, Alf. Ein Kerl ist da draußen in dem kleinen Sturm. Er war am Fischen vor Formentera."

„Fischen gefällt mir", sagte Alf, „meine Kumpels und ich sind immer auf den Brighton Pier gegangen ..." Alfs goldene Krawattennadel blitzte im Dämmerlicht.

„Ich will nach dem Kerl suchen."

„Dann brauchst'e jemand, Tris?"

Ich beruhigte mich ein wenig.

„Also, du weißt ja, wie die komischen Ausländer sind ...“

„Können keinen Pudding von einem Pisspott unterscheiden, die meisten“, säuselte Alf.

„Richtig, also der Kerl ist Schweizer, und er ist ganz in Ordnung. Er stand nur in der hintersten Reihe, als man die Gehirnzellen ausgegeben hat. Er ist heute morgen ausgelaufen, und die Einheimischen kann ich nicht für die Sache interessieren ...“

„Bumsen, das ist alles was sie interessiert“, bemerkte Alf.

„Ja, egal, Alf, ich hab' einen kleinen drei PS Außenborder auf diesem kleinen französischen Boot. Sie segelt ganz gut und kommt auch von einer Leeküste frei. Wir könnten Jonnie – so heißt der Schweizer – den Außenborder übergeben, und damit könnte er es schaffen. Wenn nicht, dann können wir ihn vielleicht schleppen. Wir haben nur den Furz einer Chance, aber man weiß ja nie. Ich meine, wir können den armen Nichtsnutz ja nicht da draußen lassen, oder? Und Du bist der einzige Ex-Marinemann in der Gegend, außer Gordon, und der ist verreist.“

Alf knallte sein Glas auf den Tresen. Schwankend hielt er sich an meinem Arm fest. „Übernimm du die Führung, MacDuff“, sagte er. Und so stolperten wir die Treppe hinauf, ich immer noch vor Regenwasser triefend und Alf in seinem grauen Geschäftsanzug, mit goldener Krawattennadel und glänzenden braunen Schuhen.

Ich habe Leute sagen gehört, dass Lesen keine wirklichen Erfahrungen vermittelt. Das mag so sein, oder auch nicht – aber keiner der nicht schon einmal mit einem Achtzehn-Fuß-Boot mit Schlupfkabine in einem Sturm war, wird wissen, was das bedeutet. Wenn es dich noch nie vierzehn Stunden lang auf und ab gehämmert hat, in strömendem Regen, ohne Sicht, ohne Essen oder Trinken, nichts zu rauchen, alle paar Sekunden ein Schlag von der Seite, fast unmöglich Atem zu schöpfen, taub, kalt und nass durch und durch und todmüde, dann danke deinen Sternen, und mach's dir bequem, denn du kennst die Tiefen des Elends noch nicht.

Wir fanden Jonnie nicht. Unsere Chancen waren ohnehin Null, bei der schlechten Sicht. Für die meiste Zeit in dieser Nacht war es mir fast unmöglich, unsere Position auch nur zu schätzen. Jonnies Schiff wurde nie gefunden, auch keine Wrackteile.

Am Nachmittag des nächsten Tages kroch *Coquette* mit zerissenem Großsegel und zerfetzter Fock wieder in den Hafen von Ibiza hinein. Sobald wir das ruhigere Wasser hinter der Mole erreichten, machte mir Alf eine Tasse Tee. Wie er das auf dem immer noch wild schlingernden Boot gemacht hatte, wird mir ewig ein Rätsel bleiben. Natürlich hatte keiner von uns ein Auge zugemacht, wir hatten uns jede Stunde am Ruder abgelöst – eine Stunde Wache, eine Stunde Pause. In unseren Pausen waren wir vollkommen durchnässt in die Schlupfkabine gekrochen, die wie ein wildgewordener Fahrstuhl auf und ab ging.

Als ich jetzt todmüde *Coquettes* Anker über den Bug kickte, bedankte ich mich bei ihm. „Dank' Dir, Alf."

Sein Gesicht war hager. Es war schlimm genug, dass er einen Kater hatte, aber diese Nacht ... „Mein lieber Kumpel, das war schon was, he?", sagte er.

„Wir werden bald wissen, ob er irgendwo in Sicherheit ist Alf – jedenfalls haben wir unser Bestes getan."

„Mehr kanns'te nich' machen." Sein Anzug war ein nasser Sack Lumpen, seine goldene Krawattennadel war weg, seine Schuhe waren ruiniert.

„Du hast das alles sehr gut gemacht, Alf, danke dir", sagte ich, als das kleine Heck an die Mole kam, „wie lange warst du in der Marine?" In der Nacht war es wegen dem heulenden Wind und dem schlingernden Schiff so gut wie unmöglich gewesen, miteinander zu reden.

„Nee, hab nur meine Wehrpflicht gemacht, die üblichen zwei Jahre. Hab' versucht, auf ein Schiff zu kommen, aber die ließen mich an Land in der Portsmouth Kaserne."

„Portsmouth Kaserne?"

„Ja, hab' ich dir das nicht erzählt? Ich war Steward im Offizierskasino."

Für einige Tage traf ich nicht mit Alf zusammen. Dann sah ich ihn wieder im George and the Dragon. Er war wieder halb zu.

„Das war schon was, he, Tris?"

Ich wusste natürlich, was er meinte, aber ich wollte lieber über andere Dinge reden. Ich hatte meine Fahrkarte zusammengespart und wollte bald nach England. „Siehst gut aus, Alf", war alles was ich sagte, „schöner neuer Anzug!"

„Ja", sagte er, „in ein paar Minuten muss ich ins Kittchen ..." Er meinte das Gefängnis auf der Insel.

„Oh, was willst du denn da?“, fragte ich harmlos.

„Hast’s nich’ gehört? Old Bill – die spanische Polizei – hat Elmyr den Kunstsammler hochgenommen. Sie denken, er hat den halben Geldadel in Europa und in den Staaten um Millionen beschissen!“

„Wie soll er das denn angestellt haben?“

„Fälschung.“

„Fälschung? Was, Falschgeld?“

„Nee, zum Teufel, Tristan, wo hast du denn die ganze Zeit gelebt? Gefälschte Bilder! Verdammte Picassos und Wasweißich hat er gefälscht. Du kennst doch all die Franzmänner. Der alte Elmyr hatte sie alle drauf!“

In meiner Erinnerung sah ich wieder, wie Elmyr in der Regennacht vor ein paar Tagen elend in der kleinen kalten Bar gesessen hatte. „So, das war’s also“, sagte ich.

Alf schaute mich an. „Komm’ste mit mir hoch? Ich bring’ ihm was zum Essen. Ich meine, ich war auf ein paar von seinen blöden Parties. Soll nich’ denken, ich wär´ undankbar, oder?“

Sing Ho! for a brave and gallant ship, and a fair and fav'ring breeze,
With a bully crew and captain too, to carry me over the seas.
To carry me over the seas, my boys, to my true love far away.
I'm taking a trip on a government ship, ten thousand miles away!

Chorus: *Then blow you winds and blow! A-roving I will go.*
I'll stay no more o England's shore to hear sweet music play,
For I'm on the move to my own true love, ten thousand miles away!

Oh it was a summer morning when I last saw my Meg;
She'd a government band around each hand, another one 'round her leg,
And another one 'round her leg, my boys, as the big ship left the bay.
Goodbye, she said, remember me, when I'm in Botany Bay.

Oh the sun may shine through the London fog, or the river run quite clear,
Or the ocean brine turn into wine, or I forget my beer,
Or I forget my beer, my boys, or the landlord's quarter-day,
But I'll never forget my own true love, ten thousand miles away!

(Sing für ein braves und gutes Schiff, und eine gute und günstige Brise,
Mit 'ner prima Mannschaft und 'nem Kapitän dazu, das mich übers Meer bringt.
Mich übers Meer bringt, Jungens, zu meiner wahren Liebe, fern von hier,
Ich fahre mit 'nem Regierungsschiff, zehntausend Meilen weit!

Chor: Dann weht ihr Winde, weht! Segeln will ich gehen.
Ich bleibe nicht länger an Englands Küste, um süße Musik zu hören,
Ich bin auf dem Weg zu meiner wahren Liebe, zehntausend Meilen von hier!

Es war ein Sommermorgen, als ich Meg zum letzten Mal sah;
Sie hatte Handfesseln um jede Hand, ein Fußeisen um ihren Fuß.
Ein Eisen um ihren Fuß, Jungens, als das große Schiff die Bucht verließ.
Auf Wiedersehen, sagte sie, denk an mich, wenn ich in Botany Bay bin.

Die Sonne mag scheinen durch den Londoner Nebel und der Fluss mag klar sein,
Oder Meerwasser mag zu Wein werden, oder ich vergess mein Bier.
Oder ich vergess mein Bier, Jungens, oder dass Zeit für die Miete ist.
Aber ich werde nie meine wahre Liebe vergessen, zehntausend Meilen von hier!)

Dieses Lied war manchmal ein Capstanshanty, meistens jedoch ein „Forebitter“, den man in den wenigen wachfreien Stunden auf See sang. Botany Bay ist die Gefangenenkolonie in Australien, wohin die Engländer zu Tausenden geschickt wurden, oftmals wegen so geringer Vergehen wie Diebstahl eines Stück Brots.

17 Zehntausend Meilen weit

Ich denke, man sollte Menschen ausschließlich nach ihrem moralischen Standard beurteilen. Ich meine damit nicht deren eigenen Standard – manche haben überhaupt keinen. Sie hatten nicht das Glück im Leben, den Bischof von Southchester zu treffen, der ihnen gesagt hätte, was es mit der Moral überhaupt auf sich hat. Aber alle Leute, die ich im Leben getroffen habe – und die reichen von Engeln, die selbst für den Himmel zu perfekt sind, bis hin zu Monstern, für die die Hölle noch zu wenig teuflisch ist – alle richteten sich irgendwie nach einem gewissen äußeren Standard. Ich habe Geldeintreiber kennen gelernt, denen es nichts ausmachte die Hände eines Schuldners an seinem eigenen Küchentisch festzunageln, die jedoch an keiner alten, armen Dame auf der Strasse vorbeigehen konnten, ohne ihr eine Pfundnote in die Hand zu drücken.

Alf, der Londoner Pferdewetter, die Hyäne der Strandgigolos und abgestumpften Nymphomaninnen, der Geier der wohlhabenden Exileuropäer, die die Nescafé-Gesellschaft von Ibiza darstellten, der böse Geist des Turboprop-Sets – in den Augen des Bischofs hätte er absolut keine Moral gehabt. Das machte Alf natürlich überhaupt nichts aus. Er war zufrieden und großzügig – und das war alles, was bei ihm und Seinesgleichen zählte. Mit anderen Worten, er hatte seinen eigenen Standard, und dem blieb er treu. Er war ein verträglicher Bursche. Daher begleitete ich ihn zum Gefängnis von Ibiza.

Wir gingen langsam den steilen Hügel hinauf, zu den Mauern der Altstadt. Um uns herum schoben Bauern schwere Fahrräder, die mit Kästen glucksender Hennen beladen waren; einer hatte ein quietschendes Ferkel quer über den Sattel gebunden, ein anderer hatte eine Schildkröte an kurzer Leine im Schlepptau, umgedreht, so dass ihr Panzer auf dem Pflaster schabte. Kleine, alte Damen, ganz in schwarz, schafften Kisten mit Kohl und Salat den Hügel hinauf, junge Frauen trugen Körbe mit sauberer Wäsche.

Gruppen fröhlich angezogener Büromenschen kamen den Hügel hinunter mit Kurs auf die Touristenbüros in der Unterstadt; gutgekleidete Geschäftsleute gingen zu ihren Immobilienagenturen, junge Burschen mit ausgestellten Hosen, Rüschenhemden und Beatlesfrisuren waren auf dem Weg zu den Hotels am Strand von Figuertas, um dort zu bedienen. Um elf Uhr am Morgen war der Hügel ein Mikrokosmos der Touristenindustrie, mit all ihren Auswirkungen auf die einheimische Gesellschaft, die noch vor ein paar Jahren eigenständig gewesen war und sich selbst versorgen konnte. Jetzt waren alle geschäftig und ständig auf der Jagd nach dem nebulösen Etwas, das in den Herkunftsländern der Touristen als das „süße Leben" betrachtetet wurde. Die Gesichter der frischgebackenen Geschäftsleute waren mürrisch und besorgt, als würden sie darüber grübeln, wo sie selbst ihre Ferien verbringen sollten.

„Für was haben sie Elmyr denn eingelocht, Alf?", fragte ich ihn, als ich schnaufend und er prustend den Hügel hinauf ging.

„Also, es scheint, als habe er nicht gegen spanische Gesetze verstoßen – weil keines der gefälschten Bilder in Spanien verkauft wurde – und nur für das Malen von ein paar Bildern konnte man ihn nicht einsperren. Also haben die Franco-Knaben ihre Köpfe zusammengesteckt, als das Yankee-Magazin *Look* über die Fälschungen berichtete, und sie haben ihn mit einem Gesetz erwischt, das sie ...", Alf runzelte die Stirn als er sich an den Namen zu erinnern versuchte. „„...Landstreicher und ..."

„Vagos y Maleantes? Landstreicher und unerwünschte Personen?", hakte ich nach.

„Ja, das ist es. Es scheint, mit diesem Gesetz können sie jeden einlochen, den sie wollen, jederzeit. Es ist so ein bisschen wie unser Gesetz über das „Herumlungern mit der Absicht, eine Straftat zu begehen" – eine Unverschämtheit, wenn du mich fragst."

„Er kann unmöglich ein Landstreicher sein, Alf. Als ich ihn mit dem Bischof droben in seiner Villa besuchte, sah er aus, als würde ihm das Geld aus den Ohren wachsen."

„Das war auch so. Die halbe Zeit war er unten im Keller und hat die alten Mateuses fabriziert."

„Matisses."

„Also, wie immer der französische Kerl heißt."

Alf blieb einen Moment stehen. Er war nicht in ausgesprochen olympischer Kondition. Ich auch nicht. Er fuhr fort. „Sie denken, der alte Elmyr hat jeden Tag ein paar Tausender gemalt, noch bevor er morgens seinen Bademantel angezogen hat. Und als die Katze aus dem Sack war, haben ungefähr sechs seiner jungen Freunde – alle Studenten der Malerei – die einfachen Sachen fertiggemalt. Es war eine Fließbandproduktion, meinen sie hier.“

„Nichts ist besser als ein Privatunternehmen, wenn es gut läuft – Qualitätsarbeit für die richtigen Leute, zum richtigen Preis“, bemerkte ich. „Und zur unerwünschten Person – zum Teufel, es scheint, er hat die Hälfte der jungen Burschen auf der Insel am Leben gehalten, wie auch immer.“

„Hat mehr Kerle bei sich leben gehabt als Dorofy Paget Pferde in den Ställen von Aintree“, sagte Alf, als wir uns duckten und ins Innere einer kleinen weißgetünchten Bar eintraten, um unseren Durst zu löschen. Trockene Sache für Seeleute, diese Hügelkletterei.

„Belgier, Spanier, Deutsche; hatte sogar einen unserer Jungens– einen Rückläufer aus der Erziehunganstalt – als Bodyguard. Es war regelrecht eine Arbeitsvermittlung für junge, stramme Burschen, kombiniert mit einem Stall für Hengste. Er hat auch niemals jemanden rausgeworfen, hat ihn einfach weitergereicht, der alte Elmyr.“ Alf hob sein Bier hoch und schlürfte daran. „Er muss alle Mädchen und Schwuchteln auf der Insel auf die eine oder andere Art mit Nachschub versorgt haben und hat dafür auch noch ein paar Blaue einkassiert. War schon ein guter Kerl, der alte Elmyr.“

Alf dachte einen Moment lang angestrengt nach. „Erinnerst Du Dich an den Kerl, der bei ihm lebte – Engländer, wirklich kräftig aussehend? Kam mit einem Schiff aus Monaco an, mit so einem französischen Vögelchen? Wie heißt er noch ... Nigel, das war´s ... Nigel?“

„Als ich oben war, hatte er einen Ami da, und noch drei andere. Wie hat dieser Nigel ausgesehen, Alf?“

„Verdammter Filmstar. Kräftiger Bursche, sah aus wie James Bond.“

„Was ist mit ihm?“

„Also, als ich das letzte Mal in London war, hatte eine meiner Freundinnen ein wenig Pech. Sie hat sechs Monate im Holloway Knast bekommen. Also geh’ ich hin, um sie zu besuchen, nich’ wahr? Und was glaubst Du, wen ich da gesehen hab’, im Besuchszimmer vom Holloway Gefängnis?“

„Nicht Nigel ... der war ja ...“

„Nee, den nich', aber sie hatten da ein einziges Bild an der Wand – ein Werbeplakat vom Gaswerk – und da drauf war Nigel. Er hat Modell gestanden, oder besser, er hat mit einem Mädchen an einem Strand gelegen. Schönes Bild, eigentlich. Ich dachte, das wäre lustig, der einzige Mann, den sie als Bild im Frauenknast hatten, war der Intimfreund von Elmyr. Natürlich hab' ich nichts zu Elsie gesagt – wenn Nigel sie dort fröhlicher macht, also dann viel Spaß, he?"

„Arme Dinger", sagte ich, „für Frauen muss es noch viel schlimmer sein."

Das Gefängnis von Ibiza war nichts im Vergleich zu Alcatraz oder Sing Sing. Von außen sah es überhaupt nicht wie ein Gefängnis aus, und von drinnen ebenfalls nicht. Es belegte einfach einen Teil des Gebäudes neben dem schönen, alten Rathaus. Nachdem Alf fünf Minuten lang ohne Unterbrechung an eine massive Tür geklopft hatte, betraten wir einfach den kühlen weißgetünchten Flur. Am Ende des Flurs führte eine steinerne Treppe nach oben, und dort hockte die Gefängniswache, ohne Kragen, ohne Jacke und die Füße in Filzpantoffeln. Es schien, als wolle er gerade ins Badezimmer gehen, um sich, wie jede Woche einmal, zu rasieren.

„Buenas dias señores?", grüßte er uns höflich.

„Morgen. Elmyr, bitte?", rief Alf und schnaufte vor mir die Treppe hinauf, in den Händen ein Paket mit Corned Beef Sandwiches und einer Sechserpackung San-Miguel-Bier.

„El señor artista!", rief die Wache.

Alf schaute zu mir herum. „Aufregend, nicht wahr!", sagte er.

„Ja, den *señor* Künstler bitte", bestätigte ich der Wache.

„Si, señores inmediatamente! Sargento!", bellte die Wache nach dem Sergeanten.

Es war Stille, nur von irgendwoher im Gebäude kam undeutlich gedämpftes Murmeln. Die Wache setzte die Rasierschaumschale auf einem altertümlichen Tisch ab, der aussah, als hätten die Mauren ihn hier gelassen, als sie die Insel vor fünf Jahrhunderten verließen. Plötzlich schreckte die Wache auf, als hätte sie etwas vergessen. „Ah, ja, *señores*, Sie müssen eine Minute warten. Der Sergeant ist ins Büro des Bürgermeisters gegangen. Er wird gleich wieder hier sein."

Sobald er dies gesagt hatte, fingen die schweren, hölzernen Türen am Eingang des Gefängnisses an zu quietschen und öffneten sich halb. Der Sergeant, ein kleiner dicker Mann mit einem roten Gesicht erschien, und hatte ein Tablett in der Hand, das mit einem Tuch bedeckt war. Vorsichtig und langsam kam er die Treppe herauf. Geschwindigkeit war, jedenfalls bis dahin, keine Tugend in Spanien, und schon gar nicht im Gefängnis.

„Buenos dias, señores?“ Der Sergeant setzte das Tablett auf dem Tisch ab.

„Diese Herrschaften möchten den *señor* Künstler besuchen!“, sagte die Wache wichtigtuerisch.

Der Sergeant nahm Haltung an. *„Si señores! Sigueme!* Folgen Sie mir!“ Er nahm das Tablett wieder auf, ganz vorsichtig. Sein Untergebener schloss eine weitere massive Holztüre auf. Wir befanden uns auf der Seite eines Balkons mit schmiedeeisernem Geländer, der über drei Seiten eines mit Blumen übersäten Innenhofes lief. Alf und mir wurde klar, dass die gedämpften Stimmen, die wir vorher gehört hatten, aus dem Innenhof gekommen sein mussten. Wir warteten und sahen zu, wie der Sergeant sein Tablett vorsichtig absetzte. Aus einem ganzen Haufen, der auf dem Balkon lag, wählte er einen großen Picknickkorb aus. Alf und ich staunten nicht schlecht, als er das Tuch von dem Tablett nahm und die Teile sorgfältig in den Picknickkorb packte. Dabei zählte er die einzelnen Dinge murmelnd auf: Pâté de foie gras, zweihundert Gramm, Spargelsuppe, zwei Tassen, Ente à l'orange mit Erbsen und Kartoffeln. Eis für den ... ah!“ Liebevoll nahm er eine große grüne Flasche von dem Tablett und las das Etikett ab: „Champagne Mouton Rothschild ...“ Eine andere Flasche: „Maison Lafitte ...“ Und noch eine weitere kleinere Flasche: „Perrier Tafelwasser.“

Dann nahm er eine kleine Dose in die Hand und betrachtete das Etikett. Verwirrt gab er Alf die Dose. „Was ist das, *señor*?“

Alf schaute auf das Etikett. „Sieht für mich wie chinesisch aus“, sagte er und gab mir die Dose.

Das Etikett war in feiner Schrift eingraviert wie auf wie einer britischen Fünfpfundnote. Die Schrift war kyrillisch. „Russisch, wahrscheinlich Kaviar“, stellte ich fest.

Der Sergeant sah mich fragend an.

„Fischeier“, sagte ich, „russische.“ Der spanische Ausdruck für Kaviar war mir unbekannt.

Der Sergeant warf die winzige Dose in den Korb. „*Rusos*, eh? Er zuckte mit den Schultern. „Komische Leute, no? Eier von Fischen?“ Er lehnte über den Balkon und rief: „Hey, Rubio, Rubito!“

Eine amerikanische Stimme antwortete von unten: *„Yeah! Yagotit?“*

Alf und ich starrten über das Balkongeländer auf die Person da unten, die darauf wartete, dass der Sergeant den Korb langsam und vorsichtig an einem Seil herab ließ.

Von unserem Blickwinkel aus war der Mann, der da mit nacktem Oberkörper stand, braungebrannt, schlank und kräftig. Sein langes Haar war hinten zu einem Pferdeschwanz zusammengebunden. Seine Gliedmaßen waren zu klassisch, als dass man hätte denken können, er habe jemals so etwas Gewöhnliches gemacht wie hart gearbeitet. Sein Gesicht zeigte ein breites Grinsen. „Hallo da oben", rief er.

„Wie geht's?", rief Alf.

„Ist ein übler Schuppen hier, aber uns geht's gut. Kommt ihr runter?" Unterhalb der Hüften trug er ein paar verwaschene Jeans, wie sie von der Legion der *lost generation* überall als Uniform bevorzugt wird, einen breiten Ledergürtel (was mich in Anbetracht der Umgebung erstaunte) und an den Füssen hatte er auf Ibiza gefertigte Slipper aus Tauwerk und Stoff. Er war sauberer als die Wache, der Sergeant und ich.

Als der Korb endlich zu Füßen des blonden Burschen landete, rief Alf: „Wir sind gekommen, um Elmyr zu besuchen!"

Der Blonde hob den Korb hoch. „Okay Leute, ich frag' ihn." Dann verschwand er.

Der Sergeant holte das Seil wieder nach oben. Er hatte fast Haltung angenommen. Ich schaute ihn fragend an.

„Warten Sie, *señores*", sagte er, „der Diener von *señor* Künstler ist gegangen, um ihn zu informieren, dass ihr hier seid".

Alfs Spanisch war nicht sehr gut. Ich übersetzte für Ihn.

„Leck' mich, die haben's aber gut hier. Nicht wie in Holloway!"

Der blonde Junge war bald wieder unten. „Okay, kommt runter Leute! Okay, *sargento!*"

Der Sergeant bewegte sich und führte uns den Balkon entlang zu einer vergitterten Tür am oberen Ende einer ausgelaufenen Steintreppe, die nach unten führte. Er schloss die Tür auf. Alf und ich gingen durch und die Treppe hinunter. Unten kamen wir in den Innenhof. Die Mitte lag im hellen Sonnenlicht, an den Rändern war es schattig. Der Hof war an drei Seiten von weißgetünchten Mauern eingefasst, an denen Blumen hingen, bunte Flecken in rot, gelb-gold und lila. An der anderen Seite des Innenhofs war eine Reihe breiter Türen, die zu großen, kühlen Zellen führten, jede mit einem kleinen vergitterten Fenster in der Wand. Im Schatten war eine

Gruppe von etwa fünfundzwanzig langhaarigen Männern. Dass sie Männer waren sah man nur daran, dass viele ungepflegte Bärte hatten. Der Rest war halbnackt und schmutzig.

Der Blonde erwartete uns unten an der Treppe, um uns zu begrüßen. Ich schätzte, er war jünger als neunzehn oder so. „Frieden, Brüder“, sagte er, „hier entlang, bitte!“

Er drehte sich abrupt um, und ich starrte einen Moment lang auf den Kontrast zwischen seiner Sauberkeit und der Verwahrlosung der anderen Gefängnisinsassen, die überall am Boden herumlungerten. Als er uns den Weg zeigte, sagte er über die Schulter: „British, huh?“

„London“, murmelte Alf, „wie lange bist Du schon hier, Kumpel?“

„Herrje, die habe mich eingebuchtet, weil ich auf einer Bank geschlafen habe. Ich war vor 2 Wochen mit ’ner Tussie drüben in Figuertas, total ausgeflippt, und dann haben sie meinen Stoff gefunden. Aber ich bin okay. Elmyr ist cool. Ich denke, es geht mir in diesem Loch hier besser, als wenn ich draußen wäre.“

Ich versuchte, unauffällig zu wirken, als wir an der Gruppe bärtiger Hippies, die im Schatten herumlungerten, vorbeikamen. Es wäre schwierig gewesen, die Atmosphäre totaler Resignation, die sie verbreiteten, zu übersehen und andererseits nicht die Verachtung von ihrer Seite zu spüren, als Alf in seinem Anzug an ihnen vorbeiging. Mich schienen sie irgendwie zu akzeptieren. Sie sahen einfach durch mich hindurch. Es ist weder einfach noch lohnend, eine ehemals rosa bretonisches Segeljacke, die zerrissen und mit Salzflecken verschmutzt war, mit Geringschätzung zu bestrafen. Aber für einen Beobachter ist es von Vorteil, zu wissen, dass er nicht selbst beobachtet wird. Dann kann er, so objektiv wie nur möglich, sich selbst ein Urteil bilden. Ich beobachtete ihren einstudiertes Mangel an Interesse, die Essenz jeder Individualität, und bemerkte nach einem kurzen Moment schon, wie gleich sie sich waren – wie Erbsen in einer Suppe. Keiner von ihnen sah älter als fünfundzwanzig aus; ein paar waren sicherlich jünger.

Wir gingen durch einen kleinen Torbogen hindurch und kamen aus dem Schatten des Balkons heraus in einen kleineren, sonnendurchfluteten Innenhof. Hier sah ich Elmyr.

Seit der Zeit, als ich ihn in der kleinen Chili Bar das letzte Mal gesehen hatte, zusammengesunken und in einen verfilzten Pelzmantel gehüllt, hatte er eine schier unglaubliche Veränderung durchgemacht. Er trug keine Kopfbedeckung, sein falsches schwarzes Haar glänzte in der Sonne, sein echtes Haar über den Ohren war ergraut. Er trug eine viereckige Sonnenbrille mit dunklen Gläsern und begrüßte uns mit einem breiten Lächeln. Er hatte ein ärmelloses orangefarbenes Sporthemd aus Seide an, weiße Shorts und wunderbar polierte Ledersandalen. Am Handgelenk blitzte seine Cartier-Armbanduhr. Nur das goldene Monokel fehlte.

Er lag bequem in einem Liegestuhl, und an seiner Seite stand ein kleiner, weißlackierter Tisch aus gedrehtem Schmiedeeisen, mit einem riesigen Cinzano-Sonnenschirm darüber. Auf dem Tisch waren all die Dinge aufgebaut, die der Sergeant der Wache ihm aus dem Rathaus gebracht hatte.

Elmyr wedelte mit einer goldberingten Hand.

„Ah, Herr ..."

„Alf", sagte Alf, „und das ist Tristan."

„Ah, ja, Herr Alf. Bitte fühlen Sie sich wie zuhause." Elmyr sah mich durch seine Sonnenbrille einen Moment lang an. „Ja, wir haben uns auch schon einmal getroffen, natürlich. Sie waren mit dem zauberhaften Fräulein St. John zusammen, nicht wahr, Herr Tristan?"

„Stimmt!", sagte ich, während der blonde Amerikaner zwei Klappstühle für uns aufstellte, „und ihrem Bruder, dem Bischof."

„Charmante Leute", bemerkte Elmyr, „Champagner, Eis?"

„Wir haben Dir etwas San Miguel mitgebracht und Corned Beef", sagte Alf und wurde ein wenig rot dabei. Er schaute auf die Delikatessen auf dem Tisch.

„Oh, wie lieb!" Elmyr schien sich zu schütteln. „Vielen herzlichen Dank, aber ich trinke nie Bier. Ich habe wirklich genug für meine kleinen Ansprüche, und für Roger hier ..." Er wedelte mit der Hand in Richtung des großen Blonden, der jetzt auf einer kleinen Decke auf dem Betonboden saß, neben Elmyr und ein bisschen nach hinten versetzt.

Roger grinste uns an, als Elmyr ihm eine Suppentasse und einen Löffel reichte. Elmyr kontrollierte den Löffel, bevor er ihn dem Jungen gab. „An diesen Orten muss man auf die Sauberkeit des Bestecks schon achten, meine Herren", sagte er tiefernst.

Er nahm seine Sonnenbrille ab. Seine Krötenaugen waren noch trauriger als damals vor zwei Jahren, als ich ihn zum ersten Mal gesehen hatte. Trotz seines sportlichen Outfits und trotz seiner äußeren Heiterkeit verbreitete er einen Hauch von Trübsal. Er sah aus, als käme er von einer Beerdigung.

„Wie lange sind Sie schon hier drin?", fragte Alf, „hab' erst gestern davon gehört, dass man Sie eingeloch ... verhaftet hat."

„Oh, ich betrachte mich absolut nicht als verhaftet, Alf", sagte Elmyr. „Interniert, als das betrachte ich mich." Er gab mir und Alf ein Glas Champagner. „Darf ich Sie zu einem Happen einladen? Roger holt ein paar Teller, bitte Roger Liebling!"

Der schlanke Amerikaner erhob sich lässig. „Klar doch."

„Sie haben ja noch nicht mal genug für sich selbst, Elmyr", sagte Alf. „Ich mach' einen Vorschlag – Tris und ich verschlingen die Corned Beef-Schnittchen und teilen das Bier mit den anderen Kerlen da draußen." Alf deutete mit dem Daumen über seine Schulter nach den herumlungernden Hippies.

„Ja, das ist in Ordnung, so lange ihr ihnen sagt, es wäre von euch", sagte Elmyr. Er bemerkte, wie ich Roger beobachtete, der die Teller holen ging. „Roger ist aus Kalifornien, nicht wahr, Roger?", rief er.

„Uh, huh", grunzte der Kalifornier über seine Schulter.

„Ein Student, nicht wahr, Roger?"

„Jaa, Meesresbiologie", kam Rogers Stimme aus dem Schatten von Elmyrs Zelle.

Meine Augen hatten sich jetzt an das Licht gewöhnt, und ich sah, wie geschmackvoll Elmyrs Zelle eingerichtet war. Ein großes dunkles Doppelbett und Bettwäsche mit Monogramm – rosa Seide, mit großen schwarzen Buchstaben EDB. In der Zelle waren einige von den Möbeln, die ich bei dem Besuch in Elmyrs Villa gesehen hatte. Während ich noch hineinschaute, kam klassische Musik aus der Zelle.

„Ich habe unsere Freunde hier überzeugen können", sagte Elmyr und sah wohlwollend auf die Wache die, nun frischrasiert, droben zum Fenster hinauslehnte, „mir meine Stereoanlage zu bringen. Und natürlich auch meine Plattensammlung, und sie ließen mir auch mein Porzellan und einige meiner Gemälde ...", sein Gesicht bewölkte sich für einen Moment, „... die das Schwein Legros rausgerückt hat. Furchtbarer Mensch. Er hat den Kunstmarkt ruiniert, wissen Sie ... Aber natürlich wissen Sie das nicht, oder?"

„Also, wir haben gehört, dass er so eine Art unechter Bilder verkauft hat, hier und da", murmelte Alf, die Ohren weit offen.

Elmyr setzte sein Champagnerglas ab und wedelte mit seiner Cartier-Armbanduhr am Handgelenk. „Oh, ich möchte im Moment nicht darüber reden, Alf. Letzten Endes bin ich auf Urlaub hier, Ferien vom Geschäft und ... Ferien von der Kunst.“ Er löffelte eine Portion Kaviar auf ein winziges Stückchen Toastbrot. „Lass’ uns über London reden, heh? Ich kenne jeden dort, besonders die, die mit den Künsten zu tun haben, ich habe mit dem Aga Khan diniert und mit Sir Anthony Blunt, wissen Sie. Er sammelt für Ihre reizende Queen ... und meine beste Gönnerin war Ihre Lady Malcolm Campbell. Wunderbare Lady. Natürlich wäre das alles nicht passiert, wenn sie nicht eines meiner Bilder für einen Pic...“ Elmyr hielt plötzlich inne. „Noch etwas Champagner, meine Herren?“

Es war das einzige Mal, dass ich halb besoffen aus einem Gefängnis kam.

„Komischer Kerl“, sagte Alf als wir den Hügel hinunter trotteten. „Muss man ihm lassen, trotzdem – hat was im Kopp. Is’ nich’ seine Schuld, dass er da drin sitzt, sein Kumpan Legros hielt sich für schlau und hat ein paar unechte Schinken an einen Ami aus Texas verhökert. Der hat eine Party gegeben, und dieser Kunsthändler aus London war auch eingeladen. Natürlich zeigt der Ami dem Kunsthändler seine Sammlung, und eins der Bilder – also der Händler hatte genau das gleiche zuhaus’ in seiner Galerie. Da platzte die Bombe. Sie denken, es geht um etwa sechzig Millionen Dollar. Dieser Hansel, aber er ist Reporter beim *Daily Courier* – der hat mir verraten, dass Elmyr viele Bilder nicht wirklich kopiert hat. Was er gemacht hat, war den Stil dieser berühmten Meister zu kopieren, verstehst Du? Alle außer ein paar. Jetzt haben sie Elmyrs Fälschungen überall verstreut, und sie wissen nicht, welches die echten und welches die von Elmyr sind. Und das ist der Punkt, es wird ihnen nicht gelingen ...“

Ich drehte mich zu Alf um. „Kommst du mit mir zum Flughafen? Ich flieg’ nach London, heut’ abend. Hab’ nicht mehr viel Geld übrig. Muss eine Arbeit finden.“

„Ich kann’ nicht, Tristan. Da ist dieser schwedische Käfer, drüben in Santa Eulalia. Ihr Kerl dort hat sie rausgeworfen ... ihm gehört ein Hotel ... aber hier, Kumpel ...“ Alf schob ein paar Hundertpesetenscheine in meine Hand. „Das ist für den Bootsausflug letzte Woche. Gibt mir Gelegenheit, ein bisschen Seemannsgarn zu spinnen, kann ich jedem erzählen, den ich treffe.“

„Danke, Alf. Werd’ mich dran erinnern. Werd’s dir irgendwann zurückgeben.“

Das tat ich auch, weniger als ein halbes Jahr später, als ich mit der Yawl *Barbara* auf meinem Weg von Connecticut zum Toten Meer in Ibiza Station machte (wie ich es in dem Buch *The Incredible Voyage* – dt.: *Die unglaubliche Seereise* – beschrieben habe).

Viel später erfuhr ich, dass der „Wert“ von Elmyrs falschen Bildern, die als moderne Malerei durchgegangen waren, bei über 100 Millionen Dollar lag, zum Kurs von 1981 gerechnet. Und dass viele von ihnen immer noch in den verschiedensten Galerien und Sammlungen zu finden sind.

Ich verließ Ibiza, nachdem ich Willi dem Deutschen und George Llewellyn einen Drink am Flughafen ausgegeben hatte, was mich genau einen Dollar und zehn Cent kostete.

Ein paar Jahre später verübte Elmyr in der Schweiz Selbstmord.

Epilog

In Erinnerung an meine beiden Schiffe, *Two Brothers* und *Banjo.*

My life closed twice before its close,
It yet remains to see
If Immortality unvail
A third event to me

So huge, so hopeless to conceive,
As these that twice befell.
Parting is all we know of heaven,
And all we need of hell.

(Mein Leben, zweimal fiels ins Schloss,
Eh's zufällt, nun, ich will
Jetzt sehn, ob die Unsterblichkeit
Ein Drittes mir enthüllt,

So ohne Hoffnung und so groß
Abschied, das ist, was uns,
Du Himmel, an dir wissbar ist, –
Und Hölle ist's genug)

Emily Dickinson, *Parting*